本书由广东省国际传播青年人才培养基地资助出版

数智化背景下的
国际传播实务

朱颖◎主编

九州出版社
JIUZHOUPRESS

图书在版编目（CIP）数据

数智化背景下的国际传播实务 / 朱颖主编.--北京：
九州出版社，2025.2.--ISBN 978-7-5225-3731-3

Ⅰ.G219.26

中国国家版本馆CIP数据核字第20257S6A99号

数智化背景下的国际传播实务

作　　者	朱　颖　主编
责任编辑	李　荣
出版发行	九州出版社
地　　址	北京市西城区阜外大街甲35号（100037）
发行电话	（010）68992190/3/5/6
网　　址	www.jiuzhoupress.com
印　　刷	三河市龙大印装有限公司
开　　本	710毫米×1000毫米　16开
印　　张	21
字　　数	277千字
版　　次	2025年4月第1版
印　　次	2025年4月第1次印刷
书　　号	ISBN 978-7-5225-3731-3
定　　价	99.00元

前　言

　　加强和改进国际传播工作是提高国家文化软实力的必然要求。2022 年 10 月，党的二十大对"推进文化自信自强"做出战略部署，要求"加强国际传播能力建设，全面提升国际传播效能，形成同我国综合国力和国际地位相匹配的国际话语权"。2023 年 10 月，习近平总书记在对宣传思想文化工作做出重要指示时明确提出"七个着力"，其中一个便是"着力加强国际传播能力建设、促进文明交流互鉴"。2024 年 7 月，党的二十届三中全会审议通过《中共中央关于进一步全面深化改革　推进中国式现代化的决定》这一纲领性文件，再次重申"推进国际传播格局重构，深化主流媒体国际传播机制改革创新，加快构建多渠道、立体式对外传播格局。加快构建中国话语和中国叙事体系，全面提升国际传播效能"。

　　当前，信息技术迅猛发展，万物互联的数智化社会正在形成，信息无处不在、无所不及、无人不用，导致舆论生态、媒体格局、传播方式发生了深刻变化。数智化时代对国际传播能力建设提出了更新、更高的要求，要实现这一系统工程，平台和人才是关键。

　　从平台来看，以社交媒体、视频网站为代表的网络新媒体如雨后春笋般迅速崛起，不仅冲击着传统媒体的渠道优势，还重新塑造了新的内容生产模式。全面提升国际传播效能，构建更有效力的国际传播体系，必须加快适应信息技术迅猛发展的新形势，推进国际传播技术和平台的创新。具体来说，要把握数字时代的传播特点，深入研究网络平台上的国际传播规律，深入研究不同国家和地区受众的不同需求和接受特点，善于利用5G、大数据、云计算、虚拟现实（VR）、增强现实（AR）等技术，做到精准施策和精准传播，推动国际传播信息与不同国家和地区的个体快速有效连接，实现良好传播效果。

从人才来看，推动中华文化对外传播是一项综合性的长期工程，需要打造一支具有全球视野、通晓传播规律、具备专业素养的人才队伍。当前，"中国大发展"与"世界大变局"形成历史性交汇，中国与世界的关系进一步发生广泛而深刻的变化。要构建更有效力的国际传播体系，应对"变局"、服务"大局"，就必须努力适应全球化与数智化时代国际传播的新形势与新要求，在培养既具备跨文化交流能力，熟悉国际新闻传播实务和规律，又懂得新媒体操作技术的全媒体与国际传播高端人才方面迈出实质性的步伐。

广东身处改革开放和意识形态的"两个前沿"，既是国家对外传播的重要窗口，意识形态与对外宣传任务复杂而繁重。作为文化大省、传媒大省、互联网大省，广东一直致力于创新对外传播方式，大力拓展对外传播渠道，加快媒体深度融合步伐，支持主流媒体做强做大，强化国际传播能力建设。

为了进一步推动对外宣传事业发展，创新青年人才培养机制，促进国际传播人才成长，广东省委宣传部2017年12月在广东外语外贸大学设立了"广东省国际传播青年人才培养基地"，充分发挥广东外语外贸大学外语和新闻专业人才聚集的优势，加快培育一批既有爱国爱党情怀又具有国际视野，既熟悉国际新闻传播实务又懂得新媒体操作技术，能够讲好中国故事、传播好中国声音、阐释好中国特色的国际新闻传播人才，为提高广东省国际形象、国际话语权和国际影响力服务，为宣传文化人才队伍储备力量。

人才基地每期选拔培养 30—40 名从事国际报道的媒体记者、编辑和高校国际传播领域教研人员，以马克思主义新闻观、对外报道、外语沟通、数智技术、国际公关和国际政治经济关系、国际舆情分析等内容为重点开展培训。具体培养方式包括专题讲座、实地考察、名家指导、实战训练、学术研讨等。

为了推进学员的科研创新能力，人才基地会对每届学员进行论文和调研报告写作技巧培训，指导学员参加主题调研和论文写作，产出高水平的科研论文和调研报告。本书汇编了广东省国际传播青年人才基地第三届学员的 35 篇论文，立足数智化技术背景与国际传播实务前沿，对各种实践问题展开理论层面的探讨，涉及粤港澳大湾区对外传播策略、岭南文化国际传播、对外报道实务、人工智能应用、国际事实核查、对外城市形象塑造、海外舆论场引导等论题，以期对数智化背景下国际传播实务提供一定参考。

2024 年 9 月 10 日

目　录

数智化视域下岭南文化国际传播的现状、困境与策略研究

——以GDToday的岭南文化国际传播实践为例

刘灵芝*

岭南文化源远流长，是中华文化的重要支脉，具有鲜明地域特色，同时也是一座巨大的文化宝库，蕴含着丰富的优秀传统文化遗产。随着数字技术的不断进步、传播技术的发展及媒介形态的演变，以智能化为引领的科技变革深入推进，国际传播逐渐展现出明显的数字智能时代特性，促进了国际传播格局的持续变革。这一数智化趋势不仅为社会与国家注入了新的发展动力，也给岭南文化的国际传播带来了挑战和机遇。

近年来，全国多地纷纷成立国际传播中心，通过汇聚各方面的优势资源形成有效的有机体系，充分利用权威媒体的桥梁和纽带作用以及资源聚合的优势，不断加强我国的国际传播力量，推动中华文化在全球的传播。2023 年 11 月 14 日，今日广东国际传播中心（GDToday）成立。GDToday致力于成为广东对外传播的主要平台和全球了解广东的首要渠道，旨在成为"推广中华文化走向世界"的主要传播平台，全力推动岭南文化的国际

---

* 刘灵芝，女，南方报业传媒集团今日广东国际传播中心广东新闻部副总监。

传播，使之走出国门，面向全球。本文将以 GDToday 的岭南文化国际传
播工作实践为例，探讨岭南文化在国际传播领域的现状、面临的挑战以及应
对策略。

一、岭南文化国际传播现状分析

GDToday 作为全面支撑广东国际传播工作的主平台，承担了岭南文化
国际传播的重任，通过采编创造力、平台覆盖力、内容影响力、品牌塑造
力和服务支撑力等"五力"来全面开展岭南文化国际传播工作。

（一）信源选择可靠、中立、多元

在国际传播领域，选取信息源的标准通常包括可靠性、中立性和提供
多元视角。选择具有良好信誉和可信度的信息源，能够确保新闻采编工作
的真实性、客观性和准确性。确保中立的信息源是有效避免报道中显著偏
向性的关键，而多元化的视角则能为国际传播带来更全面和丰富的内容。
GDToday 隶属于南方报业传媒集团，致力于国际传播工作，旨在向全球受
众提供准确、及时的新闻报道及丰富的视听服务。目前，GDToday 与全省
主要的政府部门、企事业单位、媒体和高校等建立了顺畅的信息沟通机制。
其中获取岭南文化信息的主要渠道包括省市区等地方各级文旅政府机构及
其直属单位、地方各级权威主流媒体及融媒体中心、官方发布号等，此外，
还涵盖了岭南文化的专家、学者、传承人和从业人员，以及专业的出版物、
数据库和网站等。

（二）内容制作有针对性、多样化

随着社会从"数字化"向"数智化"的转型，如何从海量信息中迅速、精准地筛选出适合国际传播的内容，并将之转化为易于在国际舞台上传播的形式，显得尤为关键。同时，各种数字智能化技术为优化国际传播过程提供了便利，如人工智能（AI）语法和拼写检查工具、图片鉴别工具等。有效的国际传播内容制作，首先须明确传播渠道及目标受众与其需求和关注点，以便针对性地制定多元化的传播策略。其次须通过提供有价值的信息或知识吸引更广泛的关注和分享，构建品牌专栏进行内容传播并定期更新以增强品牌认知度和保持内容新鲜度，从而提升传播效果。

GDToday 在其"文化"栏目中精选出岭南文化中备受国际社会欢迎的元素，如粤菜、粤剧、广绣、广彩、广东音乐、岭南建筑、岭南画派、迎春花市及其他丰富的非物质文化遗产等作为主要的传播内容。通过持续打造周更文旅特色专栏"乐活广东"（Kaleidoscope），据 GDToday 统计，每年推出约 60 期的图文、创意视频、Vlog 等形式的策划报道，以及配发的精美海报，实现全平台覆盖量近 500 万。此外，GDToday 针对不同群体的外籍人士，组织形式多样的"欢朋满粤 GDToday Salon"文化外宣活动，据 GDToday 统计，全年参加境内外线上线下沙龙、论坛等活动的港澳台及外籍人士达近万人次，相关活动报道的总覆盖人数超 1 亿人次，成为岭南文化国际传播的重要推手。

作为广东的主要对外传播平台，GDToday 承担了集纳省内所有优秀外宣资源并向外界宣介广东的重要任务，平台上展示了省内其他国际传播单位制作的优秀岭南文化国际传播产品。

（三）构建覆盖广泛的数智媒体矩阵

数智化技术为国际传播平台的构建带来了根本性的变革，使得国际传播途径不再单纯依赖于传统媒介，而是转向了基于数字化媒体平台的模式。这一转变得益于数字平台、数据处理能力及人工智能技术的支持，进而促进了国际传播平台的持续发展与创新。数智化技术广泛应用于内容的生产、传播和平台运营的各个环节，例如，通过采用虚拟现实（VR）和增强现实（AR）技术来提升内容质量，利用算法优化内容相关性，分析用户行为特征进行精准内容推荐，以及利用预测性分析来识别潜在的热点话题等。

目前，国际传播网络平台主要有以下两类：一是安全可控的自建网络平台渠道，包括多语种网站、客户端等；二是借道行车、借船出海，与第三方平台合作开设栏目、版面，在第三方平台开设账号、频道，以及与境外媒体进行传播联动、内容互换等。GDToday一直致力于构建国际传播的平台矩阵，推动岭南文化在国际上的传播。现拥有建设超过20年的多语种新闻网站www.newsgd.com；含有英语、葡萄牙语、法语三大语种和上万名在穗领馆和在粤外籍商业人士订阅的简报Newsletter，日活跃用户达22万，成为广东省唯一的省级多语种新闻网站；并自2022年开始试运营、于2023年正式上线了广东省首个省级英文新闻客户端GDToday。自2020年起，GDToday与新加坡《联合早报》合作开设了"大湾区新知"专栏，发布与东南亚读者相关的粤港澳大湾区资讯、文化信息，旨在成为新加坡、东南亚地区受众了解大湾区政策、岭南文化的第一窗口。除此之外，GDToday通过微信公众号及在全球范围内的海外社交平台构建账号矩阵，截至2024年1月，脸书账号"GD Today"拥有349万位粉丝，"今日香港地"脸书账号以超过30万粉丝被评为在香港具有较大影响力的账号，湾区早茶"Bay

Area Morning Tea"账号关注粤港澳大湾区的文化和旅游资讯，拥有超过 10 万的粉丝，而 X 平台的"Hi, GBA"账号则吸引了 8.3 万关注者，其中包括联合国、外交部等具有极大影响力的粉丝。

（四）效果实现精准传播和广泛传播

国际传播效果评估应以传播效果为导向，借助数字智能技术的进展，获取更为便捷的传播指标，比如，覆盖率、触达率、收视率以及粉丝数量、播放量、互动数据（如点赞、转发、评论），从而使国际传播的效果评估更加直观明了。近年来，GDToday 推出各类稿件近 4 万余条，涵盖英语、葡萄牙语以及粤语方言等新媒体原创产品，总点击量超过 25 亿次。此外，其内容不仅被境外主要通讯社和媒体转载 9000 多次，而且在海外平台上被境外政商学界的知名人士及相关组织转载 9000 余次。GDToday 通过专访超过 450 多位的外国政要、驻穗领事以及来自港澳台和外国的专家、学者、企业家、网络红人和演艺界人士，发布的卖方报道不仅在海外平台上获得了广泛的转发、评论和点赞，还累计收获了超过 6000 万的点击量。这一成就不仅体现了内容的精准定位，也实现了传播范围的广泛覆盖，是精准与广泛传播有效结合的典范。

GDToday 通过持续推出具备一定国际影响力和传播力的岭南文化传播作品，岭南文化国际传播实现了显著成效。例如，重点关注岭南文化的"粤拍粤钟意"全球视频征集活动，利用 GDToday 及海外平台矩阵、抖音和抖音国际版（TikTok）面向国内（含港澳台）、海外华人华侨和外籍人士等征集短视频，共收到近万个参赛视频，这些视频在各平台的累计点击量接近 3 亿次。据 GDToday 统计，相关报道通过 16 种语言进行传播，覆盖人数超过 8 亿，展示了岭南文化国际传播的广泛影响和深远意义。

（五）专职采编队伍逐渐壮大

为有效进行岭南文化的国际传播，须培育一支政治立场坚定、文化自信和具备全球视野的岭南文化国际传播人才队伍，以促进中外文化的交流与融合。GDToday 在过去两年中成功培养了一批符合新时代对外传播需求的专业人才，他们在国际舆论场中历练，培养了显著的采编创新能力，构成了一支年轻化、国际化的地方国际传播媒体团队，成为广东对外宣传工作的骨干力量。据 GDToday 的公开资料显示，该团队目前约由 60 人组成，其中具备海外留学经历或研究生学历者超过 50%，包括一个致力于岭南文化国际传播的专项小组，由经验丰富的国际传播从业者、文化记者、摄影摄像师、美工、编辑等组成。此外，GDToday 采用内容共创模式，与来自美国、意大利、丹麦、波兰、土耳其、委内瑞拉等十多个国家的在粤传播达人合作，不断推出"外国网红体验中国年""老外'叹'文博"等岭南文化的热门内容，激励并汇聚了大量国际友人积极参与创作，生动传播岭南文化故事。当前，GDToday 正努力组建一支百人规模的专业外宣团队，通过融合内外宣、开放内容生产和联动各类民间力量等手段，全面提升外宣的采编能力，为各地各单位外宣内容生产提供支撑。

二、岭南文化国际传播面临的困境分析

虽然岭南文化的国际传播工作也不断有"出圈"的表现，但是在数智化技术影响下，岭南文化国际传播在技术应用、平台出海、队伍建设和传播形式等方面都面临着不同程度的困境。

（一）数智化技术应用比较局限

数智化正在逐步影响人们的日常生活，尤其是在数据密集型行业中，传播行业便是典型例子。然而，基于当前的发展趋势，本文认为数字智能技术在国际传播领域，特别是在岭南文化国际传播方面的应用尚未普及，主要受限于技术层面的平台构建。为了在岭南文化国际传播中实现全面数智化转型，必须突破性地使用人工智能技术、大数据技术、云计算、物联网、虚拟现实和增强现实等技术，以帮助岭南文化国际传播从信源的选取、内容的采编制作、平台的建设运维等方面实现质的飞跃，这仍是一项艰巨的任务。同时，在数智化技术应用过程中，必然会遇到一些亟待解决的问题，如人工智能产出内容的真实性与可信度、内容版权的明确性等。

（二）国际传播平台出海难

长期以来，欧美的主流媒体一直在海外信息接收的渠道和方式上占据主导地位，尽管微信、抖音国际版（TikTok）、微博和快手等中国互联网平台企业已成功实现"出海"，但在全球社交媒体领域，主导地位仍旧被脸书（Facebook）、瓦次普（WhatsApp）、油管（YouTube）、照片墙（Instagram）等西方传统社交媒体平台所占据。为促进岭南文化在全球范围内的传播，不仅需要通过海外社交媒体平台"借船出海"，还应通过深化与海外媒体的合作来更好地发挥其优势，目前独立构建的岭南文化国际传播平台大多仍然局限于国内的使用与运营，尚未在国际上广泛展开，因此也未能直接接触到海外目标受众。

（三）国际传播队伍力量单薄

加强国际传播能力建设，增进国际传播效能，关键在于加强对国际传播人才队伍的建设。只有通过培育及扩充符合新时代国际传播要求的专业人才队伍，我们才能开创国际传播工作的新局面。同时，其他零星的国际传播力量，如独立媒体博主、民间组织和对外经济贸易企业等，也参与其中，但这一领域普遍面临着人才短缺的挑战。岭南文化的国际传播能力还受到从业人员在数字化以及其他前沿技术应用和掌握方面的限制，缺乏对新技术的系统性学习和培训，难以与技术发展的快速步伐保持同步。

（四）媒体国际传播形式固化

纵观岭南文化国际传播现状，可见媒体在传统产品形态的基础上创造性地整合了众多新媒体产品形态，包括多语种图文、海报、漫画、插图、视频、音频、HTML5（H5）和动画等，从而为岭南文化的国际传播提供了多元化的内容产品。数智化技术的应用为媒体传播开辟了新的探索路径，如 AI 虚拟主播、虚拟现实、增强现实、混合现实（MR）等，不过这些创新应用在当前仍属于较为少见的尝试。自 2000 年以来，尽管新媒体逐渐流行且数智化技术不断深化，然而传播形式在过去二十多年中并未发生显著变革，仍以图文、海报、视频等传统形式为主导。目前，仍缺乏能引发广泛关注并实现大规模传播影响的创新传播形式。这一局限性导致了某些传播内容因形式的单一性而难以实现广泛的传播，从而影响其传播效果。

三、做好岭南文化国际传播的策略分析

要做好岭南文化国际传播工作，除了须基于传播的五大要素——传播主体、目标受众、传递信息、传播媒介以及反馈机制——进行扎实的基础工作外，亦须对当前的实际情况及存在的问题进行深入分析，从而思考和规划岭南文化国际传播策略的未来发展方向。

（一）用好数智化技术，赋能岭南文化国际传播工作

科学技术是第一生产力，数智化技术的发展与应用更是日新月异，在新媒体传播时代，优化岭南文化的国际传播工作不仅需要运用最新的新媒体技术，还须探索那些能够促进岭南文化国际传播的前沿技术。笔者认为，技术专业人员的熟练应用是基础，而采编人员对最新数智技术的理解和掌握也同等重要，这有助于将新技术更加有效地应用于国际传播的具体实践中，从而增强岭南文化国际传播的效能。例如，根据 CCTV 国际时讯报道显示，美国旧金山的人工智能企业 OpenAI 于 2024 年 2 月 15 日宣布，其正在开发名为 Sora 的"文生视频"模型，能够创造长达 60 秒的视频内容。[①]同时，其他企业亦在开发类似的文本到视频的 AI 模型，如 Lumiere 模型。ChatGPT 在推出初期便展现了技术的无限可能，而人工智能的持续进步进一步证明了其强大的技术潜力。GDToday 的融媒体生产团队在获悉"文生视频"模型的相关信息后迅速学习掌握了这项新技术，并研究其在国际传播中的影响与应用潜力。

---

① 京报网.输入文字生成视频！OpenAI 宣布测试文本生成视频模型［EB/OL］.（2024-02-16）［2024-09-09］. https://news.bjd.com.cn/2024/02/16/10702497.shtml.

（二）"走出去"彰显岭南文化自信，促进海外传播"加大声量"

党的二十大报告中提出，"深化文明交流互鉴，推动中华文化更好走向世界"，强调了将中华文明推介至全球的重要性。为了促进岭南文化"走出去"战略的实施，拓宽国际交流的"朋友圈"，关键在于积极、自信地将岭南文化介绍至海外，接近国际友人，融入他们的日常生活之中。特别是在2024年龙年春节期间，"中华战舞"普宁英歌在英国伦敦引发广泛关注，成功吸引了国际观众的目光。普宁英歌的成功"出圈"，在很大程度上得益于新媒体的有效助力，各大媒体机构也抓住了这一传播契机，形成了岭南文化国际传播的一次小高潮，其中 GDToday 制作的普宁英歌短视频在 Facebook 平台的覆盖量超过了10万。2023年11月下旬，GDToday 还在埃及和马来西亚举办了两场"魅力广东"视觉展，成功吸引了近千名当地观众的参与，展览在开幕后移至当地两所大学相继展出，直接向海外观众展示了岭南文化的魅力。

（三）加强国际传播专业人才培养，汇聚更多社会力量参与国际传播

在推进岭南文化国际传播的过程中，核心要素归结于团队建设和人才培养。强化岭南文化国际传播人才队伍的构建，不仅是国际传播机构的使命，也是承载岭南文化传承的组织和国际传播链条中各相关单位共同的责任。GDToday 不仅持续加大自身国际传播人才培养力度，邀请专家、学者开设国际传播相关主题讲座，还安排人员参加广东省国际传播后备人才培训班，并选派骨干到广东各地市参与国际传播交流活动，进行经验分享与拓展学习。此外，GDToday 有效利用官方及非官方的国际传播资源，集聚

更广泛的社会力量参与到国际传播中，可以进一步挖掘民间艺术团体、非物质文化遗产传承人、留学生、海外投资企业和海外自媒体博主等在对外传播岭南文化中的潜能。

（四）创新岭南文化国际传播方式，以新的叙事思路打开新格局

唯有不断地创新传播方式，岭南文化的声音才能在国际传播的不断变化中持续被全世界聆听。我们可以在现有的产品基础上进行形式的创新，例如，把在海外极受欢迎的粤式点心转化为表情包、拍摄成微短剧或纪录片、制作成动画、录制成语言学习课程，甚至利用数智化技术推出全息化、可视化、沉浸式、交互式的传播产品。通过一些新的叙事方式来打开岭南文化国际传播的新格局，如《狂飙》《咏春》等舞剧带着众多的岭南文化火到海外。讲述岭南文化的故事固然重要，但讲好这些故事更为关键，好的故事应该触及人类共通的情感，能够激发不同背景人群的共鸣。

四、结语

当下，数字化进程的加速将不可避免地改变国际传播的整个过程。为了有效应对技术快速更新迭代对岭南文化国际传播造成的影响，并充分挖掘最新数字技术所蕴含的机遇，必须着眼于专业人才的培养，采用创新的传播思维和方法，以技术的掌握和应用作为突破口，我们才能有效地讲述中国故事、传播中国声音，塑造一个可信、可爱、可敬的中国形象。

参考文献

［1］广东省人民政府新闻办公室.今日广东：文化名片［M］.广州：南方日报出版社，2015.

［2］刘震.数智化革命：价值驱动的产业数字化转型［M］.北京：机械工业出版社，2022.

［3］林雄，翁小筑，等.岭南文化十大名片：相约岭南［M］.广州：广东教育出版社，2018.

［4］张建锋，肖利华，许诗军.数智化：数字政府、数字经济与数字社会大融合［M］.北京：电子工业出版社，2022.

粤港澳大湾区主题报道中的国际
传播策略与路径

——以南方都市报、N视频融媒策划为例

柯晓明*

　　粤港澳大湾区在中国不仅发挥着经济高地的作用，还在国际合作交流、制度创新、文化传承创新等多个层面发挥着示范和带动作用。它是中国参与全球竞争、展示中国式现代化成果的重要窗口，也是推动形成全面开放新格局、实现高质量发展的重要载体。粤港澳大湾区的国际传播，其重要意义不仅在于对内凝聚人心、对外展示区域形象，更有助于推动国家发展、参与全球治理的进程。因此，提升粤港澳大湾区主题报道中的国际传播能力、发挥融媒体报道的多元功能，日益成为主流媒体在变革时代下崭新的任务与使命。

* 柯晓明，女，南方都市报湾区视频新闻部副总监。

一、大湾区主题报道中国际传播的必要性

2023 年 4 月，习近平总书记在视察广东时强调，要使粤港澳大湾区成为"新发展格局的战略支点、高质量发展的示范地、中国式现代化的引领地"（简称"一点两地"）。"一点两地"的全新定位，为粤港澳大湾区发展带来了新的动力、使命和担当。

作为世界四大湾区之一，粤港澳大湾区（以下简称"大湾区"）的发展对标纽约湾区、旧金山湾区、东京湾区。粤港澳大湾区是展现中国式现代化建设成就的窗口，其发展反映了中国样本、中国方案以及中国经验的成功实践。可以说，大湾区的政治经济、区位优势天然地具有国际传播价值，主要表现在以下几个方面。

首先，大湾区具有区域发展模型的示范效应。融合内地、香港、澳门的独特优势，形成一体化的经济发展模式，不仅体现中国区域协调发展的理念，也为全球经济一体化提供了中国方案。

其次，大湾区具有中华优秀文化的传播效应。粤港澳三地文化同根同源，拥有丰富的文化底蕴和多样的社会文化结构。通过传播大湾区文化，可以促进跨文化的互鉴与交流，提升中华文化的影响力。

再次，大湾区具有国际化城市形象的品牌效应。香港、澳门作为国际金融、贸易、航运中心，其国际化的城市形象有助于提升大湾区在全球范围内的吸引力。通过对外传播，可以展现大湾区城市的国际风貌，吸引外资和人才，促进国际投资和贸易合作。

最后，大湾区具有新时代中国发展的样本效应。大湾区具有独特的地理区位优势，它毗邻东南亚，面向海上丝绸之路沿线国家，是我国实现内

通外达的重要支点。通过战略统筹，它也正在成为新时代中国面向世界的区域性媒介。通过湾区的国际传播，可以展现中国坚持和平发展、推动经济全球化、构建人类命运共同体的决心。

因此，立足于粤港澳大湾区的主题报道不仅是对大湾区自身发展的宣传，更是展示中国发展成就、传播中华文化、促进国际交流的重要途径，对提升国家形象和国际传播能力具有深远的影响。

二、大湾区主题报道对外传播的路径探索

在这样的背景下，主流媒体如何承担起新时代和新变革下的新任务？如何发挥融媒体报道的多元功能向外传播好湾区故事？如何让湾区文化、湾区故事更多地触达海外受众？这些既是当前亟待研究的重要课题，也是媒体人的使命担当。

近年来，南方都市报、N 视频致力于构建独特的国际传播话语体系，以视频为核心产品，巧妙地将国际风格与中国特色相结合，并成功打造出深受海外受众欢迎的优质内容。例如，《探宝觅踪——寻找湾区民间文化力量》系列纪录片、《WALK IN 新广东》系列纪录短片、《我在湾区这些年》短视频专题报道等。它们立足于国际视野，以多语种、多形式、多平台进行矩阵式传播，在境内外全平台观看量均超过 8000 万[①]。以下，笔者将以南方都市报、N 视频为例，就两者在大湾区主题报道和国际传播上的一些探索实践进行细致的解读。

---

① 根据南方都市报社统计。

（一）以受众为中心，注重情景叙事

国际传播通常具有叙事性与非叙事性两种表达方式。叙事性方式注重讲述故事，通过情节的展开和呈现来吸引受众的兴趣，使信息更有吸引力和说服力。非叙事性方式更侧重于事实罗列、数据呈现或观点陈述。这两种叙事方式并非孤立存在，亦无优劣之分。在国际传播中，应综合运用这两种方式，以实现信息传播效果的最大化。国际舆论场的新闻报道，既要有事实的呈现，也要有理论的深入；既要展示中国式现代化的发展成果，也要把发展背后的逻辑论述清楚。

讲好湾区故事，需要建构"以受众为中心"的思维方式。大湾区的国际传播，不仅要注重题材的选择，积极回应国际社会的关切，也要用现代化的呈现和表达方式来讲述国际受众爱听、易懂、可信的新闻故事。

《WALK IN 新广东》系列纪录短片善用"实地见证、情景呈现"的叙事性表达方式来展现中国式现代化广东"新实践"的故事。2023 年，习近平总书记首次地方考察选择了广东，为广东如何"在推进中国式现代化建设中走在前列"指明方向。广东省委提出了"再造一个新广东"的战略目标。《WALK IN 新广东》系列纪录短片组织网络名人走入企业、走进基层、走向项目，见证广东实践之路的历程。

一是实地探究城乡区域协调发展破题之路。参与调研采风的网络名人走进全国百强县之一的惠州博罗，见证了库容 15 万吨的粮仓群拔地而起，这也标志着大湾区"菜篮子、米袋子、大厨房"雏形初步形成；走进清远连樟村，观察"虫稻共生""水肥一体化"等乡村振兴农业发展新模式。

二是实地探究制造业企业自力更生之路。《WALK IN 新广东》系列走进

广汽研究院、广船国际、美的库卡，体验无人驾驶技术和飞行汽车，观摩全球最大海上"五星级酒店"，打卡"无人化工厂"，探索广东作为"制造业强省"的密码。

三是实地探究建设海洋强省向海图强之路。"发展海洋经济""加快建设海洋强国"是党的二十大报告提出的要求。在《逐梦新蓝海》这一集中，千万粉丝微博博主、央企海运人@长征后卫薛伯陵走进阳江沙扒海上风电场及湛江雷州海上养殖平台"海威二号"，感受"千亿风电之城"和"中国金鲳鱼之都"的十足底气。

对于什么是中国式现代化，如果直接阐述抽象的概念，海外受众很难理解；但如若转换成直观的影像，以一幅幅具象的发展图景来讲故事，中国式现代化模式就会变得更加立体、客观可信。例如，海外网友@HK Ko Sir 在推特上留言道："The video shows the new development and new look of Guangdong and is worth recommending（这段视频展示了广东的新发展、新面貌，值得推荐）。"由此可见，海外受众可以通过"广东样本""湾区经验"来认识中国式现代化发展的特点。

此外，《探宝觅踪》纪录片也得到了诸多海外受众的点赞认可。日本国驻广州总领事馆副总领事萩野明之在观看《探宝觅踪》纪录片后表示："很多外国人虽然对中国传统文化感兴趣，但不太了解各个地区独有的文化特色，通过《探宝觅踪》来认识岭南文化、湾区文化，是一个很好的出发点。"

（二）重塑话语体系，创新表达语境

主题报道通常围绕党和国家的中心工作，这类报道的天然特征在于政治意味浓厚、宣传性强。有学者提出，要重视民间话语在区域媒介形象建构中的作用。从受众的角度看，国际社交媒体中区域形象的国际受众绝大部分是

普通大众，民间话语"去政治化"的表达特点能够更好地引发共鸣。

当前，网络已经成为国际传播主要的舆论场域，年轻群体是主要受众。因此，以年轻态的表达方式来重塑国际传播的话语体系显得十分重要。因此，南方都市报、N视频在《WALK IN 新广东》系列报道中十分注重在创新个性化视角、互联网表达上下功夫，力求出新出彩。

一是突出个性化、专业化视角。《WALK IN 新广东》邀请动植物科普博主、网络作家、财经观察学者等各领域网络名人采用"第三方叙事"的方式进行讲述，他们分别在各自擅长的领域出镜，担任讲述人、分享者，从不同视角来解读和传播。例如，人工智能博士、"奇葩说"辩手高庆一在参观广州人工智能公共算力中心时，畅谈大湾区"未来城市"和"智慧大脑"；知名网络作家冰可人在五车斋藏书博物馆与老馆长书房对话，追忆南国诗人阳江生平往事。

二是突出年轻态、生动化的表达。将年轻态作为主题报道表达的新路径，对准"Z世代"等青年群体的关注喜好，借鉴微短剧、微综艺等拍摄手法，去宣传化、强交互性，把作品和话题融进青年群、后浪圈。例如，在《玩转新文旅》这一集中，网红文旅局长文清旅远方以"做任务"的模式打卡广东新文旅地标，沉浸式探访小众文旅路线；在《湾区这么 young》里，国潮音乐人思雅、说唱博主清醒老 C 走进粤港澳大湾区街舞潮流文化中心体验街舞、说唱、滑板、潮玩，与新兴青年们创作说唱音乐，共同感受湾区的年轻活力。

（三）构建多元传播主体，形成国际协同效应

在融媒时代，传统媒体实施全程传播的模式已经发生了颠覆性的改变。传统媒体只是信息生态的一部分，不同媒介发挥着各自的特点，承担着不同的传播效能。在国际舆论场域，同样应该构建多元传播主体，形成国际

协同效应。无论是主流媒体、新兴媒体，还是政府部门、民间组织、社会团体、网络名人等，都可以形成合力，共同就一个主题进行内容创作乃至聚合传播。

南方都市报、N视频在《探宝觅踪——寻找湾区民间文化力量》中，邀请来自书画、戏曲、建筑等不同界别的8位名人大咖，走进湾区民间博物馆探寻奇珍异宝。《WALK IN 新广东》则邀请了11位网络大V实地走访广东，探寻现代化发展路径。在内容作品中，他们是叙事主体，也是传播主体。这些名人、大V在各自的垂类领域都拥有庞大的粉丝群。在拍摄过程中，他们用自己的视角、惯常的表达方式输出观点，在海外账号上进行传播。《探宝觅踪——寻找湾区民间文化力量》还组织了线上短视频征集大赛、线下游学团等活动，发动超过500名青少年学生群体探访大湾区百余家民间博物馆，并生产了三百多条民间博物馆短视频，向海内外传递出人文湾区的精神和力量。《探宝觅踪》在拍摄过程中还邀请了地市宣传部门、文化宣传单位、博物馆界、学术界、驻穗使领馆等代表共同就相关主题进行创作，并向海外传播。

在构建多元传播主体的过程中，政府部门可以制定相应的政策和支持措施，为民间组织、社会团体的国际传播工作提供指导和资源保障。同时，学术界应对国际传播的现状、趋势和策略进行深入研究，为国际传播工作提供理论指导和实践参考。此外，还可以充分利用现代信息技术，如人工智能、大数据、云计算等，提高国际传播的效率和准确性。

（四）技术创新赋能内容生产与传播

数智技术为代表的新技术是中国国际传播发展"破局"的新机遇，是传播中国发展理念的技术载体。从现实来看，技术正深刻、迅猛地改变着国际传播的逻辑，同时，它也赋予内容生产与传播。以《WALK IN 新广东》融媒策划为例，作为与微纪录片、图文报道并列的融媒产品，该系列海报以浓郁的后现代风格和科幻色彩来展现新广东十大领域的特色，一经推出就迅速吸引了受众眼球。这一系列特色海报的制作，通过使用智能 AI 绘图工具生成雏形，再由美编加入创意进行修改整合，在保证了突出的呈现效果的同时，也极大地提高了生产效率。

又如《探宝觅踪——寻找湾区民间文化力量》融媒策划，创造了首个湾区民间博物馆 IP——数智人"岭梅香"。该数智人由南方都市报、N 视频与科技公司共同研发，依托数字孪生技术，通过骨骼绑定、动作捕捉、布料毛发解算等技术，赋予"岭梅香"生动表情与灵活动作，让静态的数字模型"活"起来。再借助三维与实景视频合成渲染技术，以及精准还原的三维透视空间关系，让数智人走进现实场景。在系列策划中，"岭梅香"作为主角，参与拍摄了虚拟场景与实景拍摄相结合的 3D 动画短片——《探宝觅踪·岭梅香》。这种年轻态的表达，突破了国别的界限，使"岭梅香"成为全球年轻人共同追捧的"新生代偶像"。

此外，《探宝觅踪——寻找湾区民间文化力量》融媒策划中，利用 H5 交互技术，设计制作了《湾区全景寻宝地图》。它不仅囊括粤港澳大湾区民间博物馆的特色、地址等，还嵌入了高德地图等商业应用中。

在大湾区主题报道的国际传播过程中，技术不仅推动了生产流程的变革，也推动了传播方式的创新和传播理念的升级。在数智技术语境下粤港澳大湾区的国际叙事表达更形象具体，对于海外受众来说也更生动可感。

三、关于大湾区提升国际传播效能的建议

（一）遵循国际传播规律，构建国际认同的叙事逻辑

身为媒体从业者需要牢记，讲好中国故事不仅限于赞歌，传播中国声音亦需多元视角。对外传播同样需要遵循新闻时效性、权威性、公正性、多样性的传播规律。当谈到"展现可信、可爱、可敬的中国形象"时，"可信"是摆在首位的。我们既要生动讲述中国式现代化的样本故事，又要积极回应国际社会的关切，及时澄清谬误，解除疑惑，不回避中国现代化进程中遭遇的问题，积极展现我们的"解题思路"和"应对策略"。如此一来，我们才能营造具有国际共鸣力的叙事氛围，并推动形成健康积极的全球舆论生态。

（二）建设湾区话语体系，收集国际舆论反馈

大湾区要通过建设"湾区话语体系"彰显大湾区的独特魅力，提升对外传播的话语权。对外话语权的建设包括两个层面，一是湾区怎么说，二是世界怎么看。我们既要在传播内容、推广策略、渠道建设等方面不断创新，也要及时收集梳理国际舆论反馈，加强传播效能方面的研究，以达到让湾区话语和国际社会"产生良性互动—形成国际共识—完成话语权建设"的目的。

（三）培育多元化传播主体，建设外宣媒资服务平台

国际传播面对的场域，是广袤无际的"外海"，新闻机构势单力薄，因此需要构建多元化传播主体，整合政府部门、高校智库、协会商会、自媒体账号等官方和民间力量，建立传播矩阵，形成传播合力。万物皆媒，媒融万物。主流媒体因其与生俱来的媒介属性，适合在其中充当"操盘手"和"连接器"，聚合自身及外部的外宣媒体资源，并形成可供使用的专业资源库。相关媒资包括文字报道、视频资料、舆情研究、专家分析、活动方案等，供社会各界的传播主体随时调用。

（四）善用先进科技生产力，打造可控的海外传播平台

当前，我们在国际传播方面最大的痛点是"造得出来，传不出去"。西方主流媒体占据主导地位，而中国媒体在国际上的声量较弱。海外社交媒体对我国媒体账号的管理有很强的敌对性和针对性，通过封号、删帖等各种手段，试图削弱我们的公信力和传播效果。例如，2025 年初海外版抖音 TikTok 在美国地区彻底被禁用。因此，我们需要通过系统完善、操作可行的顶层设计和战略规划，整合社会力量、民间力量，加快打造自主可控的海外传播平台。2023 年 11 月，南方报业传媒集团今日广东国际传播中心（GDToday）在广州宣告成立，标志着粤港澳大湾区国际传播旗舰媒体正式起航。GDToday 通过加强渠道建设、内容建设、智库建设、技术建设、队伍建设，努力成为粤港澳大湾区资讯对外的权威发布平台。这些先行先试的经验，值得我们学习借鉴。

参考文献

［1］姜飞，张江浩.国际传播研究年度报告·2023——基于中国视角的回溯［J］.青年记者，2023（24）：29-40.

［2］朱颖，陈思言.粤港澳大湾区形象国际传播研究——以六家中国主流媒体推特为例［J］.新闻爱好者，2023（12）：36-38.

重大主题报道国际传播的叙事策略

——以Facebook平台@CGTN和@China Daily "一带一路"主题报道为例

李妹妍*

围绕中心、服务大局，是主流媒体的重要职责与使命。其中，重大主题报道是指围绕党和政府的重大决策、重大部署、重大活动及相关社会热点所进行的集中报道，是主流媒体做好新闻舆论工作的重要载体。具体到国际传播中，重大主题报道是向世界讲好中国故事的绝佳窗口，亦是提高国家文化软实力和中华文化影响力的重要一环。

与一般报道相比，重大主题报道往往具有题材重要、背景宏大等特点。2023年是共建"一带一路"倡议提出十周年，也是我国国际传播的重要转折点。在复杂的国际形势中，如何面向国际讲好中国故事，让重大主题报道也能赢得国外受众的喜爱？本文以脸书（Facebook）平台上 @CGTN（中国国际电视台）和 @China Daily（《中国日报》）两大中央主流媒体账号为研究对象，选取其 2023 年 1 月至 12 月有关"一带一路"内容的帖文，对其形式、点赞数、评论及转发量等进行统计分析，为做好重大主题报道国际传播提供路径参考。

---

* 李妹妍，女，羊城晚报理论评论部深度报道采编室主任。

一、@CGTN 和 @China Daily "一带一路"主题报道叙事特征分析

中国国际电视台（英文简称 CGTN）和《中国日报》（China Daily）是中国的外宣旗舰媒体，二者均在脸书（Facebook）平台开设官方公共主页，页面粉丝数显示，@CGTN 粉丝数为 1.2 亿，@China Daily 粉丝数为 1.1 亿，都是颇具影响力的海外社交媒体账号。对两个账号的共建"一带一路"报道进行叙事特征分析，有助于我们对重大主题海外报道有一个较为全面的掌握。

本研究具体步骤为：在脸书（Facebook）上 @CGTN 和 @China Daily 两个账号右上方的搜索栏中输入关键词 #Belt and Road（一带一路）进行搜索，并在搜索结果中进一步筛选发布日期为 2023 年的帖文，分别获得相关帖文 57 条和 48 条，共计 105 条。剔除当中重复及转发帖文 8 条，最后获得两个账号有效帖文分别为 49 条和 48 条，共计 97 条。接下来，从叙事内容、叙事视角、叙事形式三个维度分别对这 97 条帖文的内容、形式、点赞数、评论及转发量等进行统计，以发现其叙事特征。

（一）叙事内容：以经济类、资讯类报道为主

随着共建"一带一路"的持续推进，中国不断丰富发展着共建"一带一路"倡议的深刻内涵，如将"一带一路"建成和平之路、繁荣之路、开放之路、绿色之路、创新之路、文明之路等，使共建"一带一路"的叙事内涵不断充实和完善。那么，面向海外受众的主题报道，应该如何选择恰当的叙事内容，让更多人深入理解这个倡议的精神内涵和外延？本文将这 97 条帖文建立了文本库，用微词云提取高频实词，如表 1 所示。

表1　@CGTN及@Chinadaily共建"一带一路"帖文的高频实词及词频表

序号	高频词	词义	词频
1	China	中国	119
2	Belt and Road	一带一路	97
3	the belt and road initiative/BRI	共建"一带一路"倡议	57
4	countries	国家	30
5	cooperation	合作	27
6	economy	经济	22
7	development	发展	18
8	Europe	欧洲	17
9	Italy	意大利	16
10	the Silk Road	丝绸之路	12

资料来源：作者自制。

撇出标签关键词 #Belt and Road（一带一路）外，帖文位于前列的高频词依次为 China（中国）、the belt and road initiative/BRI（共建"一带一路"倡议）、countries（国家）、cooperation（合作）、economy（经济）和 development（发展）。叙事中将共建"一带一路"与合作、发展等话题紧密联结，放大共建国家之间的互联互通、经济合作和共同发展等积极因素，传递出中国致力于合作共赢、值得信任的经济形象。

进一步统计发现，97条帖文中有关经济的内容最多，为38条，资讯类（包括领导人出访、相关会议论坛报道等）23条，文化类9条，政治类和人物类各8条，饮食类4条，交通类和医疗类各3条，旅游类1条。以经济类报道为例，38条中有27条为展示"一带一路"建设的大型基建项目，如位于肯尼亚的蒙内铁路、位于印度尼西亚的雅万高铁、位于塞内加尔的桑戈尔体育场、位于希腊的比雷埃夫斯港等。通过一个个"国家地标""民生工程""合作丰碑"等项目，全方位展现共建"一带一路"取得的实打实、沉甸甸的成就。

（二）叙事视角：善用"外嘴"讲述中国故事

跨文化传播的困难之处在于话语呈现过程中的流失、消解甚至是误解。用外国人听得懂、乐于接受的方式来呈现国之相交、民之相亲的生动场景，是讲好"一带一路"故事的关键。从叙事视角来看，绝大多数帖文并不囿于自说自话，而是更多借"外嘴"进行叙述——让外国人讲述自己对中国的理解，这一策略在贴近国外受众的同时，也让帖文更具说服力和传播力。

这类帖文主要有两种呈现形式。一是"外嘴"作为新闻知情人，通过提供侧面信息，介绍客观事实。本研究所采用的 97 份统计样本中，这类帖文共有 31 条，占比为 31.96%。比如，雅万高铁开通后，China Daily 记者通过大量的采访，借高铁乘务员、乘客、印尼官员之口表达对列车开通的兴奋之情，以及对中印尼合作前景的期待，内容客观、真实，令人信服。又比如，中企承建埃及新行政首都中央商务区，CGTN 记者通过采访埃及当地居民和当地建设者，借他们之口表达了对中企建设技术的认可，也传达了对两国携手发展、共同繁荣的信心。二是"外嘴"作为新闻主角，用作品呈现他们相关的故事和经历。本研究所采用的 97 份统计样本中，这类帖文共有 6 条，占比为 6.19%。比如，得益于中国的医疗援助，坦桑尼亚的哈吉（Dr. Haji Mwita Haji）得以到中国学习儿科和针灸，哈吉的切身经历正是中国为共建"一带一路"沿途国家织起"健康大网"的生动注脚，诠释了什么叫"带不走的中国医院"。这种呈现方式使得中国故事更真实、生动，也更容易被国外受众所接受。

（三）叙事形式：短视频为主要表达形态

一般来说，完整的新闻叙事需要有组织、结构的呈现，其中包含事件的起因、发展、高潮及结尾等基本要素。但在社交媒体平台，受众注意力分散，新闻的叙事形式因应人们碎片化的信息需求，以"快"和"短"为主要特征，以期在最短的时间内呈现新闻信息。

从统计样本来看，97 条帖文中，视频类 51 条，图文类 28 条，新闻链接类 18 条，占比分别为 52.58%、28.87%、18.56%。基于官方媒体属性，短视频创作者虽然以记者为主，但是内容品类却极为丰富，从高峰论坛到政要采访，从基建项目到考古成果，从旅游路线到特色饮食，从时尚艺术到运动健康，以更加多元的主体、更加丰富的主题和更加生动的叙事方式，展现不同国家和地区、行业和群体风貌的同时，也展现了可信、可爱、可敬的中国形象。

二、@CGTN 和 @China Daily "一带一路"主题报道叙事存在不足

对于主题报道来说，传播力是基础，影响力是目标。从 @CGTN 和 @China Daily "一带一路"主题报道传播效果来看，点赞数、评论及转发量与其庞大的粉丝体量不成正比。对 97 条帖文的点赞数、评论及转发量进行统计发现，@CGTN 帖文共 55 条，点赞数 3.2 万，评论 264 条，转发 520 次；@China Daily 帖文共 42 条，点赞数 5.3 万，评论 260 条，转发 450 次。平均每条帖文的点赞数仅为 884，评论 5.4 条，转发 10 次，与内宣动辄"百万""千万"的流量还有很大差距。经过分析，叙事上还存在如下不足。

（一）内容同质化严重，叙事主题比例失衡

共建"一带一路"的主要内容简称"五通"，既开展互联互通、产能合作、贸易投资等重点领域合作，也重视推动沿线国家之间多种形式的人文交流，以及深化人文社会及其他领域交流合作。从 @CGTN 和 @China Daily "一带一路"主题报道叙事内容来看，存在严重的同质化问题，这部分是因为重大主题报道本身就是一次"命题作文"，具有相同的主题、相同的采访对象，甚至相同的报道角度。从另一个角度来说，这也考验不同的媒体能否结合自身的优势和特色，做出传播新意。

内容同质化的另一个表现在于叙事主题的比例失衡。统计样本中，经济类和资讯类内容呈现绝对的优势，分别占比为 39.18% 和 23.71%，其他主题如文化、人物、饮食、交通、科技、医疗、旅游占比都较少，内容分布比例严重失衡。而恰恰是文化、饮食类的帖文受关注度更高，比如，@CGTN 一条讲述水电站、茶园和中国品牌汽车的装配线给巴基斯坦当地人的生活带来改善的帖文，点赞 2.3 万；@China Daily 一条讲述海上丝绸之路考古发现的帖文，点赞 4.9 万。

（二）叙事主体不够多元，第一人称叙述偏少

一方面，@CGTN 和 @China Daily 作为权威主流媒体，在重大主题报道中并不意外地选择了专业记者作为叙事主体，但这一策略在社交媒体平台上不如让普通人作为叙事主体来得讨巧。从国际传播作品的题材来讲，小切口、小人物更容易取得良好的传播效果，特别是小人物的第一视角，比声势浩大的灌输式宣传更能打动人。

另一方面，从叙事视角看，如前文所述，"外嘴"要么作为新闻知情人，要么作为新闻主角，都是站在受访者的角度去呈现他们的观点。这当中还欠缺的一环是把"外嘴"作为一个主动讲述者的角色。重大主题报道需要把"自己讲"和"别人讲"有机结合起来，要重视以外国人作为叙事主体，通过第一人称讲述他们的所见所闻、切身感悟，才能更鲜活地讲述中国的发展故事。

三、新的国际传播形势下讲好中国故事的策略创新

在新媒体蓬勃发展的时代，国际传播处在一个更为"自由开放、多元平等、多向交互"的网络空间，新媒体平台的大量涌现和快速发展不仅提高了信息传播的速度，还改变了传统的信息传受关系。从这个角度说，做好重大主题报道的国际传播，让世界讲好中国故事，需要更主动灵活地运用叙事策略来提升传播效能。

（一）优化叙事主体，让新闻内容轻量化

主流媒体拥有专业能力较强的记者和创作团队，能够对中国故事进行专业的挖掘、采写和制作，但往往也带来"曲高和寡"的尴尬。讲好共建"一带一路"的故事，要针对不同的国际受众和话语空间，增加他者叙事，进一步提升国际传播影响力。一方面，要优化叙事主体，突出"外"字优势，充分发掘、盘活用好更多的"外嘴"资源，以平民化的视角保持"置身其中"的在场性，从而增强传播的说服力和影响力。另一方面，可以加入活泼的图片、镜头语言，让新闻内容轻量化，避免过度严肃，从而贴近受众，更好地促进中国故事的全球化表达。

（二）注重微观叙事，主动设置概念议题

长期以来，重大主题报道偏重对内传播，"照搬"到对外传播当中，故事讲述显得生硬、缺乏趣味性。"一套内容，多方传播"的传统模式已不能适应国际传播的要求。必须研究国际传播的特点，改变这种现状，要有丰富的叙事技巧，以微观视角为切口，由"小我"向"大我"和"共我"延展拓深，通过见微知著的方式让国际社会切实感受到中国经济的发展、中国文化的魅力、中国社会的进步，更好地激发受众的情感共通与价值共鸣。

贴近国际受众的叙事方式，在叙事手法上也要符合媒介环境和国际"共有知识"，即在国际传播中设置一种共通的话语环境，构建能够彼此对话的共同价值观，既不刻意突出中国价值观，也不强调西方价值观，以此提升传播的有效性。短视频的优势是用小切口反映大主题，以小故事展现大时代，近年来也成为传统媒介发展新闻的新探索方向。从 @CGTN 和 @China Daily "一带一路"主题报道中，可以看出相关短视频的新闻叙事已经有意识地靠近"去文本化""碎片化"，但在与受众交流达致共鸣方面还有很大的改善空间。如何灵活运用新闻叙事策略更好地"讲故事"，将成为发展短视频新闻继续发展的关键点。

四、结语

党的二十大报告明确提出，"加快构建中国话语和中国叙事体系，讲好中国故事、传播好中国声音，展现可信、可爱、可敬的中国形象。加强国际传播能力建设，全面提升国际传播效能，形成同我国综合国力和国际地

位相匹配的国际话语权"。在"西强我弱"国际舆论格局没有发生根本改变的情况下，做好重大主题报道国际传播，更要善于动员多元主体，创新叙事策略，把握叙事基调，整体推进、久久为功。

对脸书（Facebook）平台 @CGTN 和 @China Daily "一带一路"主题报道叙事实践的不足和策略进行思考，不仅有利于促进新媒体赋能国际传播，也可以对传播新时代中国国家形象、推动我国外宣实践不断开拓创新提供经验启示。

参考文献

［1］樊清丽，马佳慧.人民网抖音短视频新闻叙事方式研究［EB/OL］.（2020-01-16）［2024-05-05］. http://media.people.com.cn/n1/2020/0116/ c431272-31550698.html.

［2］罗慧芳.新媒体时代加强国际传播能力建设的思考［J］.中国网信，2022（5）：64-67.

［3］潘亚楠.他者视角下的中国故事创新叙事：以中国新闻奖国际传播奖作品为例［J］.编辑之友，2020（8）：75-79.

［4］杨凯，聂国娜.中国故事短视频对外传播叙事策略——Facebook 平台 CGTN "一带一路"主题短视频分析［J］.今传媒，2019，27（12）：1-5.

［5］祝伟.创新主题报道 提升传播效能［J］.新闻战线，2023（22）：62-64.

我国国际传播叙事舆论场的变化
与路径优化

冷　爽[*]

　　国际传播能力是衡量国家文化软实力和国际影响力的重要指标，甚至成为一种"网缘政治"的竞争。特别是在新技术、新形势下，数字空间内的国家间战略博弈更为依靠网络社交平台。想要在国际传播叙事舆论场占有主动话语权，首先就要意识并深刻理解传播已经发生的变化，在变化中把握技术、内容、方式等新的规律，才能有更大的机会打破现有的以西方为主导地位的国际传播旧格局。

　　实际上，旧的国际传播格局也的确在发生松动与变化。比如，发展中国家不断提升的平台传播能力、国际传播的核心叙事正在下沉等，都为新的国际传播力量生长提供更多的可能性。而想要实现这种可能性，信息技术、传播内容、议题设置等方面的提升必不可少。

＊　冷爽，羊城晚报要闻编辑部时政新闻室主任。

一、国际传播叙事舆论场的变化

（一）"网缘政治"竞争

随着生产方式、传播方式和消费方式的更迭发展，诞生于特定地理环境和生产实践的信息内容已全方位、多层次地进入国际传播场域之中。而跨越民族国家地理边界的国际传播对信息生产与传播新技术的依赖尤为明显。

当下，以 5G 为基础、AI 为技术、短视频为先导的智能传播浪潮中，国际传播的聚光灯已转向互联网，更进一步说，近几年更为突出的特征是传播场域转向"平台化"输出，例如，脸书（Facebook）、X、抖音国际版（TikTok）等社交媒体平台，成为更深刻、广泛的舆论场，甚至在某种意义上成为数字空间内国家间战略博弈的新形态。

最明显的两个案例，一是推特（"X"前身）2020 年为中国、俄罗斯、伊朗等国的媒体加上"官方媒体"标签并进行"限流"。第二个案例是美国国会众议院对抖音国际版展开听证会质询，以所谓安全风险为由对有关企业做"有罪推定"和无理打压。

针对这样的变化，有学者提出"网缘政治"的概念，即网络虚拟空间与地缘实体空间相结合的战略博弈。研究认为，网络空间的国际传播正在进入以全球数字平台所有权争夺与跨境信息流动规制为特征的网缘政治转向。

（二）"信息垄断"破局

虽然国际传播的介质和组织形态是经历了电报、通讯社（包括文字、广播等多种形式）、互联网（平台）等重大变化，但从实践看，国际传播内容仍然主要是资讯和文化两大方面：

一方面，资讯是国际传播中的重要内容，从事全球新闻资讯传播的几大通讯社都被西方媒体控制或影响，这也导致国际传播话语权更多被少数发达国家所垄断。广大发展中国家也在不断尝试打破这样的局面。例如，我国新华通讯社已经建设成为世界上第六大通讯社，但在传播效果上看，尚未体现绝对主导。

另一方面，文化方面的国际传播内容和渠道仍处于"争雄"过程，在全球范围内流行的不再是单一的脸书、X 等西方平台，以中国抖音国际版为代表的发展中国家社交媒体平台也在厚积薄发、持续发力，更多的使用者可以利用多个平台、多方面内容来传播和了解他者。此外，不同于对国家组织力量（通讯社）的倚重，文化传播主导力量来自民间。例如，"李子柒""滇西小哥"等在海外具有一定传播影响力的、以传播文化为主的社交媒体账号并非都来自官方背景。

作为一种新的传播场域，社交媒体平台为这样的"民间内容表达"提供了发声的空间与机会。平台化让从属于专业人士的国际传播工作"入世下场"，允许大众参与，推动国际传播向大众化、平民化转变。这一变化正逐渐瓦解国际传播中由政府、跨国公司进行传播垄断的旧格局。

（三）"核心叙事"变化

由于阵地的平台化和内容的偏文化导向，现今的国际传播行动主体已由国家、媒体、机构转向意见领袖、普通市民等个性主体，核心叙事也从相对宏观转向个体化。

这种变化带来两个好处。一是表达门槛"下沉"。越来越多的个人参与到国际传播中，在互联网去中心化的传播特点下，每个账号都被视为一个节点，人人都有可能成为"网红"，这就让更多的内容可直接传播至受众。

二是话语权的"稀释"。虽然国家与国家之间、媒体与媒体之间、媒体与个体之间的传播实力仍有差距，但从理论上看，信息采集、算法分发和市场运营等方面都有了新的规则，实力在新媒体平台上得到了一定程度的平衡，强者未必恒强。比如，李子柒的 YouTube 账号总粉丝数是超过英国广播公司（BBC）、美国有线电视新闻网（CNN）等国际大媒体机构的[①]。在一些垂直领域，某些非官方的账号影响力也可能更大。

二、重塑国际传播格局的路径思考

（一）抢占技术先机

国际传播对技术存在一定依赖性，技术标准和规制体系往往体现一个国家的价值观，进而影响全球的技术发展方向。价值观与技术之间的密切关联愈发受到全球各国关注。作为新型"把关人"的平台算法以及基于大量语料训练的生成式大语言模型等深层嵌入着各国主流意识形态。

抢占技术先机成为重塑国际传播格局的重要路径。特别是在 2022 年 11 月 ChatGPT 面世后，其强大的影响力已露出雏形，百度"文心一言"、华为"盘古"、腾讯"HunYuan"、阿里巴巴"通义"等基于中文数据训练的大语言模型也相继上线，中国在此轮技术迭代的智能传播浪潮中不仅未失先机，在某些领域还处于领先位置。

可以预见的是，未来的国际传播必将与 AI 产业深度挂钩。有学者认为，传播的关键性基础并非智能而是数据。数据可以帮助国际传播更好地洞察受众（分析不同国家、地区、文化、种族受众的特征、喜好和需求，

---

① 截至 2024 年 8 月 28 日，李子柒 YouTube 粉丝数为 1980 万，BBC 粉丝数为 1430 万，CNN 粉丝数为 1680 万。

为精准的内容生产打下基础），进行信息的生产与分发（人机协同生产，提升创作效率，降低边际成本）和效果的评估与反馈。

因此，我们要加强通信基础设施、计算物理集群和云计算平台。同时，丰富算法工程师、数据分析师等人才储备。在数据的收集、存储、传递、处理、计算、加工等核心环节取得更多技术突破，成为"规则制定者"，从而以数据驱动内容生产与信息传播，抢占先机。

（二）加强文化故事输出

国际传播领域，文化分析路径需要被提升到一种主流的研究范式的位置。因为，在国际关系当中利益可以交换，权力可以博弈，但文化往往不可以妥协。

正如上文所述，在信息传播方面，发展中国家与西方国家之间差距已然存在，且一时难有改观，但借助各类平台进行的文化内容传播尚有较大的空间。所以，我们要积极探索文化层面的解释路径。

目前，中国已率先在全球范围内提出数字文明的发展观、人类命运共同体等宏伟命题，这是一种具有人类长远利益的全球担当，也是符合人类共同价值观的视角。其中包含三种要义：一是要求国际传播重构着眼于解决人类问题、强调合作而非冲突的叙事方向。例如，聚焦环保气候等议题，显然更有利于国际传播。二是叙事内容摒弃基于意识形态、民族宗教等的刻板印象，价值更为多元。这就要求我们的国际传播工作放弃单纯以文化符号为传播主线的叙事路径，将内容生产重点转移到中国文明的深层内容表达上。三是具体传播中更关注"故事"的表达。在德国出版界信奉"故事驱动国家"理念，即一个国家的故事传播得越广，世界对其了解就越多。比如，美国的"超人故事"、日本的"动漫故事"、英国的"莎士比亚故事"

等。近年来，我国也提出要讲好中国故事，要更注重生动细节和动人情感，从而更好地展现中国形象。

循着以上三种观点，首先，我们要传播中国故事背后的行为逻辑，让国际受众理解并尊重这种差异。一说起中国，不少人还停留在"京剧""瓷器""长城""熊猫"等符号中。虽然它们确实是中国瑰宝，但在国际传播场域中，这些符号尚未构成足够的影响力。

其次，我们自身也要理解中外文化差异，寻求被更广泛人群接受的方式方法。例如，我国在海外建立了不少孔子学院传播中国文化，以中国人的想法看，这是正常的文化交流与学习活动，但在民众始终不信任政府的西方国家，天生对这种"政府资助项目"有很大警惕，导致对孔子学院和传播内容抱有怀疑，一些外国人甚至声称中国政府在利用孔子学院进行共产主义"洗脑"。这也给我们一个教训，即需要更了解海外民众的文化底层逻辑，以及不断地调整、创新传播内容。

（三）主动进行议题设置

面对西方国家的抹黑，中国绝大多数时候都是"我不是，我没有，别瞎说"的被动应付。但在平台化的传播场域内，越是耸人听闻的谣言，传播力越强，反而是辟谣、澄清的内容无人问津。

互联网时代，平台决定内容的"可见性"，信息传播效率成为抢占注意力的第一要素。所以，在国际传播过程中，我们要摆脱"刺激—反应"式的被动防御策略，在关键议题上先声夺人。

首先，我们要对中国实践、中国成就、中国方案、中国故事等进行第一时间传播，善用"首因效应"，抢先表明立场与态度，掌握中国国际形象的第一塑造权；面对突发事件或不实谣言，在第一时间做出权威、准确的回应，积极抢夺话语制高点。

其次，应该大力鼓励互联网平台巨头、互联网"网红"主动出海，建设民间参与内容创作的开放机制，让多元主体力量在国际传播领域更具有主动性、说服力。近年来，抖音国际版登顶国外下载量第一，成为少有的不受西方控制的舆论平台之一。比如，在2023年10月巴以冲突升级中，社交平台X和脸书，都刻意限流了不利于以色列和犹太人的内容和言论，但抖音国际版却最为全面客观地展示了冲突。既然抖音国际版可以客观宣传真实的巴以冲突，那也能宣传真实的中国，甚至不止抖音国际版，我们会有更多的互联网平台走向海外。

最后，互联网平台上的"网红"效应也不容小觑。随着国内市场日渐饱和，一批多频道网络（MCN）机构将目光瞄向了海外市场，并已取得一定的成绩。不过，值得注意的是，个体账号的流量经济动能与国际传播的政治和文化使命并不完全匹配，所以，在某种程度上，"网红"需要一定的价值观引导。

三、结语

随着"网缘政治"竞争的加剧，国际传播的形势将继续变化，这种变化既是契合现实情况的发展，比如，传播格局中逐渐会有话语权的分散、易位等，也有传播技术的助推与创新。

循着这样的观点，眼下做好国际新闻传播工作，需要我们掌握更多技术、平台的主动话语权，除了加强传统意义上的信息传播，更要注重文化内容输出、"网红"打造等。未来，掌握核心技术将使我们在传播规则制定中成为重要参与者，从而拥有更多话语权，并有能力抢先布局下一轮国际传播形态。同时，我们应使传播内容更为多元化，并充分体现中国特色，鼓励更多传播主体加入其中。

参考文献

［1］刘金河，崔保国．论网络空间全球治理的范式创新［J］．新闻与传播研究，2023，30（7）：75-91.

［2］任孟山，陈强．国际传播格局变迁的新动因研究：基于信息传播新技术的平台化媒体［J］．中国新闻传播研究，2021（5）：20-31.

［3］汤景泰，徐铭亮．论智能国际传播：实践模式与驱动逻辑［J］．社会科学战线，2023（12）：152-160.

［4］王沛楠．TikTok 听证会：国际传播中的跨境数据与网缘政治［J］．青年记者，2023（9）：101-103.

［5］张志安，李欣颖．2023 年中国国际传播研究：热点回顾与实践启示［J］．对外传播，2023（12）：8-12.

岭南文化如何更好地走出去

——以英歌舞的国际传播为例

李国辉*

英歌舞是岭南文化中一种独具特色的表演艺术，广泛流行于广东潮汕地区，被誉为"中华战舞"。普宁英歌舞是国家第一批非物质文化遗产，已有 300 多年的历史，一直被潮汕地区群众认为是扬正压邪吉祥平安的象征，深受喜爱和推崇。自 2023 年春节以来，英歌舞在国内国际社交媒体频频"出圈"，引发现象级传播，成功在全球掀起了一场"英歌热"。2024 年春节期间，普宁南山英歌队将这一国家级非物质文化遗产带到了英国伦敦展出，再一次在海内外掀起了英歌热潮。

在英歌舞走出国门之前，外国人对岭南文化的了解停留在醒狮、咏春、粤剧等表演活动。英歌舞用神秘的、充满激情的、又飒又燃的表演形式，再一次证明了岭南文化 IP 的多样性和中国传统文化的吸引力、号召力，不仅展现了可信、可爱、可敬的中国形象，还为新时代岭南文化的海外传播吹响了号角。

---

* 李国辉，男，羊城晚报社对外传播部外综合室副主任。

一、英歌舞的海外传播历程

2023 年 1 月 22 日，中国兔年正月初一，40 多人组成的英歌队，在泰国春武里府帕那尼空县表演，成功吸引了当地大量市民游客驻足观看，英歌舞第一次"火"到了国外。无论是在泰国，还是伦敦，英歌舞在海内外的机构媒体和社交媒体都多次引发了现象级的传播效应。

2024 年 2 月 10 日，中国龙年正月初一，来自广东普宁南山英歌队的 16 名舞者在伦敦最古老的商业街伯灵顿拱廊街上演了一场精彩的快闪表演，这是英歌舞与英国伦敦的首次邂逅。正月初二，普宁南山英歌队又在著名的特拉法加广场参加了英国伦敦"四海同春"新春庆典。两天的表演，让国际友人得以沉浸式感受了"中华战舞"的飒爽英姿。据统计，近 70 万伦敦市民认识了这一广东传统文化。

机构媒体在英歌舞的海外传播中发挥了重要的作用，CGTN（中国环球电视网）脸书官方账号通过直播的方式全程展示了英歌舞和一众中国文化元素在伦敦的亮相，超过 50 万人观看了这一直播；"CGTN Europe（中国环球电视网欧洲台）"发布的视频 Puning Yingge Dancers Wow London（普宁英歌舞者惊艳伦敦）的单条播放量达 12.5 万次，获 4479 个点赞；网友凯伦·萨洛维奇评论道"几乎每个人都在用手机拍摄"。

作为率先了解到英歌舞表演要亮相伦敦的广东媒体，《羊城晚报》通过驻英特约记者全程跟访了英歌舞在伦敦的表演过程，在现场视频中，观看表演的伦敦市民纷纷用手机记录了英歌舞表演，有伦敦市民接受采访时表示"太棒了，很有沉浸感"，还有人表示"由于现场人太多，只能看到一部分表演，但已经觉得很好了"。在两天的表演中，《羊城晚报》先后制作了十余条南山英歌队亮相英国的视频，经《羊城晚报》对外传播部运营团队统计，在脸书、推特（X）、油管、抖音国际版（TikTok）等平台多渠道分发后，获得超过 30 万次播放。

除中外机构媒体的广泛报道，现场观众、旅英华人等也纷纷将现场视频发到短视频平台，其中网友 @LUKA 欧尼呀在抖音发布的"第一次近距离感受潮汕英歌舞"，仅点赞数就达 67.8 万，评论 3.2 万条。笔者 2024 年 3 月 11 日在谷歌搜索引擎上以中文"英歌舞"为关键词进行搜索，有 1520 万条搜索结果，其中视频达 44.3 万条。以英文"yingge dance"为关键词进行搜索，有 8.45 万条搜索结果，其中视频达 4.27 万条。

二、英歌舞突破文化圈层的动因探讨

中国力量的迅速崛起和文化自信是英歌舞在国际传播成功的关键。在文化自信的推动下，英歌舞等传统文化展现出了强大的吸引力，从内而外散发光芒。英歌舞其凝练、深沉与厚重的特质，以及无需言语即可传达的野性魅力，都在传承与创新中向世界展示了中华民族的独特性格和中华文化的丰富形象。不可忽视的是，以国内外社交平台为主阵地、倡导个体视角的短视频的兴起，让内容、形式与新媒体、新技术完美契合，为英歌舞的多次出圈提供了绝佳的时机和阵地。

（一）"从内而外"走红彰显文化自信

习近平总书记指出，"文化是一个国家、一个民族的灵魂，文化自信是更基础、更广泛、更深厚的自信"。近年来，随着中国的和平崛起，中华文化在国际社会越来越受到关注，其代表的中国价值观念的影响力也在日益增强。作为一种岭南地方舞蹈形式，英歌舞在海内外的"迅速蹿红"正是文化自信的体现。

2006 年，英歌舞被列入第一批国家非物质文化遗产代表作名录，因其"又老又潮"，不少网友称之为"民间街舞"。可以说，作为广东潮汕地区历经历史洗礼而传承下来的民间文化代表，英歌舞本身就具有持久的生命力和广泛的影响力。2023 年以来，由于英歌舞展现出来的刚劲奔放和威武豪迈的气势，又被亲切地称作"中华战舞"。

从"民间街舞"到"中华战舞"，称呼的演变不仅彰显了文化自信，更标志着英歌舞形成了强大的影响力和号召力。这种力量是由内而外自然生发的，不仅在抖音、微信视频号、微信朋友圈以及各类机构媒体平台上持续受到关注和传播，而且在海外也获得了广泛的受众群体。正是因为这种内在的创造力和传播力，英歌舞在海外的推广得以不断涌现出新的原创内容，这无疑是文化自信的生动体现。

（二）"又老又潮"背后是中华民族精神

舞龙、醒狮、太极、中国传统舞蹈、中国美食等元素，长期以来作为中国文化形象的代表，在海外民众中深受欢迎、深入人心。岭南醒狮、咏春、粤剧、广府年画等文化符号也早已走向国际，持续加深着中华文化在海外受众中的印象。相较于这些文化 IP，英歌舞可以说是既"老"又"潮"，通过新颖的形式展现了中华文化的深度和中华民族的精神风貌。

英歌舞的"老"在于它经历了长久的历史演变。"北有安塞腰鼓，南有普宁英歌"。据《潮阳县志》记载，"从明代开始，潮阳始有英歌"。关于英歌舞的兴起和具体演化过程还在进一步深入探究和确认，但作为潮汕地区集戏剧演技、舞蹈和南拳武术于一体的传统艺术，英歌舞被认为与《水浒传》故事紧密相关，有着"南舞北相"的特点。较被普遍接受的说法是，英歌是汉族民间广场舞蹈和傩文化形态的延续，吸收北方大鼓子秧歌，逐渐演化为英歌舞，其表演形式为大型集体舞。

英歌舞的"潮"体现在它的舞蹈阵势震撼人心，音乐动魄惊心。英歌传承人陈来发接受采访时表示，为了把英歌舞送上更广阔的舞台，他们大胆创新，改编了英歌舞的队形，让南山英歌也更频繁亮相于各种大型表演与赛事。威猛、雄浑、粗犷、豪迈的表演风格，体现了中华民族果敢、坚强、团结战斗、勇往直前的可贵品格和精神风貌，正是因为这一特点才被称为"中华战舞"。

同时，由于英歌舞与民间的"游神""祭祀"等活动密切相关，它不仅是扬正压邪、吉祥平安的象征，而且表达了人们对吉祥平安的祈愿、英武奋发的精神以及风调雨顺的期盼。这些寓意与春节非常契合，在这样的文化背景下，英歌舞的象征意义和影响力得到了进一步的增强。

在英国伦敦的表演中，南山英歌队的表演者身着紧身短打武士服，面部绘有脸谱，手持特制的双短棒，呈现了一种"以力为美"的震撼。表演场面气势恢宏、磅礴大气。其内在张力，尤其是那份超越语言的野性魅力，使人们对中华文化的形象有了更为深刻和直观的感受。

（三）多渠道传播甚至是全民传播

自 2023 年以来，随着疫情的缓解，全球共同关注的焦点转向了现实生活的"复苏"。无论是国际政治经济交流还是社会文化活动，都在逐步恢复至疫情前的状态。这一转变为英歌舞"出圈"提供了有利的国内外环境。经历了疫情的 3 年，人们对这种充满感染力、能提供丰富感官体验的文化形式的需求日益增长。

此外，得益于以抖音、快手、B 站、小红书以及抖音国际版等为代表的国内外短视频平台的兴起，加之大数据、人工智能和算法技术的持续进步，以中国文化元素为核心的国际传播内容在生产、分发和传播方面的效率显著提高。这为英歌舞等具有强烈视觉冲击力和感染力的文化 IP 的国际化和海外传播开辟了更广阔的道路。

英歌舞在社交媒体上的频繁刷屏现象表明，它已经成为全民传播的典型案例。不仅地方政府和官方媒体持续探索英歌舞、英歌队和英歌文化的传播潜力，国内众多明星、网红和自媒体内容创作者也以英歌舞为主题或背景进行创作，进一步推动了英歌舞在国内外的盛行。例如，明星李若彤参与了广东文化旅游宣传片《潮汕中国年·南山英歌》的制作，杂志《上城士》为明星黄轩打造了专题《潮涌潮汕》，2024 年河南卫视的《清明奇妙游》节目包含了民俗舞蹈《中华战舞》，以及朱铁雄通过国风变装演绎英歌舞等。他们从英歌舞的流行中发现了流量潜力，并为英歌舞的跨界传播和持续走红提供了动力，吸引了大量关注。

三、英歌舞海外走红的重要意义

习近平同志强调，"文明因多样而交流，因交流而互鉴，因互鉴而发展"。英歌舞的成功出圈、出海，承载着更多深层的意义。

首先，作为岭南文化的瑰宝，英歌舞蕴含着丰富的地域特色和深厚的历史传统文化。无论是在国际舞台上的演出，还是通过海外社交平台的裂变式传播，英歌舞不仅展现了其独特的艺术魅力，也彰显了中国文化的自信与开放。这种直观而生动的文化表达形式，使外国观众得以跨越语言和文化的障碍，直接体验中国文化的美感与深意。

其次，英歌舞作为岭南文化的最新代表走向国际，向世界展示了中国春节文化的多样性。这样充满神秘色彩、激情四溢且极具吸引力的表演形式，不仅提升了岭南文化在国际上的知名度，也为中国文化的全球传播开辟了新的途径，增强了其国际影响力。在伦敦"四海同春"春节庆典中的演出，无疑是英歌舞在海外的高光时刻。经过23年的发展，伦敦春节庆典已成为除亚洲以外规模最大、最具影响力的春节庆祝活动。普宁英歌在伦敦的亮相，标志着这项拥有300年历史的传统艺术正式步入国际舞台的中心。

此外，英歌舞作为一种文化交流的媒介，为海外受众了解中国文化、促进中外文化交流提供了新的平台。有利于激发海外受众主动去探寻真实、客观、立体的中国形象，甚至激发外国友人"到中国走一走看一看"的浓厚兴趣。

最后，文化交流是增进国与国之间理解和友谊的重要途径，英歌舞的出圈、出海，同样也是全球文化交流的一个缩影。这种文化上的互动和交融，有助于构建人类命运共同体，推动建设一个更加开放、包容、美好的世界。

四、英歌舞对国际传播实践的借鉴价值

习近平同志在《加快推动媒体融合发展，构建全媒体传播格局》的重要讲话中指出，"要把握国际传播领域移动化、社交化、可视化的趋势，在构建对外传播话语体系上下功夫，在乐于接受和易于理解上下功夫，让更多国外受众听得懂、听得进、听得明白，不断提升对外传播效果"。

从英歌舞成功走向海外的案例中，我们可以看到，在国际传播领域移动化、社交化、可视化的大趋势下，英歌舞一次又一次破圈出海。不仅仅是英歌舞，近年来，唐宫夜宴、三星堆、汉服等中华文化IP在海外的传播，正是敏锐地捕捉到了移动化、社交化、可视化的趋势，凭借优质的内容，

成功吸引了海外受众的关注。英歌舞的"走红"可以在以下几个方面为其他岭南文化 IP 的国际传播提供参考借鉴。

（一）社交平台传播须应对算法挑战

在社交媒体平台的传播中，算法对内容的推荐和曝光起到关键作用。在移动社交平台上，广为流传的内容往往倾向于短时的、具有强烈视觉冲击力的视频，这一现象对可视化质量提出了更高的标准和要求。这种趋势给岭南文化的国际传播既带来了机遇，也带来了挑战。

英歌舞的快速出圈、出海，与短视频平台的算法密切相关，英歌舞艳丽的装扮、整齐的节奏、高涨的气氛，都是社交媒体平台流量青睐的内容。许多岭南文化元素普遍存在视觉冲击力不够的问题，在利用海外社交平台进行国际传播时，我们需要找到更独特且富有创意的方式和角度，以契合社交平台的算法逻辑，优化传播效果。其次，在内容创作方面，国际传播的主体须巧妙融合传统文化的精髓与社交媒体的即时性、流行趋势和分享的便捷性，创造出既具有文化底蕴又不失时代感的内容。

（二）实现破圈传播要善于"玩"起来

传统文化的形式往往较为呆板，受众难以在短时间产生情感共鸣。这意味着，要想在短视频平台获得流量支持，传统文化需要更加贴近用户，通过解构、聚焦与放大等方法，对传统文化形式进行适度创新、改良，同时借助新形态的传播媒介走入新一代观众的眼中，让文化能够"玩"起来，从而与受众形成情感上的连接。

据普宁英歌传承人陈来发介绍，为了把英歌舞送上更广的舞台，他们曾大胆创新，改编了英歌舞的队形和表现形式。普宁英歌在伦敦的表演采用"快闪"形式演出,同样是为了让现场观众有更多机会"零距离"接触英歌舞者,再通过大量一手的图片、短视频带动在社交媒体上的二次传播。

网红自媒体博主朱铁雄通过变装视频,扮演孙悟空、关羽、哪吒等神话人物,采用"国风＋剧情＋特效变装"的形式,将文化传播得淋漓尽致,从而获得了巨大的流量和关注。咏春拳文化,得益于多部成功电影和纪录片的推广,其国际知名度得到了显著提升。自 2023 年以来,现象级舞剧《咏春》也在海内外广泛传播,这得益于其独特的创作手法和表现形式。在油管(YouTube)平台上,账号"最美的夜"于 2023 年 1 月 3 日发布的《咏春》舞段视频"五大门派掌门人现场决斗"播放量已超过 101 万次,充分展现了咏春文化的魅力。

(三)国际传播主体要更加年轻化

在英歌舞的国际传播过程中,不少青少年面孔的涌现为英歌舞注入了新的活力,显著提升了其传播力和影响力。在南山英歌队,有两个手舞着蛇打头阵的"时迁",一位是成年"时迁",一位是今年年仅 6 岁的"小时迁"。两位"时迁"一同上台表演,体现了以大带小、以老带新的意义。2023 年,正是不到 6 岁的"小时迁"率先"火"了起来,成了英歌舞在海外出圈的第一个"爆"点。

长期以来,普宁英歌有着"传内不传外,传男不传女"的旧习,为了更广泛地推广英歌舞文化,潮汕地区开展"英歌进校园"活动,不少女孩子也学起了英歌舞,甚至成立了女子英歌队,这又一次成为舆论热点,推动了英歌舞的广泛传播和普及。海内外社交媒体集聚了大量年轻的受众群体,他们也是国际传播内容生产的重要主体,这也让传统文化有了更多元、新颖的交流方式。

五、结论

岭南文化的国际传播有着不少成功案例，醒狮、咏春、武术等传统艺术形式早已在国际上形成一定的影响力，岭南春节和传统庙会活动也在社交平台持续吸引了大量海外受众。在中国综合实力逐步强大、文化自信日渐彰显的背景下，英歌舞在海外成功出圈，成为中华文化"走出去"战略目标的重要代表之一。通过英歌舞的国际传播，我们能够更加清晰地感知国际传播总体格局发生的巨大变化。特别是以机器学习、大数据、人工智能为底层技术逻辑的短视频社交媒体平台的兴起，为岭南文化的国际传播提供了崭新的机遇，也带来了一定的挑战。通过创新内容和形式，打破语言隔阂，利用好技术和平台，让更多年轻的传统文化爱好者成为国际传播的主体，岭南文化的海外传播才能更好地实现从"走出去"到"走进去"的战略目标。

参考文献

[1] 广东省人民政府地方志办公室，汕头市地方志办公室，潮阳区地方志办公室，等.[非遗汕头]傩舞英歌播长风，潮人血骨染众雄[EB/OL].（2023-06-27）[2024-05-05].https://dfz.gd.gov.cn/zjgd/content/ post_4207442.html.

[2] 杨逸.解锁英歌舞出海"流量密码"[N].南方日报，2024-02-25（A08）.

[3] Youtube.你们要的来了！五大门派掌门人现场决斗《咏春》【2022

B站跨年晚会单品】［EB/OL］.（2023-1-3）［2024-09-04］. https://www.youtube.com/watch?v=AyBwQVIzIv4.

［4］詹奕嘉，洪泽华.为何被誉为"中华战舞"？潮汕英歌舞春节"霸屏"火出圈［N］.新华每日电讯，2023-02-03（9）.

［5］朱绍杰，周欣怡.普宁英歌火到了伦敦！［EB/OL］.（2024-02-15）［2024-09-03］. https://baijiahao.baidu.com/s?id=1790922735484132673&wfr=spider&for=pc.

省级主流媒体提升涉外活动报道策略研究

——以南方日报、南方+客户端为例

陈嵘伟*

广东，是我国改革开放的前沿阵地，也是国际社会观察我国经济社会发展的重要窗口。2023 年以来，外国政要密集访华，广东成为众多外国政要访华行程中的"必选项"。聚焦外国政要访粤南方日报、南方＋推出快讯视频、快讯网文、深度观察文章等"一揽子"精品力作，致力于实现外事正能量大流量的同频共振，讲好中国故事、大湾区故事、广东故事。

一、外国政要访粤报道的特殊性

（一）外交属性强，以地方对外交往为主要落点

理解外国政要访粤报道的特殊性，关键在于理解外国政要访粤本身。外国政要来访，当目的地是中国某一地区时，负责接洽和接待的主体便是当地政府，这本质上属于地方对外交往范畴。地方对外交往是国家总体外

---

* 陈嵘伟，男，南方日报时政新闻部记者。

交的重要组成部分。伴随着全球地方化与地方国际化的持续推进，地方对外交往的积极性和自主性逐渐提高，正越来越多地涉及对外事务，并逐步体现出其在国际关系中的特殊关系。地方政府对外交往服从和服务于中央（国家）政府外交战略大局，同时，在中央政府外交工作中不方便直接处理相关事宜时，地方政府扮演着参与和分担的角色，作为中央（国家）政府外交的有益补充，进一步拓展国家外交的回旋空间。与此同时，在配合国家总体外交的前提下，积极追求地方经济社会发展的目标，在一定范围内发挥其主动性和创造性。

一般而言，外国政要访问中国某省或某市，往往带有明确的合作目的和参访方向。如果说外国政要访华是为了进行宏观层面的政策沟通并达成共识，那么访问地方则是为了实地落实合作意向，深入推进重点领域的执行情况。广东地处"两个前沿"，发挥着"两个窗口"的重要作用，是外国政要到访最多的中国省份之一。特别是新冠疫情防控平稳转段以来，广东接连迎来新加坡总理李显龙、法国总统马克龙、泰国公主玛哈·扎克里·诗琳通、美国加州州长加文·纽森、乌兹别克斯坦总统沙夫卡特·米尔济约耶夫等政要。

可以发现，来访政要中，有的是为促进某一领域深度合作而来，例如，乌兹别克斯坦总统沙夫卡特·米尔济约耶夫出席在深圳举行的"乌兹别克斯坦—中国"投资合作论坛，重点就加强地方间经贸往来、促进双向投资扩大开放等进行商讨。而美国加州州长加文·纽森则为推进中美元首旧金山会晤，率先飞抵广东"打前站"。这些均表明，外国政要访粤这一政治事件不仅关联着国家大事与省域要闻，还具备浓厚的外交属性，该特点也在外国政要访粤的报道上充分体现。

（二）外宣属性强，贯通国内国际两个舆论场

相较于其他类型的报道活动，外国政要访粤报道兼带内宣与外宣属性，且外宣属性更为强烈，其议题受到来自多方的关注，能够显著贯通国内国际两个舆论场。

一方面，就国内部分而言，外国政要访粤因具有强烈的在地性，其报道对当地受众而言天然具有心理贴近性，从而会在国内引发高度关注。另一方面，就国外受众而言，特别是政要所在国受众，本国政要出访本身就颇受关注，该国媒体也会在其出访时段内将一定的注意力及报道资源投放于访粤事宜，并就其访粤点位、行程安排、会谈内容等进行议程设置，在海外营造出浓厚的议题氛围，带动热度和关注度。

如上所述，由于该议题所具备的多场域贯通性，不同场域间的宣传报道也借着议题的"破壁"效果，变得更加可见。因此，省级主流媒体在对外国政要到访进行报道时，不仅要从本国视角、话语、表达框架出发进行议题设置，还须考虑报道自身的外宣属性，结合国际场域对该议题的切入角度和关切事项，进行二者的有机结合，才能实现跨场域的有效传播。

（三）故事属性强，聚焦外国政要涉粤渊源及个人风格

外国政要到访中国某省或某市，往往还有一条主线贯穿其中：人文交流。以广东为例，广东与不少国家的省份缔结友好省州关系，其下辖的广州、深圳、江门等城市，凭借着浓厚涉侨涉外传统，也与不少外国城市缔结友好城市关系。数十年来，这些友好关系持续推动着双方开展人文交流活动，其中部分活动已发展成为常态化的年度交流机制。因此，外国政要

在访粤时，参访点位均充满岭南文化元素，如新加坡总理李显龙到访广州永庆坊、中国领导人与法国总统马克龙在独具南国园林景观风貌的松园会晤等，展现出强烈的人文气息。

许多外国政要此前曾有过数次访粤经历，或者其家族、所在政党、该国政府等与广东有着深厚渊源，比如，新加坡总理李显龙是祖籍梅州大浦的客家人、泰国公主玛哈·扎克里·诗琳通祖籍潮汕、法国前总理让－皮埃尔·拉法兰访问广东超 20 次等。这些外国政要的个人化故事构成其访粤报道的另一独特维度，这些故事以其细腻精准的切入点，提供了更"软"也更贴近普通大众的报道视角，因而有效弥补了传统政要访问报道中内容过"硬"、层次单一的问题。

二、做好外国政要访粤报道的意义

（一）借助外国政要影响力，提升媒体话语权与国际影响力

法国学者米歇尔·福柯认为，话语就是人们斗争的手段和目的。在他看来，话语不仅是实现交流的工具与外显的传播符号，也能够直接体现为权力。因此，话语权便是通过语言来运用和体现权力。具体到媒体话语权，指的是一个媒体影响舆论的能力，既包括对国内舆论的影响力，也包括对国际舆论的影响力。

媒体话语权的提升是一个综合工程，有赖于传播平台、队伍建设、传播表达方式、传播议程设置等因素。外国政要访粤报道具有关注度高、在地性强、贯通国内国际两个舆论场等特点，为媒体提升自身话语权提供了一个极佳的契机。首先，外国政要访粤属于相对稀缺且公众关注度高的事件，谁能第一时间获知消息并及时全流程策划报道，以"人无我有""人有

我优"的先发优势拔得头筹,谁就能牢牢占得流量,从而步步领先,在众媒体中脱颖而出。其次,外国政要访粤这一事件,受到广东本地受众和政要所在国受众,甚至世界其他国家和地区受众的共同关注,因此,相关独家报道及附属平台更易"跨海""破圈",获得海外知名度,进而以报道内容持续积累媒体威信和传播实效。

(二)聚焦突出涉粤特色元素,推高广东显示度与品牌影响力

除提升媒体话语权外,外国政要访粤报道也是一次面向海内外对广东进行重点推介的契机。在外国政要访粤行程中,必然涉及广东重点培育且具有国际领先优势的产业,如新能源汽车、储能电池等,也会涉及岭南特色风物如建筑、手工艺品、粤菜等。就前者而言,美国加州州长加文·纽森访粤时,前往深圳巴士集团安托山场站,了解深圳公交电动化发展情况,并试乘了一辆比亚迪电动车,体验了"原地掉头"功能;乌兹别克斯坦总统沙夫卡特·米尔济约耶夫则参观了比亚迪深圳总部,详细了解了比亚迪旗下产品及技术。就后者而言,中国领导人习近平在广州松园同法国总统马克龙举行非正式会晤时,品尝了产自潮州的凤凰单丛茶和产自清远英德市的金毛毫,让这两款广东的名优特产迅速走红。可以说,外国政要在粤期间的每一个举动,均可使其在报道中化身"行走的广告牌",以实际行动提升了广东优势产业、营商环境、特产风物等在海内外的知名度与影响力,进一步擦亮了广东的"金字招牌"。

三、如何做好外国政要访粤报道

（一）报道阶段与产品样态：以访粤行程为节点布置

外国政要访粤，短则一天，长则三天，如果到访时段与某些重大节点相重叠，报道周期则更长。因此，需要事先划分报道阶段，明确报道节点和产品清单，方能按计划有条不紊打出"组合拳"。

以报道阶段而言，可将政要的访粤行程作为划分参照，大致分为访粤前、访粤中和访粤后，具体的阶段划分以政要抵达广东的时刻为界。针对不同的报道阶段，制定不同的产品样态和发布节奏。

访粤前，注重该政要、所属政党、所在政府的涉粤新闻搜集与资料梳理，以历时性为该阶段的报道逻辑，着重挖掘和突出报道的纵向深度，通过归纳和总结呈现信息增量。在此过程中，抓住政要本人或随同政要而来的关键人物，放大其与广东的强连接。例如，在新加坡总理李显龙访粤前夕，南方日报、南方＋客户端推出报道《就任总理后第三次访粤，李显龙与广东有这些特殊情缘》，对其历次访粤行程进行汇总，并凸显其祖籍梅州、挂念顺德"姑太"、秀粤语歌等广东情缘；在法国总统马克龙访粤前夕，由于其本人与广东的关联较少，报道团队将目光聚焦于陪同其到访的法国前总理让－皮埃尔·拉法兰身上，推出报道《在马克龙访华团队中，这位大咖与广东渊源深厚》，传播效果良好。

访粤中，注重政要在访问现场的言行细节，以及接待方的安排、回应等，要求新闻实现随报随发，以短平快的方式推出现场稿件、视频等产品，在抢占报道时机的同时，持续拉高事件关注度和热度。

访粤后，聚焦政要及广东相关方面的互动情况，以共时横向拓展为该阶段报道逻辑，综合外国政要访粤期间的现场信息，进行归纳梳理，挖掘其访粤目的与背后深意，与访粤前报道形成前后呼应。如在新加坡总理李显龙乘机离开后，南方日报、南方＋客户端便第一时间推出报道《李显龙访粤揭开一个重要序幕，信息量很大》，端内流量超 10 万。

（二）报道议题与产品逻辑：资料梳理＋现场"活鱼"

外国政要访粤报道的报道议题应与报道阶段紧密结合，在访粤前阶段注重既有资料梳理，在访粤中阶段注重现场细节，在访粤后报道进行全程回顾、梳理和提炼观察。

在三个报道阶段中，访粤中报道的"不可控"因素最多，进行提前策划的难度最高，因此尤为考查报道团队在报道议题选择和产品呈现逻辑上的认知水平。只有对报道议题和产品逻辑形成明确共识，才能在报道过程中有的放矢，及时抓住亮点，快速高效高质量完成报道任务。

在访粤中报道阶段，应以资料梳理＋现场"活鱼"为报道逻辑，即通过充足的资料搜集、扎实的资料梳理与信息吸纳，了解来访政要个人、所在国家、所属政党的情况，尤其是政要个人的风格及特色。例如，泰国公主玛哈·扎克里·诗琳通习惯随身携带一本笔记本，一边参访一边记录，南方日报、南方＋客户端报道团队做足做好"案头功夫"，提前掌握该情况，在其参观江门中微子实验室时，将镜头对准其提笔记录的时刻，并在后续剪辑过程中进行重点呈现，推出报道《泰国公主诗琳通造访了江门这个大科学装置》，兼具现场感与趣味性，传播效果良好。

除个人特质外，外国政要在参访现场具有强烈"反差"感的细节也是重点要捉的"活鱼"。例如，新加坡总统李显龙在访粤最后一天身着大红色羽绒服参观永庆坊，频繁举起手机拍摄，并与商铺摊主亲切交谈，这些均与其政要身份形成强烈反差。南方日报、南方+客户端报道团队抓住该细节进行拍摄，并剪辑推出《穿红衣，拍拍拍，新加坡总理"秒变"永庆坊"迷弟"》，报道发出两小时，端内流量即突破10万。

（三）外国政要访粤报道注意事项

相较于其他地方新闻，外国政要访粤报道因具备强烈的对外交往属性，同时勾连国家大政方针及地方经济社会发展。因此，尤须注意把握报道口径、尺度、声势、落点，以防出现偏差，产生负面影响。

具体而言，例如，政要访粤时间节点、参访点位等信息需要以外交部、省外办等涉外主管部门权威发布为准，政要访粤的报道规模、报道焦点、用语表述等须向新华社、人民日报、CGTN等央媒报道看齐，确保报道不失焦、主题不跑偏。在此基础上，综合考量来访政要的关注度，制定相应的报道方案和产品清单，稳妥做好相关报道。

四、结语

外国政要访粤因其事件本身的独特性，在发挥地方对外交往优势、服务国家和地方发展大局方面扮演着重要角色，也为省级主流媒体提升自身国际传播力提供了难得的机遇。做好外国政要访粤报道，需要全面、精准地把握广东在国家对外交往大局，尤其是来访政要所在国交往中的地位及作用，明确报道导向，站稳报道立场。在此基础上，围绕来访政要及其所在国家与广东的渊源，做好"案头工作"，确定报道规模、报道选题、切入角度、产品清单等。在政要访粤的不同阶段，运用文字、视频、海报等报道形式，按节奏依次推出资料汇总类、现场"活鱼"类、观察分析类等相关报道。建立起全时序、全流程、全品类的报道矩阵，既有精巧具体且传播力强的"点"，也有完善且包罗多方的"面"，在涉外领域持续唱响南方声音。

参考文献

［1］陈伟球.新媒体时代话语权社会分配的调整［J］.国际新闻界，2014，36（5）：79-91.

［2］何军明.中国特色地方政府对外交往的理论与实践［J］.厦门理工学院学报，2020，28（6）：1-8.

广播媒体在数智化国际传播中的
机遇和优化路径

黄　纬[*]

随着全球广播媒体数智化转型浪潮的兴起，媒体从业者让"中国声音"传向世界的诉求也愈发迫切。技术进步与时代诉求合力激发出来的巨大能量，可以为传播中国声音、展示中国形象找到一条切实可行的破局路径。在当前的传播学界和业界，关于广播媒体数智化和国际传播两者相结合的相关研究还存在较大的探索空间。本文着力于广播媒体在数智化国际传播中的"机遇"和"优化路径"这两大关键问题，锚定实践这一层面对中国广播媒体数智化转型提出看法和见解。

一、广播媒体在数智化国际传播中的机遇

在国内，拥有百年发展历程的广播媒体正面临新媒体的强力冲击，在流量入口的激烈争夺中逐渐丧失其传统优势，处境变得日益艰难。抖音、快手、视频号、微博等新媒体平台在用户规模和营收规模等方面早已超越

---

* 黄纬，男，广东广播电视台广播融媒中心（新闻广播频率）副监制、主任编辑。

传统广播媒体。数据显示，截至2024年6月，中国移动互联网月活跃用户规模已高达12.35亿。与此同时，传统广播电视开机率日渐低迷。而在国外，一个属于广播媒体的历史性机遇窗口已经打开。Spotify、苹果和亚马逊海外市场都在播客赛道发力。一旦从业者将广播媒体运营从国内传播语境切换为国际传播语境，再加上数智化这一正在快速迭代的变量，就会发现广播媒体将在国际传播中大有可为。

（一）声音媒体基础设施建设趋于完善

近年来，中国在5G网络的部署建设、用户普及、数据速度等方面都在全球保持领先优势。5G网络其峰值理论传输速度可达每秒数10GB，比4G网络的传输速度快数百倍。随着5G网络的技术日益成熟，传输速率愈发高效，费用也更加划算，普及越是广泛，移动终端用户在进行内容形态的选择上就越是普遍倾向于短视频。自2020年以来，国内也刮起了播客风潮，不过其用户体量跟视频用户体量还有较大差距。国内现阶段，声音内容的潜能尚未彻底开发，容易让广播从业者忽视声音数智化内容在全球范围里的巨大影响力。

现代广播起源于西方国家，其广播事业经历的发展历程更长，积淀了丰富的实践经验和创新实验，构建了更为完备的广播商业生态，这使得频率和内容的个性化选择更多，从而赢得更广泛民众的接受和喜爱。从主观上来说，声音媒介和声音内容产品是长久以来根植于其民众意识中的主动选择，是获取信息和娱乐资源的重要渠道。

尽管全球大型经济体积极发展5G在用网络，但大部分国家在基站建设和普及程度等方面仍然有待提升。客观上来说，当前的全球网络建设的平均水平对声音内容的支撑是更为友好的。

通过以上主客观因素的叠加影响，加上声音数智化平台技术的进步，国际传播中以播客为代表的声音媒体和声音内容产业近年来普遍呈现出蓬勃发展的态势。

（二）声音媒体的沟通效能更突出

20 世纪 80 年代，"珠江模式"一度成为中国广播创新改革的代名词。究其原因，"珠江模式"强调的是以直播为主、大时段板块节目、主持人个性化主持、听众反馈参与等特点，正好激活了声音内容传播链条中的优势放大效应。时至今日，以播客为代表的数智化声音媒体平台在全球范围内兴起，也正是因为声音传播具有独特的魅力，无法被其他传播形态替代，因此传统广播优势得以在新兴声音平台上延续和强化。

和视频相比，音频内容的信息传播效率更高；和文字相比，音频内容的表达形态又更为鲜活。声音媒体内容在篇幅和深度上具有更大的空间，可以更好地诠释传播者想要表达的价值和理念。同时，主播和听众之间的情感联结较为紧密，声音媒体给予听众的伴随性也增强了用户粘性的长尾效应。因此，声音媒体尤为擅长观点的输出和情感的表达，其在沟通效能上具有天然优势。播客等数智化声音媒体也受益于此，个性化、观点化、情感化、陪伴化的声音内容成为了声音传播优势的突出体现。

我国当前的国际传播工作仍然处于艰难的探索阶段，成效亟待提升。除了需要兼容不同意识形态的难题，文化壁垒也是难以逾越的障碍。在这样的国际传播大环境前提下，声音媒体和声音内容或许能成为突围的赛道。当人们拒绝沟通，传播效果自然就会归零。一旦沟通的渠道被打开，不同国度的人们在沟通中相识，在相识后逐渐相知，有了认同的可能。声音内容从业者将会成为有机会打开沟通渠道的奇兵，势必成为国际传播中不容忽视的一股重要力量。

（三）声音内容制作和传播的投入产出比更优越

在广播、电视、纸媒等传统媒体中，广播占据着独特的地位。它以其即时性、广泛性、应急信息传播的重要性，以及陪伴性和互动性等特点，在传播领域中发挥着不可替代的作用。尽管它也有一定的技术门槛和行业知识，但是相较于对文字驾驭能力的高要求和视频摄制的高成本、高技术门槛而言，广播无疑是内容创作者相对容易参与的传播方式。

用户自制的多数音频节目质量仍和专业机构存在明显差距，这种差距在视频和文字领域或许无法被接受，但在音频领域却普遍能够被神奇地包容。正如人们不会去挑剔一个愿意陪自己聊天的朋友，音色和技巧往往都不是最重要的关注点，很多时候，人们享受的是聊天这一过程本身所带来的乐趣和情感连接。

通过新媒体来做流量和变现，本质上是要选好平台。声音内容制作的低门槛和传播的高性价比，是一条可以让数智化国际传播事半功倍的赛道。广播从业者的专业能力进行平台迁移后，会被几何倍数地放大。与此同时，广播媒体更需要动员和培育更多多元化声音内容创作者，壮大国际传播的声音力量。

二、广播媒体在数智化国际传播中的优化路径

从事国际传播需要洞悉要义、讲究策略，避免教条主义和经验主义。很多对外传播的内容产品之所以石沉大海，大多是犯了两类错误：一是将国内传播的运营方式生搬硬套到国际传播，造成产品水土不服，影响力塌缩；二是彻底倒向西方话语体系和文化体系，丢失了国际传播的初衷，过

犹不及。广播媒体在参与国际传播的过程中，需要加速数智化转型，更需要平衡好"你想听什么"和"我想说什么"两者的关系，以此提升传播策略的科学性和实效性。

（一）把握"传播语境"

传播语境是特定传播活动中诸多条件和因素的总和，影响着传播活动的发展和最终效果。如果不对传播活动所发生的环境进行细致的调研和精准的把握，再好的立意和内容都将出现水土不服的情况。传统广播媒体的受众往往是"隐形"的，传统节目制作流程和传播方式也以单向为主。随着数智化技术的进步，听众的个性化需求更强，反向选择程度更高，这就对声音内容创作提出了更多的要求。

从宏观层面上看，区域性社会经济文化背景对该地区的"传播语境"是有深刻影响的。在一定程度上，对传播目标市场区域的切分越细致，对"传播语境"的把握也就越精准。从微观层面上看，不同的境外声音媒体新兴平台有着不同的生态特点和用户画像，广播媒体需要深入调研和分析，为内容产品策划和传播平台选择找到现实依据。

只有找到双方都认可的叙事方式和审美表达，充分了解特定区域的传播语境和用户需求，我们才能跨越文化形态边界，把想要传播的声音真正传播出去。在数智化过程中，每一次调用硬件或者软件都会产生数据沉淀，这些数据不仅承载着人类对需求的理解，还蕴含着如何满足需求任务的理解。广播媒体要用好数智化为打破传播阻隔所提供的优越特性。

（二）用好"世界语言"

沟通障碍是人际交往最基本的障碍之一，解决这一障碍的有效方法就是找到对方能够听懂的语言。这里面有两种含义，一种是迁就对方所熟练使用的语言，另一种则是找到并使用所有人都能驾驭和理解的语言。从国际传播这个层面上来说，我们需要找到并用好"世界语言"。

在社会现实中，即使是像英文、中文这些被大量使用的语言也很难在全球畅通无阻，那么什么样的语言才能打破文化认知，成为"世界语言"呢？

在有画面元素的场景下，身体语言或许能算一种"世界语言"。而在声音传播这种画面元素缺失的场景下，我们要用好的第一种"世界语言"就是音乐。音乐可以打破语言的障碍和文化的隔阂，人们对于音频带来的情绪感受具有普遍性的通识。好的音乐是可以引起全球共鸣的，因此，我们要在国际传播中用好音频，尤其是用好"中国音乐"。

另一种"世界语言"则是基于声音的创意表达。以所有人都认识的声音为基础元素，通过创意方式重新构架整合，表达出人们能够普遍理解的核心理念。这样的一种形式可以极大地削弱具体语言在叙事中的权重。正如默剧时代的无台词表演大师，声音媒体工作者也需要在数智化技术辅助下积极寻找无台词或弱台词的创意表达。

（三）传播"中国声音"

讲好中国故事的目的，是要让中国的声音在更大的范围内被听见、被认同、被喜爱。通过声音媒体传播"中国声音"可以说是最直接的渠道和方式。比如，中国国际广播电台制作的"Footprints（足迹）""Old Wisdom,

New Insights（古老的智慧，新锐的见解）"等音频内容都是通过声音形态充分展示中国文化、中国语言、中国艺术和中国风采的典型案例，用"中国声音"打动世界。

中国有很多具有特色或代表性的声音，如方言、民乐、戏曲、特色风俗、中国风流行音乐等。轻巧如一座中国城市某处角落的声音慢直播，系统如相谈甚欢的思潮表达，声音的记录与表达内容和形式在数智化赋能的基础上可以展现出无穷的可能性。例如，中国话本身就是极具魅力的声音内容，以生动的形式进行普通话语音教学是一种容易受到国外用户欢迎的声音内容产品。

中国的就是世界的，即使只从声音这一维度去挖掘也可以充分展示中国的文化魅力。当一个 IP 想在商业层面捕获更多受众，从 IP 跨越到超级 IP时，它就必须具有普世价值观。当国人的文化自信越来越强，中国特色和"人类命运共同体"普世价值的结合点越巧妙，我们传达给世界的声音就越是有感染力和感召力。记录和传播"中国声音"不仅是当代广播媒体人的职责所在，还是他们做声音内容国际传播的出发点和终极诉求。

（四）借力"人工智能"

2023 年以来，生成式人工智能凭借其强大的内容创造能力向我们展示了其巨大潜能，尽管目前仍存在诸多不足，但已经成功引起了人们的关注。

大语言模型人工智能可以加速文本创作，TTS（文本生成语音）可以成为部分收听场景的语音解决方案。在生成式人工智能彻底颠覆目前的内容创作模式之前，把它作为内容创作的辅助外脑和半自动生产线也足以提升内容产品生产全流程的效率。

如今，我们拥有的人工智能产品可以用来理解短信的情感与语气，确认图像中的物体，快速检索成千上万的文件，和我们用自然语言几乎完美地交谈。当我们把生成式人工智能放在一个更长的时间轴上去审视，可以预见更多个性化、定制化的声音传播方式和内容产品新形态。类似 Call Annie（呼叫安妮）这样的人工智能产品将会越来越多，使用功能和场景会日益丰富，对复杂信息处理的完成度也会不断提升。

广播媒体已经来到了转型升级的关键节点，在从广播媒体到声音媒体的进化中，生成式人工智能将带来磅礴的助力。借力打力，广播媒体才能在数智化国际传播中释放更大的能量。

三、结论

播客、生成式人工智能等数智化技术的快速发展，给正在推进媒体深度融合的广播媒体带来了新的助力和生机。国际传播是国内传播的延伸，是中国故事的国际叙事版本，也是广播媒体转型为声音媒体的重要诉求和职责所在。广播媒体已经站在了激发新一轮活力的关键节点，只有摒弃僵化的传播逻辑，平衡好各方真实需求，少一点空洞的道理，多一些鲜活的创新，才能让声音内容更好地记录中国、解读中国、传播中国，在国际传播中发出"中国的声音"。

参考文献

[1]黄有璨.运营之光：我的互联网运营方法论与自白3.0[M].北京：电子工业出版社，2022.

[2]杰弗里·L.康威德克，杰森·L.安德森.人工智能：商业应用路线

图 ［M］. 王文彬，王丹阳，译 . 北京：清华大学出版社，2022.

［3］廖大宇 . 5G 商业模式：重塑商业化未来 ［M］. 北京：中华工商联合出版社，2021.

［4］刘颖 . 新媒体融合发展新论 ［M］. 重庆：重庆大学出版社，2023.

［5］姚远 . 数字化转型之路：从数字化到数智化 ［M］. 北京：当代中国出版社，2023.

［6］泽亮 . 短视频月活跃用户数达 9.89 亿 ［N］. 人民邮电报，2024-08-02（7）.

大数据时代数字技术何以赋能
国际事实核查报道

刘 帅*

随着 21 世纪信息技术的飞速发展，大数据正在深刻重塑全球信息传播的结构。全球信息的迅速流动不仅要求国际媒体应对浩如烟海的信息量，还要求它们在复杂的数据环境中具备辨别真伪的能力。特别是在社交网络和信息聚合平台等新兴媒介的冲击下，传统的事实核查系统正面临前所未有的挑战。然而，数字技术的迅猛发展正开辟新的可能性。利用数据分析、自然语言处理、机器学习等先进技术，不仅极大地提高了信息筛选和处理的效率，也显著提升了事实核查的准确性和可信度。同时，数字化技术为用户参与事实核查开辟了新途径，通过建立网络互动平台、收集观众反馈等手段，可以显著提高新闻报道的透明度和公众信任度。尽管如此，数字化进程也带来了众多挑战和难题。确保信息数据的真实性和准确性有哪些可行的方法？自动化核查工具如何提升其智能化水平以适应多样化的信息环境？如何有效吸引和维护用户参与，防止虚假信息和谣言的传播？这些问题都需要深入研究和探讨。

---

* 刘帅，女，广东广播电视台对外传播中心副监制。

一、数字技术赋能在国际事实核查报道中的重要性

（一）提高信息筛选与处理的效率

随着数字化技术的迅猛发展，传统的新闻报道和信息传播模式正在经历深刻的变革。社交媒体平台和综合性新闻应用的兴起极大加快了新闻的传播速度，并扩大了其覆盖范围。然而，这也引发了公众对信息真实性和准确性的疑虑。在这种情况下，传统媒体的审核机制面临着巨大的挑战，大量未经核实的信息在互联网上快速传播，导致虚假新闻泛滥。通过运用先进的数据分析技术和自然语言处理技术，新闻编辑团队可以更高效地进行大数据筛选，快速识别真实可靠的新闻来源。这种方法不仅提高了信息筛选和处理的效率，而且为后续的审查工作奠定了坚实的基础。数字化技术的运用不仅提高了审查的准确性和公众的信任度，而且通过激励用户参与和互动，使报道更加透明，从而加强了观众对新闻的信任。

（二）提升核查的准确性与公信力

数字化技术在国际事实核查报道中的重要性体现在其显著提升了核查的准确性与公信力。回顾新闻业的发展历程，事实核查的理念与实践一直是新闻业核心价值的重要组成部分。无论是 19 世纪普利策时代，美国媒体所设立的"信息核查员"职业，还是 20 世纪初《时代》周刊组建的事实核查团队，都凸显了媒体对事实真实性的坚持与追求。在数字化时代，这种追求得到了强化。数字化技术为国际事实核查报道提供了强有力的工具支持。通过数据挖掘、自然语言处理、人工智能等先进技术的应用，报道团

队能够更全面和深入地探究事实真相，有效地筛选与核实信息。技术赋能使得事实核查工作从依赖个人经验和直觉的传统方式，转变为基于大数据和算法的科学化决策过程。这使得媒体机构能够更准确地捕捉新闻事件的真实情况，向读者提供更可靠和权威的信息。同时，数字化赋能也加强了媒体与受众之间的互动，使受众能更直接地参与到事实核查中，从而提升了报道的透明度和公信力。

（三）有助于用户参与和互动

数字技术在国际事实核查报道中的作用不仅限于提高核查的准确性和权威性，同时也显著提升了用户的参与度和互动性，进而增强了报道的透明度。传统事实核查新闻常受媒体市场定位的限制，未能涵盖所有受关注的不实信息。然而，在数字化时代，利用先进的数据分析和社交媒体监测工具，报道团队能够更精确地识别并及时核查和澄清受关注的不实信息。数字化技术的应用使得事实核查从单向传播模式转变为双向互动过程。媒体机构可以通过在线平台和社交媒体等渠道，鼓励受众积极参与事实核查实践，并勇于提出疑问、积极分享见解并提供证据。这种参与和互动不仅丰富了报道内容，也提升了报道的透明度和可信度，增强了受众的参与感和归属感，从而增强了他们对事实核查新闻的信任和支持，形成了良性循环。此外，数字技术还有助于扩展事实核查新闻的传播范围，通过在线平台和社交媒体的广泛传播，事实核查新闻能迅速触及更广泛的受众，有效抑制虚假信息的扩散。传播效率的提升进一步增强了事实核查新闻在公共话语中的影响力，并有助于净化信息传播环境。

（四）助力国际传播在多元信息中捕捉真相

数字技术在国际事实核查报道中的重要性不仅体现在提升核查效率上，更关键的是它帮助各方在繁杂的信息中捕捉真相。以人民网的"求真"平台为例，该平台利用先进的数据挖掘和分析技术，能够迅速识别并追踪不实信息，为公众提供清晰、准确的事实核查结果。这种依托数字化技术的核查方法显著提升了核查工作的效率与准确性，有效辅助公众在海量信息中筛选真实内容。同时，主流媒体、商业传播平台、传统网站、社交媒体以及高等教育机构也在数字技术的推动下纷纷推出各自的事实核查服务。这些平台凭借其独特的特色，汇聚成为多元化的核查力量。它们运用数字化工具，不仅加快了核查速度，还扩展了核查的广度和深度，使得事实核查工作更为全面和深入。

二、国际事实核查报道面临的困境

（一）核查结果存在不确定性

在新冠疫情全球流行期间，数据质量问题尤为突出，信息的真实性和准确性面临前所未有的挑战。社交媒体成为了谣言和阴谋论的滋生地，这些虚假信息在网络上的迅速传播给公众的认知和判断造成了重大干扰。例如，关于疫情的起源、传播途径、治疗效果等问题的谣言不断涌现，不仅误导了公众，也扰乱了疫情防控工作的有序开展。在这种情境下，事实核查新闻发挥了关键作用，与网络辟谣工作紧密结合。事实核查工作主要由平台推动和用户参与，这种模式虽然具有灵活性和参与度广的优势，但在数据质量保证上存在挑战。用户在参与事实核查的过程中，可能受到个人立场、知识水平、信息来源等因素的影响，这可能导致核查结果存在不确定性。此外，社交媒体平台的算法推荐系统也可能加剧信息的失真和误导，从而进一步增加了数据质量问题的解决难度。

（二）自动化核查技术尚不成熟

在数字化时代，自动化核查技术对于确保信息的真实性和准确性发挥着关键作用。然而，目前该技术尚未成熟。海外社交媒体平台推特（X）曾被曝出其推荐算法存在严重的偏见问题，导致用户在浏览和获取信息时受到不公平的待遇。据报道，该算法在推荐内容时倾向于展示特定政治立场、种族、性别或文化背景的信息，而忽略其他观点或群体。为了验证这一消息的真实性，推特（X）尝试利用自动化核查技术进行分析和评估。但在实际操作过程中，自动化核查系统未能准确捕捉到报道中的关键信息，也未能有效排除其中的误导成分，导致核查结果缺乏说服力，无法有效缓解公众的疑虑和恐慌。这一案例突显了自动化核查技术在实际应用中的不足。一方面，自动化核查系统在处理复杂多变的信息环境时，面临识别和判断信息真伪的困难。特别是当信息涉及专业知识、文化背景、社会背景等因素时，自动化核查技术的准确性和可靠性会面临更大的挑战。另一方面，自动化核查技术在数据处理和分析能力方面还存在局限。面对海量信息，自动化核查系统往往难以有效提炼关键内容，并且在评估信息来源的可信度方面也面临困难。

（三）用户反馈管理存在困难

在用户生成内容的网络生态中，用户参与反馈对于确保信息的真实性和准确性至关重要。然而，如何有效吸引并管理用户反馈，仍是一个重大挑战。以央广网一起引发热议的争议性新闻为例，2024 年 3·15 期间，央广网发布报道称淀粉肠掺有鸡脖泥、鸡架泥等各种边角余料，且"不建议人食用"。该新闻发布后立即引起了公众的广泛关注和讨论。众多用户在评论区积极分享自己的见解、经历和观点，对新闻内容的真实性和准确性进行补充或提出疑问。然而，这些反馈中也混杂了不少虚假信息、偏见和误解。平台通过算法筛选和人工审核尝试管理用户反馈，但面对海量且复杂的信息，很难做到全面和准确。此外，一些用户对平台的反馈管理机制表达了不满，其中一些人认为管理机制过于严格，导致有价值的内容被错误地删除；而另一些人则认为过于宽松，使得一些不实信息得以传播。这种现象不仅会降低用户参与的热情，还加大了信息真实性和准确性的验证难度。

三、数字技术赋能国际事实核查报道的实践路径

（一）构建严格的数据筛选与核实体系，保障信息真实性与准确性

为提高国际事实核查报道的精确度和可信度，构建一个严格的数据筛选与核实体系至关重要。疫情期间，路透社报道指出，伊拉克确认病例与实际感染人数不符。报道引用了匿名卫生官员和政客的消息，遭到伊拉克当局的反对，并导致路透社在伊拉克的认证被暂停三个月。此后，路透社

与权威机构合作，对关键数据进行细致的核实和交叉检验。这一做法不仅增强了媒体的公信力，也使公众能够接收到更准确、更全面的信息。因此，建立严格的数据筛选与核实体系，对于确保国际事实核查报道的真实性和准确性，以及提升媒体的社会责任感和公信力具有重要意义。

（二）加大自动化核查技术的研发力度，提升核查效率和准确度

自动化核查技术对确保国际事实核查报道的真实性和准确性至关重要。2021 年 1 月，《华盛顿邮报》刊登了一篇报道，指控时任总统的特朗普"干涉"司法调查，涉嫌"犯罪"，该报道被广泛转发，造成了公众对特朗普的负面印象。然而两个月后，《华盛顿邮报》承认报道"误解"了特朗普的话，录音证据显示并无报道所称内容。为提升核查的效率和准确性，《华盛顿邮报》开发了 Fact Checker（事实核查）系统，利用自动化技术评估公众人物言论，通过对比公共记录、官方文档、专家意见等可靠信息源，系统能够迅速识别误导性信息，并对其进行标记和解释。这些技术的应用显著提高了核查的速度和质量，帮助媒体机构挖掘了以往可能忽略的关键证据，进而增强了报道的准确性和客观性。此案例表明，加强自动化核查技术的研发，对于提升国际事实核查报道的效率和准确性极为关键，同时也为媒体机构在数字化时代更有效地履行社会责任提供了坚实的技术支持。

（三）搭建用户参与平台，激发用户参与热情

搭建用户参与平台、提升用户参与度对于提升国际事实核查报道的质量至关重要。随着数字技术的进步，媒体机构能够通过社交媒体、新闻应用等网络平台，创建互动性强、用户参与度高的事实核查平台。以驳斥美西方涉疆不实报道为例，油管（YouTube）平台账号"Jerry's Take On

China"（Jerry 中国说）推出了"真相求证"互动板块，鼓励用户提交与涉疆报道相关的信息、观点和疑问。账号对用户提交的内容进行严格筛选和核实，结合专业新闻团队的深入分析，形成详尽的事实核查报告。在此过程中，用户的积极参与不仅丰富了报道内容，还为事实核查工作提供了多视角的审视。例如，一些用户分享了新疆人民安居乐业的视频作为直接证据，还有用户通过数据分析揭示了"新疆强迫劳动""抵制新疆棉"等说法背后存在的经济利益关系，增进了公众对事件的了解。用户生成的内容与专业新闻团队的报道相结合，形成了全面且深入的事实核查成果，显著提高了报道的权威性和影响力。通过实施奖励机制和设立用户互动讨论区，媒体机构有效激发了用户的参与热情，促进了用户在平台上的积极分享和讨论，营造了活跃的社区氛围。这种用户中心的传播模式不仅加强了媒体与用户之间的互动性，也增强了用户对事实核查报道的信任感。

四、结语

在大数据时代，国际事实核查报道正面临着挑战与机遇并存的局面。数字技术的广泛应用已为核查报道带来显著变革，利用数据挖掘、自然语言处理等技术，报道团队提高了信息筛选与处理的效率，有效保证了核查的准确性与公信力。同时，数字平台的兴起不仅促进了用户积极参与度和互动性、增强了报道的透明度，还帮助了国际传播主体在海量信息中捕捉真相。然而，数字技术赋能同样带来了数据质量、技术应用、用户参与等方面的挑战。为应对这些挑战，必须建立严格的数据筛选和核实机制，加强自动化核查技术的研发，积极搭建用户参与平台。通过这些措施，国际事实核查报道有望在数字化时代实现新的跨越，为国际社会提供更准确、更公正的信息服务。

参考文献

［1］荆志萍. 大数据时代下新闻传播的"新样式"探究［J］. 新闻文化建设，2023（6）：156-158.

［2］吕莹，汤文谷. 数字化视角下 BIM 技术赋能财务风险预警［J］. 施工企业管理，2023（9）：94-96.

［3］谢磊. 大数据时代学术期刊的转型与发展——以《国际安全研究》为例［J］. 新闻世界，2022（4）：12-18.

［4］杨志凌. 媒体融合背景下大数据赋能新闻宣传的思考与实践［J］. 传播力研究，2023（15）：28-30.

［5］杨昉. 集体"吃瓜"时代，媒体如何做好新闻事实核查？［J］. 东西南北，2022（13）：0086-0087.

［6］郑越亭. 大数据时代我国著作权授权制度研究［J］. 法学（汉斯），2024，12（2）：1347-1351.

民生新闻在粤港澳大湾区对外传播的困境与策略分析

——以大湾区卫视"湾区最新闻"节目为例

鲁俊杰[*]

随着互联网和移动通信技术的迅速发展，信息传播的格局正处于深刻变革之中。尽管如此，电视民生新闻的价值及其角色并未降低影响，反而更加凸显了其独特的优势和不可替代的地位。这包括了主流媒体的地位与影响力，在重大事件和政策解读上尤为突出。电视民生新闻以其直观且生动的视觉表现力真实地反映社会现状与人民生活，其立体化的叙述方式极大地促进了国内外观众的情感共鸣。此外，通过专题策划和深度报道等手段，电视民生新闻能够更为全面和深入地揭示中国社会的发展成就及民众生活的多样变化。电视民生新闻承担着显著的社会责任和公共教育职能，在国际传播的宣传和报道领域展现出独特价值。然而，在面对粤港澳大湾区的对外传播任务中仍存在诸多挑战。

---

* 鲁俊杰，男，广东广播电视台主持人、主编。

一、电视大屏民生新闻困境分析

（一）用户习惯改变

近年来，随着互联网的普及和智能手机功能的日益丰富，用户的媒体消费习惯发生了根本的变化，导致有线数字电视用户正在不断流失。通过对比晚间黄金时段的收视率数据，我们发现，疫情后打开电视的人群数量有所下滑。特别是 2023 年复常以来，市民不需要通过电视来接收防疫信息，因为更为方便的短视频应用不仅能够在外出时提供资讯，还满足了受众对娱乐的需求，这在一定程度上对传统电视大屏造成了冲击。从 2019—2023 年的近 5 年来，大屏民生新闻收视率呈现一个从低到高再回落的态势。由于疫情期间以电视、报纸等传统媒体公布为准，导致传统大屏收视率逆势上涨。随着户外、旅游、娱乐和经济活动的恢复，人们的媒体观看习惯也回归常态，电视大屏的收视率重新回到疫情前水平。传统电视大屏在内容定制化方面不足，难以满足不同观众群体的个性化需求。现代年轻人更倾向于通过社交媒体分享观看体验和观点，而电视大屏难以直接满足这种社交需求。尽管民生新闻节目因其能够帮助观众反映困难、解决问题的特性，长期以来保持着较高的收视率，但随着大屏影响力的走弱，民生问题的曝光渠道已经不仅限于传统的电视大屏民生新闻，还包括了以微博、微信为代表的自媒体平台，这些新兴渠道为公众提供了更多样化的发声途径。

（二）平台竞争激烈

平台间的互相竞争不断加剧，抖音、快手、视频号等短视频平台的兴起，不仅与优酷、爱奇艺、腾讯视频等传统视频平台之间的竞争日益激烈，还吸引了哔哩哔哩、斗鱼、虎牙等二次元及游戏视频平台的加入，使得整个视频行业的竞争格局更加多元化和复杂化。这些平台将传统电视观众拉到智能手机前，无论是电视剧、电影、综艺还是游戏粉丝，总能找到感兴趣的垂类。近年来更增加了直播方式，甚至出现了"万事皆可直播，直播均有流量"的现象。这些平台的崛起使得传统电视大屏的受众大量流失，以至于即使某些影视作品能成功"出圈"，其获得的收益也不足以覆盖其高昂的制作成本支出。例如，在粤港澳大湾区，曾经拥有大量忠实观众的香港电视广播有限公司（TVB），如今也面临着巨大挑战，被迫采取缩减业务和裁减职员等措施应对困境。这反映出随着观众选择的增多，行业竞争愈加激烈。

（三）语言文化障碍

粤港澳大湾区内通用的语言种类较多，包括普通话、粤方言、英语及葡语等。据调查，掌握粤方言的人群呈现年轻递减趋势，而完全不会粤方言的比例正在递增。广州、佛山、东莞、中山和肇庆交流中的粤方言占比较多，深圳和惠州占比较少，但在大湾区内地家庭中，普通话和粤方言仍占较大的母语比例。根据 2011 年香港统计处的人口普查结果显示，香港居民有 3.8% 会说潮州话，此外，还有与潮汕人数量相当的客家人群体。然而，在多语言环境下的香港，许多客家籍香港人已经逐渐改为使用粤方言。以中央广播电视总台专门针对大湾区播出的大湾区之声频率每天常规版面为例，就包含了潮汕语新闻和粤语节目内容。若考虑定位为大湾区对内传播，9 个内地城市和港澳通用语言为粤语，效果更佳；若考虑定位为对全球华人传播，现在海外华人第二代、第三代的语言习惯也有所转移，普通话和英语更为普及。但这也可能带来一个问题，即如何明确区分自身与其他外宣频道的定位，以避免出现定位不清晰的困局。此外，伴随语言多样性的还有文化的差异。这些文化差异由广府文化、港澳特色文化、地方民俗文化、外来文化，以及由改革开放带来的行业与创新文化等组成。传统生产流程的大屏民生新闻存在自我设限的问题，其报道定调趋于单一化。在语言、地域、受众兴趣方面的设定，往往偏向保守，缺乏创新。

（四）信息碎片化

流媒体服务的兴起，观众可以通过不同平台获取丰富多样的内容。一方面，导致电视大屏上的传统电视节目面临竞争压力，观众的时间和注意力可能从电视节目转移到其他平台。另一方面，长期的信息碎片化让观众的注意力长期处于分散状态，难以聚焦某一内容上。以抖音平台的激励政策为例，任何播放时长超过6秒的短视频都被视为完整播放，从而提升完播率并享受更大的流量池。在流量驱动内容的背景下，短视频内容迅速普及，广泛分布于各个平台。这也导致更多的观众同时使用手机、平板电脑等多种设备，而非仅专注于电视大屏，这一变化影响了观众的体验和广告的传播效果。另外，目前不少电视民生新闻栏目叙事逻辑过于单向，报道往往聚焦于问题的初始阶段，却忽略了相关部门解决问题的后续进展，从而未能形成完整的报道闭环。这容易造成一种假象，报道只能揭示问题而难以促进问题的解决。

二、电视大屏民生新闻在对外传播中的策略建议

（一）善用观众优势

民生新闻专注于描绘普通民众的日常生活、社会焦点和社区事件，其内容往往紧密关联于公众生活，从而易于激发观众的情感共鸣并缩短与观众之间的心理距离。以大湾区卫视《湾区最新闻》栏目为例，自 2009 年首播以来，经过 15 年的持续发展，已累积大量忠实观众，其微博账号拥有 203 万粉丝，成为广东广播电视台中粉丝数最多的微博新闻账户（据新浪微博 2024 年 8 月统计，《湾区最新闻》账号粉丝数为 203 万，广东台触电新闻为 185.1 万，DV 现场为 122.4 万，今日关注为 61.8 万）。这一成果不仅体现了大屏民生新闻通过日常播出所累积的坚实观众基础，亦反映了其在对外传播中的重要作用。有效的对外传播需由广泛的群众参与，共同发声，以此动员起真正的社会力量。尽管粤港澳大湾区内存在多种语言，但电视新闻通过为访谈片段配备字幕，保证了即使原声播出也不会影响信息的传播效果。此外，大湾区内地及港澳居民天生具有多语种沟通的包容性，超越地域偏见，接纳多样的语言表达，这一特质不仅增强了民生节目的亲和力，也促进了区域内部的文化交流与融合。只有当受众感到节目内容亲切且与自身生活密切相关时，他们才更愿意进行分享，从而将存在的语言障碍转化为当下的传播优势。

（二）改变叙事方式

传统观念倾向于认为，对外宣传的内容应聚焦于正面形象的构建与积极信息的有效放大。不过，在自媒体言论泛滥的当下，观众的视角已随之

变得更加广阔，对于单一维度的内容表达已不再满足其多元化的需求。在这样的背景下，新闻事件的报道及公众的认知逐渐趋向于多维立体化，这要求新闻报道本身也必须是立体全面的。得益于互联网技术的普及，信息的扁平化传播和受众思维的改变几乎是同时发生、全球性发生的。因此，新闻从业人员必须紧跟受众思维的转变，积极适应并向更深层次的思考方向调整。

民生新闻报道原则侧重于教育、医疗、住房、就业及社会保障等直接关系到群众切身利益的领域，能够及时反映民情民意，助推社会问题的解决。然而，部分报道逐渐转向情绪化的叙事，未能全面深入地进行事件核实，以偏概全地影响观众情绪，缺乏对事件的充分论证便匆忙做出结论，背离了民生新闻报道的本质意图。报道的叙事风格亟须调整，应全面反映事件报道的完整性，包括问题的描述、分析及解决方案的探索，甚至定期进行后续跟踪，积极开展建设性舆论监督。新闻报道须在时效性与全面性之间寻找平衡，确保报道的客观性、准确性和全面性。针对那些需要在民生新闻中不间断持续报道的选题，应力求在每个报道阶段都确保内容的完整性。这不仅是大屏民生新闻对外传播应遵循的标准，也是其对内宣传的操作标准。所以，大屏民生新闻对内宣传和对外宣传之间无本质差异，都应遵循高质量标准。

（三）调整选题确定形式

大屏民生新闻往往给人的印象是"民生无小事"，但最后报道出来的都是鸡毛蒜皮、事不关己的"小事"。这类新闻虽在一定程度上能满足好奇心，但对于问题的实质解决并非总能发挥积极效用。除了叙事方式外，在选题确定过程中，内容的俗化、形式的陈旧以及标准的低下等问题屡见不鲜。不少民生栏目经常做的纠纷类选题，如家庭琐事和社区矛盾，常常因复杂的背景和利益关系，使得问题难以明晰和解决。此外，一些栏目在出于展现自身社会价值与重要性的目的介入纠纷时，更应谨慎对待纠纷性选题，考虑到其可能带来的广泛社会影响。

大屏民生新闻栏目在呈现时结合主持人或评论员的点评，而以往的民生新闻给公众留下的印象是"为民请命"，向政府相关部门"义正严词"提出疑问。这一传统导致一些较年轻的评论员或主持人采用形式化、倾向于个人英雄主义的主持风格，这在处理纠纷性新闻时可能导致意见分歧，影响栏目的公信力。然而，近年来，政府职能部门在处理群众反映问题上效率显著提升，且相比以往更加透明化。因此，媒体在报道中不仅应积极反映问题，还应持续跟踪报道问题解决的全部过程。这既体现了对制度的信任，也是媒体履行社会责任感的表现。

（四）外宣需要影响力

粤港澳大湾区包含了深圳、广州、佛山、珠海、东莞、肇庆、中山、江门、惠州9个内地城市，以及香港特别行政区和澳门特别行政区。《湾区最新闻》在11个城市的播放意味着要兼顾内外宣传的平衡，在大湾区内承担着湾区内宣的职责；而鉴于港澳地区的特殊地位，又同时承载着对外宣传的使命。这种双重角色使得内宣与外宣的界限日益模糊。如果再用传统的内外区别报道传播方式，将会因过度拘泥于狭窄的外宣标准导致新闻重点难以把握，进而影响受众的信任和传播效果。对外宣传的内容虽然可以拥有更广阔的视野和包容性，但倘若每日报道都是各种基建进度、各种航拍镜头、各种贸易进展等跟普罗大众关联度不高的内容，将难以激发广大观众的共鸣和兴趣，从而限制报道的社会影响力。因此，节目在内容选择上须更加贴近民生，增强与观众的情感连接，以提升报道的吸引力和感染力。

相比之下，民生新闻因其与日常生活的紧密联系而具有更强的感染力。大湾区是大量海外华人根之所在，家乡父老的点滴正是他们所关心的。所以，外宣可以从"内"出发，通过其影响海外华人，进而通过口碑效应扩散至全球。大屏民生新闻在对外传播中的优势非常明显，其选题与内容相比政治新闻更接地气，更易为民众所接受。过去的电视大屏民生新闻，有线电视网络传送区域有所局限，节目制作也受限于特定的目标受众。然而，随着技术发展，外宣与内宣的界限逐渐模糊，如"杭州动物园这只熊因酷似人而走红"的报道，在对外传播中引起了广泛的反响，是对外宣传的成功案例。

随着外宣和内宣的界限日益模糊，民生新闻在对外传播中的角色愈发重要，电视大屏民生新闻被赋予了更为重要的社会职能，其从内到外的影响力正是民生新闻面临的新使命。

三、大湾区卫视《湾区最新闻》栏目概况

粤港澳大湾区做新闻传播要顾及港澳观众的接收习惯。在广东广播电视台众多民生新闻节目中，挑选了较"年轻"、仅开播 12 年、具有浓厚都市特色的《今日最新闻》进行转型升级。2022 年 7 月 29 日，该民生新闻栏目升级为融合粤港澳大湾区内外宣传策略的《湾区最新闻》(以下简称《最新闻》)。改版后的《最新闻》针对其新的民生外宣定位，进行了版面编排上的相应调整。具体而言，改版前的节目是以都市民生新闻为主的串联方式（见表 1），而改版后则侧重于展现大湾区都市特色，以及针对外宣民生议题的串联安排（见表 2）。

表1　2020年7月2日《今日最新闻》播出串联单

2020-07-02　20：00：00［广东广播电视台新闻中心 新闻时段 今日最新闻］	
序号	标　题
1	【最新闻预告】
2	【最新闻首发李嘉懿杨凯安拍 0702（公交车上＋阿伯为何怒砸玻璃）】
3	【最新闻毛庆泽拉平台 0702（漂流遇上暴雨＋想退票不容易？）】
4	【200703 今日最争议：预支彩礼救父被拉黑，怎么看？】
5	【最争议 黄宗光 0702（预支彩礼救父＋被男友拉黑？）】
6	【最过渡＋中间预告 1】
7	【最过渡＋广告 1＋最热点版头】
8	【最新闻首发谢平江 0702（女子轻生跳桥＋消防员飞扑救下）】
9	【最新闻首发陈昊东 0702（车主无奈违停＋物管附赠满车贴纸）】
10	【最新闻首发 程熙翔 0702（在建楼盘起火＋现场浓烟滚滚）】
11	【最新闻黄宗光公共余欢丁栩 0702（广州民办初中＋今日首次摇号）】
12	【最过渡＋中间预告 2】
13	【最过渡＋广告 2＋最热点版头】
14	【最新闻宗光拉焦点 0702（隐秘的办公室里＋29 人被抓）】
15	【最新闻首播朱天宝 0702（三岁萌娃找妈妈＋危险穿梭车流中）】
16	【最新闻毛庆泽拉平台 0702（老人在养老院＋子女拖欠托养费）】
17	【最新闻毛庆泽昨日一线 0701（"吃货"入班房＋竟是因为它）】
18	【最新闻黄宗光拉联播需要配音 0702（香港背靠国家＋无惧美国制裁）】
19	【最过渡＋中间预告 3】
20	【最过渡＋广告 3＋最热点版头】
21	【最新闻毛庆泽昨日一线 0702（当街"抢小孩"？＋警方调查公布）】
22	【最新闻毛庆泽共享平台 0702（两货车相撞＋三人被困）】
23	【最新闻拉焦点毛庆泽 0702（垃圾分类做不好＋住户被开罚单）】
24	【最新闻黄宗光拉焦点 200702（网约车 2.6 公里＋收费 135 元？）】
25	【最新闻 黄宗光 0702 今日之最】
26	【主持人串词】
27	【最过渡＋广告 4】
28	【最新闻 禤慧仪 20200702 最金句】

资料来源：《今日最新闻》20200702 终审定稿串联单。

表2 2023年5月19日《湾区最新闻》播出串联单

2023-05-19 20:00:00 [广东广播电视台新闻中心 新闻时段 湾区最新闻]	
序号	标 题
1	【湾区最新闻预告】
2	口＋插【最新闻毛庆泽自编（台居民赴陆团队游＋即日起恢复）】
3	【最新闻马东东央视（美国拟军援台湾＋遭岛内舆论痛批）】
4	澳门速递【最新闻毛庆泽澳门稿件（修改《维护国家安全法》＋获澳门立法会通过）】
5	【最新闻马东东平台（金融支持前海30条＋落地见效再提速）】
6	【最过渡＋中间预告1】
7	【最过渡＋广告1＋最新闻版头】
8	【最新闻首播毛庆泽0519刘婕（中国旅游日＋文旅产品受追捧）】
9	【最新闻黄刚珠新（广州国际旅游展＋哪些线路最抵玩？）】
10	【最新闻首播毛庆泽 莫晓艳（暑假旅游订单量＋已超2019年同期）】
11	【最新闻毛庆泽中新社（演唱会火热＋带动周边经济火爆）】
12	【最过渡＋中间预告2】
13	【最过渡＋广告2＋最新闻版头】
14	【最新闻首播黄刚 叶子0519（"跨省通办"试点扩大＋结婚领证不用回老家）】
15	【最新闻黄刚珠新（家庭医生守护健康＋签约量逐步上升）】
16	【最新闻马东东一线（减肥作业＋不要乱抄）】
17	【最新闻黄刚平台深圳站（第十九届文博会＋下月在深举行）】
18	【最过渡＋中间预告3】
19	【最过渡＋广告3＋最新闻版头】
20	特色小镇挂角【最新闻毛庆泽卫视晚间（穿越百年骑楼＋打卡赤坎古镇）】
21	【最新闻马东东平台（五邑名小吃＋唤起浓浓乡情）】
22	【最新闻马东东中新社（首艘国产大型邮轮＋融汇中外文化精粹）】
23	【最新闻毛庆泽平台（世界智能大会＋沉浸式体验"黑科技"）】
24	【最新闻黄刚0519湾区快讯】
25	【最新闻马东东焦点MTV（不用上肩窗）】
26	【主持人串词】
27	【最过渡＋广告4】

资料来源：《湾区最新闻》20230519终审定稿串联单。

通过对比《最新闻》栏目两期的节目单，可以观察到内容方向的显著转变。首期的头条从"公交车上阿伯为何怒砸玻璃"这种社会民生小矛盾变成"台居民赴陆团队游即日起恢复"的两岸政策性消息；而在表 2 的序号 3 编排的"美国拟军援台湾遭岛内舆论痛批"的涉台涉美稿件，以往在纯民生新闻栏目中基本不会出现。单单从表 2 的第二部分至第四部分（序号 8 到 17）看，内容涵盖两岸关系、中美关系、澳门特区和前海深合区的发展，国内及大湾区的经济消费动态，大湾区内地城市的便民政策，以及文化活动等多个领域。其中第二部分序号 8 到 11，主要针对国内、大湾区从民生角度出发的经济消费报道；第三部分序号 14 到 17，前半部分是大湾区内地城市的便民政策，再加上民生生活保健消息和展览前瞻；第四部分序号 20 到 23 基本上都是有时效性的文化活动消息。这显示出改版后视野的扩大和版面编排的逻辑性增强。

改版后的《最新闻》以高站位、宽视野为起点，逐步调整报道内容，更加贴近民生，使观众情绪从紧张逐渐转向放松状态。节目标题的设置从原先注重都市民生新闻的猎奇、悬念和情绪化表达，转变为更加扼要、明了和理性的风格。尽管节目版面出现较大改动，但该节目收视率依然维持在不错的水平，尤其在广州及周边城域范围内的目标受众中表现突出。2023 年，《最新闻》在香港观众的新闻节目偏好投票中脱颖而出，被评为最受欢迎的大湾区卫视新闻节目。经历了一年半的节目定位转变及收视率调整期后，目前已成为粤港澳大湾区同时间段收视率最高的新闻栏目。这一成效印证了都市民生新闻栏目改版策略在对外传播及大湾区宣传方面所获得的广泛认可。

尽管近期趋势显示大屏电视民生新闻处于调整阶段，但稳定的观众群体仍然赋予其强大的影响力。通过适时的自我转型和升级，这一领域有潜力成为对外传播的重要新兴力量。特别是在文化和血缘相通的粤港澳大湾区，有望探索出一条融合内外宣传的创新路径。

参考文献

［1］韩潮.浅析电视民生新闻的选题及视角［J］.新闻研究导刊，2018，9（13）：219.

［2］单韵鸣，焦静娜，邱雪梅，等.粤港澳大湾区居民语言使用、语言态度与粤方言传承［J］.中国语言战略，2023（2）：141-154.

［3］汤寒锋.浅谈互联网时代新闻的时效性［J］.西部广播电视，2019（6）：52-53.

［4］张艺.电视民生新闻节目建设性舆论监督的语境、路径与创新［J］.西部广播电视，2023（S1）：67-70.

对港澳青年外宣中的体验式新媒体
语言研究

——以"唐唐探湾区"粤语系列Vlog为样本

唐子湉[*]

2019 年 2 月 18 日，中共中央、国务院发布《粤港澳大湾区发展规划纲要》（以下简称《规划纲要》）。2023 年 4 月，习近平总书记亲临广东视察时强调，使粤港澳大湾区成为新发展格局的战略支点、高质量发展的示范地、中国式现代化的引领地。广东省坚持以粤港澳大湾区建设为"纲"，牢牢把规划抓在手上、把项目落在地上、把未来融在路上、把百姓记在心上，努力建设世界级湾区、发展最好的湾区，携手港澳朝着建设国际一流湾区和世界级城市群的目标大步迈进。

青少年是祖国的未来、民族的希望。在深圳经济特区建立 40 周年庆祝大会上，习近平总书记殷切嘱托："要充分运用粤港澳重大合作平台，吸引更多港澳青少年来内地学习、就业、生活，促进粤港澳青少年广泛交往、全面交流、深度交融，增强对祖国的向心力。"

如何吸引并留住港澳青年人才成为大湾区可持续发展的关键。为此，

---

* 唐子湉，女，南方日报经济新闻部记者。

广东省联合香港、澳门特区政府推出了一系列政策措施，旨在为港澳青年在内地的学习、就业和生活提供有力支持。基于这样的背景，本文探讨了如何运用新媒体语言，借助短视频这一形式，加强港澳青年对内地生活、学习和就业现状的了解，进而拉近三地青年的心灵距离，进一步推动大湾区的融合与发展。本文以"南方名记者"工作室、《南方日报》、"南方+"客户端通过"唐唐探湾区"精品短视频栏目的实践为依托，探索对港澳青年外宣中体验式新媒体语言的应用。研究旨在让港澳青年了解内地生活学习就业现状，增强港澳青年向心力，并表明在对外宣传新闻工作方面存在巨大的潜力和可作为的空间。

一、讲好政策 增强内地对港澳宣传

近年来，国家"十四五"规划的实施、粤港澳大湾区的建设和共建"一带一路"倡议的推进等，为港澳发展提供了难得机遇、广阔空间和强劲动能。港澳以空前的广度、深度积极融入国家发展大局，为港澳青年带来更多元的发展机会、更广阔的发展空间。同时，针对港澳青年在内地就业创业的支持政策亦在不断完善，例如，全面取消港澳居民在内地就业许可审批、持续拓展职业资格认证范围、（内地）事业单位公开招聘港澳居民等，一系列利好政策不断出台。

为了吸引港澳青年来粤发展，广东省联合港澳特区政府共同建设了"10+3"青年双创基地，以及"1+12+N"港澳青年双创基地，从政策支撑、打造平台、营造环境、建立机制等全方面推动青创基地建设。但对于港澳青年而言，前往大湾区内地城市发展面临着诸多未知和挑战。在面对陌生环境时，他们不仅要解决企业注册、组建团队、日常生活等问题，而且还需要有效获取并了解内地为港澳青年推出的诸多扶持政策。因此，当务之急是加强这些政策对港澳青年的有效传播，坚定他们前往内地发展的信心与决心。

为此，《南方日报》、"南方+"客户端从 2021 年 4 月起，依托"南方名记者"工作室，打造"唐唐探湾区"系列短视频栏目。"唐唐探湾区"栏目主要采用粤语为主持语言，并配备繁体字幕版本，通过强调"港风港味"的表达方式，拉近与港澳观众的距离。节目以创业园区等平台载体为调查对象，主持人兼记者"唐唐"以 Vlog 打卡的方式实地走访深圳前海、珠海横琴、广州南沙、佛山、东莞等地的青年创业基地，旨在帮助港澳青年加深对创业政策、创业园区的了解。

"了解"是"理解"的基础，"认知"是"认同"的开端。通过 Vlog 短视频产品，可以让港澳青年看到的祖国内地的发展变化，远比文字报道更加真实、生动、可亲。只有对国家有更深入的了解和更真切的认知，才能进一步产生更加深切的认同感。在粤港澳大湾区重大政策发布的时间点，"唐唐探湾区"栏目起到了将"硬政策"软输出、让政策贴近民心的宣贯作用。

2021 年 9 月，《横琴粤澳深度合作区建设总体方案》正式发布。在节目中，主持人走进与澳门大学横琴校区一路之隔的横琴澳门青年创业谷，这里被誉为澳大创业团队启程的首选地。为了深入了解横琴澳门青年创业谷的园区服务、企业入驻等事宜，主持人特邀大横琴发展企业服务部的商务服务经理阿 Lynn 同行。阿 Lynn 结合平时为园区入驻企业提供服务的经验，在探园区的过程中逐一介绍了各项服务和入驻流程。

节目中，阿 Lynn 特别介绍了创业谷"空间载体＋创业生态＋运营机制"的立体孵化模式，对于新注册或拟注册的企业，港澳台籍青年或在港澳读书的内地青年的持股比例超过 25% 便可以作为港澳企业申请入驻创业谷。企业入驻后，园区会配备 3 位管家，帮助解决企业设立、人才落户、政策申报、物业服务等一系列问题。

当期节目于"南方+"客户端播出后，在横琴与澳门创业青年群体中取得热烈反响。短短 5 分钟的视频，横琴粤澳深度合作区作为琴澳青年发展新天地的形象跃然而出，清晰传达了横琴当地的创业扶持政策。该节目还在脸书（Facebook）平台"香港今日地"发布，境外转载点击量超过 10 万。以此为样本，"唐唐探湾区"节目在传播渠道上打通平台壁垒，特别是利用好脸书（Facebook）、推特（Twitter）、油管（YouTube）等境外读者常用的社交媒体进行大湾区内地城市形象传播。

二、做好内容 服务港澳青年在粤发展

近年来，短视频"抓眼球""抢噱头""娱乐化"等特征日益明显。但作为主流新闻媒体，对外宣传中既要迎合观众的娱乐化审美，又要输出信息干货，需要从表达方式与内容协同方面同时发力。针对港澳青年对内地信息获取渠道缺乏的问题，以及希望加强对内地创业情况了解的痛点，需要加深服务性、增大信息量。为此，"唐唐探湾区"节目设计了"省心、省钱、赋能、便利、舒适"五个维度，对创业园区进行测评，通过扎实的采访、真实的故事及案例，为港澳青年创业选择提供了真实细致的参考。

以《香港青年偏爱的前海，是你心中的创业天堂吗？|唐唐探湾区》节目为案例，通过五个维度测评前海深港青年梦工场：

省心——节目中，香港青年张俊杰现身说法，对比了他在大湾区不同的城市创业经历，得出深圳前海创业手续最方便、最快速的结论，相关手续一日可办结。由此为切入点，节目重点推介了前海深港青年梦工场一站式资讯服务，为希望创业的港澳青年提供参考。

省钱——对于大多数初创企业而言，成本是必须考虑的要素之一。不

少港澳青年创业基地会为企业、个人提供相关补贴与优惠等。前海深港青年梦工场特别提供了办公场地租金及物管费用补贴，第一年补贴 80%，第二年补贴 50%，第三年补贴 20%，因此在"省钱"方面也表现优秀。

舒适——记者沉浸式体验在梦工场工作生活的场景，前往公寓、休闲区、办公区域拍摄体验，展现了梦工场突出"港人、港味、港服务"的理念，让港澳青年可以拎包入驻，如在家门口般亲近。

人气——梦工场于 2019 年 5 月被广东省政府和香港特区政府共同认定为首批"粤港青年创新创业基地"。截至 2021 年 6 月 30 日，梦工场累计孵化创业团队共计 524 家，充分体现其人气度。

赋能——在度过初创期后，企业亦关心孵化平台能为中长期发展如何赋能。对此，节目关注平台的赋能能力，前海深港青年梦工场建立了集"苗圃、孵化器、加速器"为一体的综合服务平台；同时，还成立创投引导基金，为创业青年提供全方位的金融支持。

通过清晰、可视化的测评，让受众足不出户即可知晓港澳青年创业园区的基础情况，以及了解各个园区的主要优势特点，为港澳青年在粤港澳大湾区内地城市确定创业就业落点提供充分的信息支持。

在视频产品之外，结合港澳创业青年诉求，找准用户的政策查询需求，以 H5 形式搭建粤港澳大湾区一站式政策查询互动产品——《大湾区搵钱秘籍 .pdf》。该产品既可以一站式查询大湾区不同城市的创业优惠政策，又可以点对点了解创业基地的详情，成为港澳青年来大湾区内地创业的实用工具箱。

三、说好故事 拉近三地青年心灵距离

近年来，爱国爱港爱澳力量深入贯彻"一国两制"方针，在粤港澳大湾区发展建设中发挥了重要作用。但值得注意的是，在当今中华民族伟大复兴战略全局和世界百年未有之大变局中，爱国爱港爱澳力量能力建设还存在一些短板弱项，港澳界对内地的误解、情感冲突仍然存在，需要努力弥合心灵差距。

情感是心灵连接的纽带，打好情感牌、形成共鸣，在对港澳青年外宣中格外重要。"唐唐探湾区"用体验式新媒体语言，走近粤港澳三地青年的生活，分享他们在大湾区创业、工作、生活的点滴，引起情感共鸣。

"唐唐探湾区"节目善于捕捉受访者的生活化语言描述。例如，在2021年末的跨年节目中，采访了多位港澳青年在内地工作生活的获得感。其中，记录了"港夫广妻"李剑禧与孙嘉晞在广州创业的心路历程："（创业园区）麻雀虽小五脏俱全，这里很有家的感觉。"

作为跨年节目，"港夫广妻"回顾了2021年印象最深刻的事情，即4月与国家领导人的一次交流座谈："国家领导人寄语我们通过自身努力实现奋斗目标和人生价值，同时，结合自身经历和所见所闻，积极宣传大湾区和中国内地的真实情况，帮助更多港澳青年了解大湾区，支持和促进香港、澳门更好融入国家发展大局。"

在松山湖高新区，香港青年郑泽宇（Jeffery）一边品着咖啡，一边分享他与东莞结缘的故事。2019年，他在此创立了函谷国际知识产权服务（东莞）有限公司，当时东莞并不是唯一的选择。如他所言："当时我考虑选择在北京、深圳或东莞创立公司。东莞松山湖这里优美的环境吸引了我，政

府也为港澳青年提供了很多政策支持，我认为这里的发展空间比较大。"

通过港澳青年实际的心路历程与抉择，观众更能体会到，港澳青年汇聚于大湾区内地城市创业就业这一选择，既是心之所向，也是现实的必然。又如，在探访香港科技大学（广州）的节目中，用实地走访、镜头语言，带着观众回到青春的校园时光。主持人与新生曾凌菲共同参观新宿舍——每个人都有一个自己的小房间，床铺、书桌、衣柜应有尽有。她对新宿舍的评价是"超级满意！"她以自身经历和感受，鼓励广大湾区青年到南沙学习深造。

四、结语

总体而言，"唐唐探湾区"在新媒体视频表达与网文稿件中进行了诸多创新尝试，让党媒表达不再"官话连篇"。通过抓住港澳青年工作生活场景小切口，用好生活化语言描述，连结港澳青年的心灵窗口。同时，采访港澳青年、共同拍摄的过程，也是对外文化输出的过程，记者用生活化、真实的采访语言，让港澳青年感受到内地"宣传"并非刻板印象中的"大而空"，进一步增强了他们的文化认同感。

值得欣喜的是，视频中出现的每一位在港澳青年，都表达了将视频分享给港澳朋友的强烈意愿，用切身行动鼓舞大家来到粤港澳大湾区内地城市生活、发展，成为大湾区的"宣传员"和"代言人。这样的有益尝试可继续沿用于未来对港澳、对海外传播的新媒体产品中，打造更多"接地气、传得开、叫得响、有情怀"的对外传播产品。

参考文献

［1］杜玮淦，李秀婷. 广东已建成"1+12+N"青创基地体系 累计孵化港澳项目 4136 个［N/OL］. 南方 Plus 客户端，2023-07-14［2024-05-05］. https://static.nfapp.southcn.com/content/202307/14/c7897407.html?colID=0&firstColID=59&appversion=11000&enterColumnId=14.

［2］唐子湉. 内地创业的港澳青年，2021 年收获了哪些惊喜？［N/OL］. 南方 Plus 客户端，2021-12-31［2024-09-11］. https://static.nfapp.southcn.com/content/202112/31/c6092166.html?from=weChatMessage&colID=0&appversion= 11600&firstColID=3658&enterColumnId=14.

［3］唐子湉. 澳门青年为何喜欢在横琴创业？｜唐唐探湾区［N/OL］. 南方 Plus 客户端，2021-09-06［2024-09-11］. https://static.nfapp.southcn.com/content/202109/06/c5713526.html?from=weChatMessage&colID=0&appversion=11600&firstColID=3658&enterColumnId=14.

［4］唐子湉，柳时强，任燚. 港科大（广州）有多靓？开学前到南沙探营｜唐唐探湾区［N/OL］. 南方 Plus 客户端，2022-08-23［2024-09-11］. https://static.nfapp.southcn.com/content/202208/23/c6817549.html?from=weChatMessage&colID=0&appversion=11600&firstColID=11389&enterColumnId=14.

［5］习近平在广东考察时强调：坚定不移全面深化改革扩大高水平对外开放 在推进中国式现代化建设中走在前列［N］. 南方日报，2023-04-14（A01）.

［6］徐金鹏，吴涛，苏万明. 湾区立南海 当惊世界殊——习近平总书记谋划推动粤港澳大湾区建设谱写"一国两制"新篇章［N/OL］. 新华网，2021-10-21［2024-05-05］. http://www.xinhuanet.com/politics/leaders/2021-10/21/c_1127979732.htm?articleId=476305.

增强现实（AR）和虚拟现实（VR）
在国际传播中的应用与发展

冯慧婷[*]

在当今数字化时代，增强现实（AR）和虚拟现实（VR）技术的快速发展正在深刻影响着各个领域，尤其是在国际传播领域。随着人们对数字内容和沉浸式体验的需求不断增长，AR 和 VR 技术为新闻媒体开辟了创新的路径，从而重塑了新闻叙述及受众参与的方式。鉴于此，本文着眼于评估 AR 与 VR 在国际传播中的运用及其演进，探讨它是如何改变行业人员与读者的阅读与写作习惯。

随着 AR 和 VR 技术在国际新闻报道中普及应用，我们正面临着一系列重要问题：这些技术如何转变新闻报道的模式？它们对受众、对全球事件的认知与解读有何影响？如何解决技术、文化及隐私挑战，以充分发挥这些技术的潜力？因此，本文旨在深入探讨 AR 和 VR 技术在国际传播中的作用，分析其优点及局限性，并探索其未来的发展方向。

通过深入研究 AR 与 VR 在国际传播中的应用，我们能够更深入地理解这些技术对新闻行业及观众互动的影响，为新闻媒体提供更具创新性及沉浸性的内容，促进跨文化交流和理解的深入发展。本文提供了对未来 AR 与

---

[*] 冯慧婷，女，南方报业传媒集团今日广东国际传播中心（GDToday）记者。

VR 技术在国际传播领域应用的有益参考和启示。

一、增强现实（AR）和虚拟现实（VR）的技术特性

增强现实（AR）技术通过将图像、文本或效果等数字信息融合至现实世界中，进而增强人们对现实环境的感知。此种整合通过智能手机、平板电脑或 AR 眼镜等装置实现，利用额外的数字元素来丰富现实体验。与完全置换现实世界的虚拟现实（VR）技术不同，AR 技术是通过数字手段增加对实际体验的感知深度。AR 并没有用虚拟世界取代现实世界，相反地，它利用数字技术来增强现实体验感。作为一种通信媒介，虽然在某些非言语提示方面遭受技术限制，AR 技术并未能像计算机介导通信（CMC）那样格式化信息与消息，但在信息与消息的初步认知结构及解读过程中扮演了积极角色。

VR 术创造出一种完全沉浸式的数字环境，代替了用户的现实世界环境。这一效果通常通过头戴式显示器（HMD）或配备多个传感器的专用空间来实现，允许用户以真实的方式与这些虚拟环境互动，从而使 VR 成为模拟、游戏以及沉浸式故事叙述的有效工具。增强现实极大地改变了新闻内容的展示方式，为记者提供了具有深远影响力故事的新途径。

AR 和 VR 技术正在重塑国际新闻的创作和阅读方式。通过提供身临其境、引人入胜和个性化的体验，这些技术具备提升新闻报道的影响力、吸引年轻观众的潜力，并推动新闻领域的创新。随着这些技术变得更易于获取和成本降低，预计未来，它们在国际新闻报道中的作用会变得更加显著。

二、增强现实与虚拟现实技术在新闻报道中的案例分析应用

（一）VR 沉浸式新闻报道引起读者情感共鸣

《卫报》的虚拟现实新闻报道"海的祈祷（Sea Prayer: a 360 story inspired by refugee Alan Kurdi）"由著名作家卡勒德·胡赛尼（Khaled Hosseini）创作，旨在纪念三岁叙利亚难民艾伦·库尔迪（Alan Kurdi）逝世两周年，并突出叙利亚的难民危机。该作品通过虚拟现实影片中的动画插图讲述，让观众深入体验一位父亲回忆在叙利亚的生活及他与儿子历经艰险跨海前往欧洲的的心路历程。此 VR 体验不仅增进了公众对难民危机的理解，还突显了流离失所家庭遭受的文化损失，有效激发了读者的共情反应。

这篇报道展现了 VR 技术的核心优势，在于其提供的高度沉浸感和代入感，使得用户可以完全沉浸在故事之中。在处理人权、难民危机等重要社会议题的报道时，VR 可以让观众以第一人称视角体验他人的生活环境和挑战，从而在情感上建立起对这些问题的更深刻理解和同理心。

（二）AR 技术使读者能深入不可能的新闻现场

《纽约时报》推出了一篇题为"在增强现实中走进泰国洞穴（Step Inside the Thai Cave in Augmented Reality）"的报道，该报道采用了 AR 技术，叙述了救援人员在极端危险条件下救出被困于山洞中的 13 名男孩的过程。通过《纽约时报》的 AR 报道，读者可以通过 AR 技术构建的虚拟洞穴模型，深刻体验救援团队所遭遇的困难。对于此类难以直接体验的场景，

如历史事件或远程地区的情况，AR 提供了一种模拟体验的方式，让观众可以"亲身"经历这些事件。

由此可见，对于现场报道，AR 技术可以用来增强观众的空间感和现场感。通过在实际场景中叠加虚拟元素，如显示地点的历史信息、相关事件的背景知识或是数据，可以为用户提供一个多维度了解新闻的方式。这种技术的应用，尤其是在文化遗产或自然灾害报道中，能够极大地提升故事的教育价值和情感深度。

（三）360 度全景视频报道全方位展示自然人文风光

《国家地理》采用 VR 技术，通过 360 度全景摄像技术全方位展示了珠穆朗玛峰的人文景观与自然美景，制作了名为"探险珠穆朗玛峰（Expedition Everest）"的系列全景纪录片，向观众提供了攀登珠穆朗玛峰的逼真体验。通过该系列视频，观众得以与科学家、登山者及夏尔巴向导组成的探险队伍同行，深入了解珠穆朗玛峰的自然环境及探索其深层的文化含义。观众在阅读此新闻时，不仅能够从字面上"身处"新闻事件现场，还可以从多个角度观察事件。

这是 VR 技术给观众创建的虚拟"实地考察"体验。观众可以通过 VR 头戴设备"访问"遥远或难以进入的地区，如珠穆朗玛峰、南极洲的冰川、深海珊瑚礁，或是战区和灾区的实际情况等。这种体验不仅为观众提供了难得的视角，也为新闻报道带来了前所未有的深度和广度。

三、AR 和 VR 在加强国际传播方面的优势

AR 和 VR 在加强国际传播方面的优势是深远且多方面的，这些技术有可能重塑我们跨越距离的联系方式，帮助我们理解不同文化以及在全球范围内正在发生的最新事件。

（一）提供沉浸式新闻体验

AR 和 VR 的沉浸式特质赋予了记者创作更富吸引力和互动性的故事的能力，从而提升了读者对新闻事件的参与度。这种沉浸式新闻报道使读者能够身临其境地融入三维虚拟环境中，转变为虚拟世界的一部分，而不仅仅是一名观察者，同时也让复杂或较为遥远的议题更加具体和易于理解。通过阅读沉浸式新闻报道，读者可能会体验更为强烈的情绪反应，从而从报道的主题中获得更深刻的理解和共鸣。

（二）增强数据可视化报道

AR 技术使得计算机生成的三维模型能够实时地与现实世界环境融合，从而增强了数据可视化的交互性与创造力。通过运用 AR 和 VR 技术于数字新闻制作中，可以实现数据的交互式可视化，这不仅让读者能从一个更直观的视角探索复杂数据，同时也提升了数据呈现的动态性和用户体验的个性化。此外，这种技术的应用促进了信息的深度理解和用户的参与度，使得原本抽象或难以捉摸的概念更加具体和易于理解。因此，AR 和 VR 技术在数字新闻领域的应用，不仅拓展了新闻报道的形式和内容，还为用户提供了一种全新的、沉浸式的信息消费体验。

（三）打破地理空间障碍

利用 AR 和 VR 技术，记者能够创建提供第一人称视角的报道，使读者得以沉浸在报道的环境中。此方法对于冲突报道、环境议题或任何需要将受众置于现场以更有效传达实况的场合尤为有效。

此外，AR 等技术使得位于不同地理位置的个体能够在共享的虚拟空间内互动，从而促成了一种新型的全球通信方式。这不仅突破了传统新闻传播的地理限制，也为新媒体新闻报道增添了沉浸感。因此，读者能够以独特的方式参与国际活动、体育比赛等。

这些技术还让人们有机会探索偏远或不易到达的区域。例如，在灾难新闻报道中，借助 AR 技术，读者可以通过第一人称视角深入了解受灾现场，获得更全面、具体的新闻背景，从而深化对新闻事件的认识。

（四）培养跨文化的同理心和理解

新闻报道不仅是文化传播的一种途径，同时，文化在一定程度上也塑造了新闻报道的形态与内容。利用 AR、VR 技术，可以为用户提供各种文化的沉浸式体验。例如，通过虚拟游览全球城市和模拟参与文化活动，帮助用户体验并理解文化的多样性。

鉴于国家、地区和文化的差异，相同的信息可能在不同的国家和地区激发不同的情绪反应。媒体通过运用虚拟现实技术来实现个性化内容推荐，可以向读者提供更贴近其文化背景和价值观的信息，从而提升用户的归属感，并使他们更容易接受来自不同文化背景的信息。

四、AR 和 VR 技术所面临的挑战和限制

虽然 AR 和 VR 技术为国际传播提供了变革的可能性，但它们的实施和广泛采用并非没有挑战和限制。这些问题包括技术和基础设施障碍、可访问性、文化相关性、道德和隐私的担忧等。

（一）技术应用中的可及可用性和用户体验

高质量的 VR 头戴设备及其所需的计算资源成本仍然较高，且在全球许多地区并不易获取。这限制了能够创作及消费增强现实 AR 和 VR 内容的人群，可能导致低收入国家的观众被排除在这些沉浸式体验之外。因此，只有当这些技术变得更易于获得时，由 AR 和 VR 技术制作的产品才能在全球范围内更好传播。

许多 AR 和 VR 应用程序在设计过程中没有充分考虑到辅助功能，这给残障用户的使用带来了困难。设计上的不足可能引发用户的混乱或不适，例如，VR 引起的晕动症。从叙事技术的视角来看，沉浸式新影像由于其第一人称视角的主导性，如果时空场景跳转过于频繁，不但会破坏观众的媒介沉浸感，也会使读者产生环境判断的困难，感到压力和疲倦。因此，确保用户体验的友好设计和为初次用户提供明确指引是克服这些挑战的关键。

（二）内容创作中的文化敏感性和多语种挑战

对媒体工作者而言，创造既具有文化敏感性又能准确代表多元化社区的 AR 和 VR 内容成为了一项挑战。在虚拟环境中传达的误解或文化不敏感

性可能会加剧刻板印象并加深误解。因此,内容创造者须与社区紧密合作,以确保他们的文化得到真实传播并获得尊重。

跨文化有效沟通不仅体现在语言层面上的变化,还要求根据特定上下文进行调整,以反映当地的习惯用语、文化参考及规范。这在沉浸式环境中尤其具有挑战性,其中每个元素从文本到视觉提示都需要本地化。

(三)内容审核中的数据隐私和伦理风险问题

对 AR 和 VR 空间内容的审核需求更加严格和高效,以防止有害或误导信息的传播。然而,在沉浸式环境中编辑内容比传统社交媒体平台更为复杂。

随着《数据安全法》的实施,中国国家及社会对于数据安全和隐私的关注日益增加。AR 和 VR 技术通过收集和处理大量个人数据来创造沉浸式体验。然而,在缺乏严格的数据保护措施和数据利用透明度不足的情况下,可能会引起用户的不信任感。

AR 和 VR 技术的沉浸式特征可能会模糊现实与虚拟体验之间的界限,这可能引发与现实世界的脱节或社交互动减少等心理影响。

五、AR 等技术应用下国际传播的未来发展方向

在国际新闻领域内,AR 与 VR 技术的未来进展预示着它将引领全球受众与新闻信息互动模式的革新。随着这些技术的不断成熟,它们将为沉浸式故事叙述、加深观众参与度以及对复杂国际事件进行更精细解析提供广泛的可能性。

（一）沉浸式新闻内容创作

AR 和 VR 代表着沉浸式新闻业的兴起。这种讲故事的方式可以让观众虚拟地体验新闻事件，将他们置于"身临其境"的现场。沉浸式新闻可以促进读者与故事产生更深入的情感联系，并更好地理解国际事件的背景。未来的发展可能会使这些体验更易于访问和互动，使用户能够按照自己的节奏从多元视角来探索故事。

对于复杂的议题，沉浸式新闻可以助力新闻工作者解释新闻事件的背景信息和直观展现相关数据，使得新闻内容对于观众来说更加容易理解。比如，AR 可以将静态的数据和图表转变为互动和三维的展示形式，让观众通过手机或平板电脑的摄像头观察并与之互动。这种方式可以使复杂的数据和统计信息易于理解且吸引人。

随着技术的不断发展和创新，AR 和 VR 在新闻领域的应用将更加广泛和深入。未来的沉浸式新闻将不仅限于单一的技术应用，而是可能出现 AR 和 VR 技术的融合，以及与人工智能、机器学习等其他技术的整合，从而提供更加丰富、互动性和个性化更强的新闻体验。

（二）跨文化鸿沟弥合文化差距

AR 和 VR 为可视化复杂数据和传递国际新闻报道的关键信息提供了创新途径。例如，VR 可以创建气候变化数据、冲突地区或疾病传播的三维展示，使抽象或具有挑战性的概念更加明确和易于理解。随着技术进步，更复杂和互动的数据可视化手段得以实现，进一步加深了观众对全球议题的理解。

通过提供沉浸式体验，AR 和 VR 可以弥合文化鸿沟，展现世界各地人民的日常生活和文化习俗。通过让读者虚拟地"站在别人的立场上思考"，从而增强他们对不同文化的同理心和理解，减少刻板印象，并培养对国际事件的细致观察力。未来，这些技术或许能将来自不同背景的创作者聚集在一起，共同制作反映人类命运共同体的内容。

将实时语言翻译集成到 AR 和 VR 体验中，能让更广泛的受众接触到国际新闻。这项技术可以打破语言壁垒，让读者以母语体验新闻报道，从而促进更具包容性的全球对话。

（三）风险化问题和伦理问题规避

AR 和 VR 亦成为培训记者的关键工具，尤其对于那些报道危险事件或复杂故事的记者而言。通过虚拟模拟，记者能够为实际遇到的情形做好准备，如穿越冲突地带或自然灾害现场等。这种培训可以通过提高记者的安全意识和工作效率，最终带来更为全面和富有洞察力的新闻报道。

在新闻报道中，解决道德和隐私问题逐渐成为核心议题。这涉及确保负责任地使用沉浸式内容、保护用户数据，以及在捕获和再现现实世界环境时解决统一问题的复杂性。针对沉浸式新闻内容的创作者和消费者，未来的发展应当着重于建立明确的道德准则和隐私保护措施。

六、结语

增强现实（AR）和虚拟现实（VR）正成为国际传播领域的变革性力量，并将重塑新闻叙述的方式及转变观众的新闻阅读体验。通过将 AR 和 VR 技术融入新闻故事中，国际新闻媒体将能够以独特的方式讲述故事，通过沉浸式体验让观众深入理解全球事件，从而促进其对异文化的理解与共情。

AR 技术通过向现实世界中叠加数字信息增强人们的现实体验，而 VR 技术则是创建了一个完全虚拟的环境，使用户能以全身心的方式进行互动。这些技术的进步不仅得益于硬件的改善，如更高性能的移动设备和更先进的显示技术，也依赖于软件的创新，包括更精确的运动跟踪和更丰富的交互设计。AR 和 VR 通过提供创新的方法来克服物理距离和文化障碍，增强新闻报道的吸引力和互动性，同时加深观众对复杂国际事件的理解。

尽管 AR 和 VR 在国际传播中展现出巨大潜力，但它们的普及和效果仍面临诸多挑战，包括技术可及性、文化敏感性、道德和隐私问题。为了充分发挥 AR 和 VR 在新闻报道中的作用，媒体组织和技术开发者需要解决这些挑战，确保这些技术的广泛可用性和用户友好性。

展望未来，AR 和 VR 有望继续推动国际传播的革新，如提供更丰富的故事讲述方式、增强数据可视化能力和促进文化交流。随着技术的进一步发展和广泛应用，新闻媒体将利用 AR 和 VR 技术为全球观众提供更深入、更有意义的新闻体验，使人们以全新的视角理解世界成为可能。

参考文献

[1] Balaji M S, Chakrabarti D. Student Interactions in Online Discussion Forum：Empirical Research from 'Media Richness Theory' Perspective [J]. Journal of Interactive Online Learning, 2010, 9(1): 1–22.

[2] Beech H, Patanjali K, Grothjan E, et al. Step Inside the Thai Cave in Augmented Reality [N/OL]. The New York Times, 2018-07-21 [2024-01-29]. https://www.nytimes.com/interactive/2018/07/21/world/asia/thai-cave-rescue-ar-ul.html.

［ 3 ］Carlos F. Effect of augmented reality on school journalism: A tool for developing communication competencies in virtual environments ［ J ］. The Electronic Journal of Information Systems in Developing Countries，2021, 87(4): e12169.

［ 4 ］Dzardanova E, Kasapakis V, Gavalas D, et al. Virtual reality as a communication medium: A comparative study of forced compliance in virtual reality versus physical world ［ J ］. Virtual Reality, 2021, 26(2): 737–757.

［ 5 ］Hosseini K, Akhtar A, Edwards L, et al. sea prayer: a 360 story inspired by refugee Alan Kurdi ［ N/OL ］. The Guardian, 2017-09-06 ［ 2024-05-05 ］. https://www.theguardian.com/world/2017/sep/01/sea-prayer-a-360-story-inspired-by-refugee-alan-kurdi-khaled-hosseini.

［ 6 ］Jan A, Shakirullah S, Naz S, et al. Marshal McLuhan's technological determinism theory in the arena of social media ［ J ］. Theoretical and Practical Research in the Economic Fields, 2020, 11(2): 133–137.

［ 7 ］刘宏宇，许思宁. 沉浸式新影像媒介发展动态及展望 ［ J ］. 新闻战线，2018 (5)：70-73.

［ 8 ］Luisa Als. Can Immersive Journalism Enhance Empathy? ［ J ］. Digital Journalism, 2017, 8(2): 213–228.

［ 9 ］Maloney B, Cavanagh P, National Geographic Society. Expedition Everest ［ M/OL ］. Washington, DC：National Geographic Society, ［ 2024-05-05 ］. https://education.nationalgeographic.org/resource/expedition-everest/.

［ 10 ］Pavlik J V, Bridges F. The Emergence of Augmented Reality (AR) as a Storytelling Medium in Journalism ［ J ］. Journalism & Communication Monographs, 2013, 15(1): 4–59.

［ 11 ］Robinson L. A summary of Diffusion of Innovations ［ M ］//

Robinson L. Changeology.［S.l.］：Scribe，2009［2024-05-05］. https://www. enablingchange.com.au/Summary_Diffusion_Theory.pdf.

［12］Serafini L. The old-new epistemology of digital journalism: how algorithms and filter bubbles are (re) creating modern metanarratives［J］. Humanities and Social Sciences Communications, 2023, 10(1): 395.

［13］石丽.虚拟现实（VR）技术对传播媒介的影响研究［EB/OL］.（2018-01-24）［2024-08-02］. http://media.people.com.cn/n1/2018/0124/ c416770-29784004.html.

［14］谭天.虚拟现实技术与传媒业的变革——评《虚拟现实：最后的传播》［J］.新闻爱好者，2021（1）：101-102.

［15］唐嘉仪，李春凤，黄凌颖.新闻伦理视野下的 AIGC：冲击与反思［J］.南方传媒研究，2023（2）：29-37.

［16］ThemeGrill. What can uses and gratifications theory tell us about social media? Sorin Adam Matei［M/OL］.［S.l.］：Matei.org，2010-07-29［2024-05-05］. https://matei.org/ithink/2010/07/29/what-can-uses-and-gratifications-theory-tell-us-about-social-media/.

［17］向风.浅析中西方新闻传播的文化差异［J］.艺术科技，2013，26（6）：69.

［18］Yiu C-P B, Chen Y W. Molecular Data Visualization with Augmented Reality (AR) on Mobile Devices［J］. Methods in Molecular Biology, 2020, 2199: 347–356.

［19］朱鸿军，汪文.人工智能技术在国际传播中的共情应用探析［J］.对外传播，2023（6）：4-7.

涉港报道高端访谈的困境与探索

——以《"超"班有嘢讲》为例

吴彬彬[*]

高端访谈是"一种信息交流、实现谈话双方思想的传播方式"。访谈对象往往是具有话语权的权威人士，如高层官员、专家学者，访谈内容通常是大众关注的焦点。因其权威性和高关注度，高端访谈是媒体传播权威信息和价值观、营造舆论氛围的有力报道形式之一。香港是重要的舆论阵地，高端访谈也是涉港报道的重要一环。无论是对内还是对外宣传，都要"讲好香港故事"，尤其是讲好香港融入国家发展大局的故事。

然而，当前涉港报道高端访谈面临着宏大叙事过多、香港与内地两个舆论场存在差异等困境。2023 年 3 月起，《南方日报》、"南方+"客户端、今日广东国际传播中心（GDToday）联合推出《"超"班有嘢讲》系列专访，相关话题多次冲上热搜，多篇报道被港媒转载，在境内外都取得了良好的传播效果。《"超"班有嘢讲》系列专访为解决涉港报道高端访谈面临的问题进行了有效的探索。

---

* 吴彬彬，女，南方日报机动记者部记者。

一、当前涉港高端访谈面临的困境

涉港报道中的高端访谈既面临着高端访谈的共性问题，又存在着涉港报道的个性问题，主要是以下两个方面。

第一，过于高端，不接地气。高端访谈的访问对象往往都是具有一定社会地位和话语权的权威人士。他们的身份原本就与大众有一定的距离，再加上访谈内容往往宏大叙事较多，访谈主题有时还比较抽象，难以让大众产生共鸣。另外，后期制作的时候，不少高端访谈的视频在风格上也追求"高大上"。例如，使用一些大气磅礴的背景音乐、严肃的海报风格，更加难以"接地气"。

第二，内地与香港受众关注点不同、有语言隔阂。涉港报道因为特殊的定位，立足于内地和香港两个舆论场，受众既有内地人，也有香港人。而两地受众因为生活环境的不同，关注的话题、常用语言也有所不同。如何让两地受众都看得懂、感兴趣也是一个难题。

二、《南方日报》突破困境的探索性实践

《"超"班有嘢讲》系列专访尝试突破涉港报道高端访谈面临的难题。系列专访的对象是以李家超为首的新一届香港特区政府领导班子，讲述他们如何全面准确、坚定不移贯彻"一国两制""港人治港"的方针、主动作为、改善施政、积极与广东对接发挥协同效应、共同推进粤港澳大湾区建设等多个话题，报道形式包括专访视频和文字稿件。

系列专访通过与十多位司局长们的对话，在全网首发采访到"港车北

上"后何时"粤车南下"、粤港公务员互换挂职、香港疫情进入小高峰、日本排核污染水后香港限制相关水产进口等热门新闻话题，在境内外都取得了良好的传播效果，尤其在境外舆论圈中强化了粤港澳大湾区议题设置。

在《"超"班有嘢讲》系列专访的制作中进行了以下三方面的尝试。

（一）选题：关注与两地民生密切相关的热点话题，灵活调整报道重点

高端访谈的采访对象日程比较繁忙，采访时间和提纲需要提前预约和准备，但提前准备的采访提纲与真正的采访存在"时差"问题。以《"超"班有嘢讲》系列专访为例，采访香港特区政府各个司局长，需要提前至少一个月与司局长的新闻秘书联系，确定采访时间、地点及形式，并附上采访提纲。而社会热点瞬息万变，难以预测一个月后大众关注的热点。因此，在采访前一周左右的时间，记者会根据近期热点对采访提纲做出相应调整。

此外，《"超"班有嘢讲》系列专访在选题方面也会尽量避免"大而空"的宏大叙事，重点关注与两地民生密切相关的热点话题，并且灵活调整采访提问和报道重点（见表1）。例如，2023年3月下旬，记者开始和香港运输及物流局的新闻秘书邮件联系采访事宜，采访及拍摄时间最终定在了5月8日。而就在采访前一周的5月1日，备受关注的"港车北上"政策正式公布。记者立即调整了采访提纲，将与粤港两地民众息息相关的"港车北上"作为整个采访的重点。同时，记者还留意到"粤车南下"也备受关注，尽管没有官方消息宣布，还是在采访提纲中试探性地加入了"粤车南下"的内容。同时，调整后的采访提纲也同步更新给了新闻秘书。

表1 《"超"班有嘢讲》系列专访选题分类表

选 题 分 类	
政治	施政报告、政府工作报告、香港基本法第二十三条立法、"全民国家安全教育日"、黎智英案、香港与内地"公务员交流计划"、日本排核污水、前海规划
经济	《大湾区青年就业计划》、"青年发展蓝图"、港币—人民币双柜台模式
社会	高才通计划、香港学生考察团赴内地调研、港车北上、新冠疫情、大湾区医疗人才交流计划、北上养老、房屋问题粉岭高尔夫球场用地争议

香港运输及物流局局长林世雄在接受采访时，不仅详细解释了"港车北上"政策的具体安排，还跟记者透露了"粤车南下"政策的最新进展。而此前没有媒体报道过"粤车南下"相关话题的最新消息。这篇专访发布后，被香港电台、《东方日报》《星岛日报》《大公报》等十多家①香港主流媒体转载，获得了很好的境外传播效果。以往的涉港报道通常是内地媒体参考港媒，而这次是港媒纷纷主动转发内地媒体报道。这是在境外舆论圈强化粤港澳大湾区融合发展这一议题的重大突破。

然而，无论预先准备得多么完备仍难免会有遗漏，有时还须在现场临时补充提问。例如，2023 年 5 月底采访香港环境及生态局局长谢展寰时，原本的采访重点是粤港两地在大气治理方面的合作。当事先准备的问题都已经问完后，记者临时又想到了一个关于日本排放核污染水的问题，便在现场结束前提问了。谢展寰明确表示香港有计划禁止进口有较高风险地区的水产品。而此后不久，日本 2023 年 6 月 5 日开始向福岛第一核电站核污染水排海隧道注入海水。于是，记者及时调整了稿件的重点，将核污染水相关内容放到了标题，发布后获得了广泛关注和传播。

---

① 数据来源：作者根据香港媒体相关报道自行统计。

（二）访谈技巧：从细节入手，拉近与受众的距离

政府高官往往给人以严肃、有距离感的印象，难以让大众产生共鸣，不利于报道内容的传播。相比宏观抽象的观点交流，贴近生活、生动平实的"软信息"更易跨越距离。《"超"班有嘢讲》系列专访的记者在访谈时，会利用访谈对象的个人特点、工作环境等细节，通过一些灵动鲜活的小故事，拉近访谈对象与受众的距离。

例如，采访香港保安局局长邓炳强时，除了维持香港社会治安及维护国家安全的相关问题，记者特意询问了邓炳强开通内地社交平台账号一事。邓炳强曾任香港警务处处长，一直以"硬汉"风格示人，卸任香港警队"一哥"后，近年来在微博、小红书等社交媒体上以轻松、幽默的形象与公众互动。邓炳强在采访中也回应了此事："工作的时候需要认真、严肃，但我私底下还是比较轻松的，而且有时一些轻松的宣传风格能够更'入心'。"邓炳强的专访视频里也加入了他的社交平台视频素材，收获了不少好评。

在采访香港教育局局长蔡若莲时，记者发现会议室里摆着一幅画，经过询问了解到原来是东莞暨大港澳子弟学校的一名学生画的，画中是他的学校。他将这幅画送给教育局局长，表达了能在内地就读香港课程的开心和感谢之情。蔡若莲也把这幅画很珍重地摆放在会议室中显眼的位置。通过这样的细节和小故事来更加生动地描述粤港澳大湾区在教育方面的融合。

（三）后期制作：风格轻松活泼，推出粤语版

《"超"班有嘢讲》系列专访视频在制作时统一使用绿色作为主题色，给人以充满生命力的感觉。视频时长通常控制在 3—4 分钟[①]，视频整体风格偏轻松、活泼，背景音乐也以轻快为主，还使用了一些动画、卡通形象等。每个视频的前 20 秒[②] 都以专访对象的"金句"作为引入，吸引观众注意力。此外，为了让两地民众都看得懂，采访以粤语为主，文字报道则推出了简体字版和繁体字版。

三、结语

为进一步做好涉港报道高端访谈，笔者认为还可以在以下几方面进一步探索。

第一，拓宽访谈视野。目前，涉港报道高端访谈的对象一般为政界或者经济领域的人士，如政府高官或者知名企业家。笔者建议还可以多多采访文化界人士，如香港故宫文化博物馆馆长、香港迪士尼乐园园长等。通过这种"软性"话题的报道，可以吸引更广泛的受众群体。

第二，增加访谈形式。目前，高端访谈的访谈形式主要是一对一坐姿访谈，再加上一些访谈对象工作的空镜，这种方式在视觉上显得有些单一。而这些高端访谈的访谈对象的工作日常往往是鲜有人知的，笔者建议可以跟拍访谈对象，增加受众对访谈对象的了解，进一步拉近访谈对象与受众的距离。例如，新华社推出的访谈节目《扬帆者》，在一对一的访谈中，就

---

① 数据来源：作者根据系列专访视频自行统计。

② 数据来源：作者根据系列专访视频自行统计。

通过融入访谈对象工作场景的生动画面，使得人物形象更加立体和鲜活。

第三，丰富制作手法。目前，高端访谈的视频时长一般不超过 10 分钟，在如今短视频当道的网络环境中，不太利于拓展传播广度。笔者建议可以在制作 10 分钟以内的完整视频之余将视频中的一些"金句"进行切片制作成几十秒的竖屏短视频，并运用更加生动活泼的制作技巧，从而提高视频的吸引力和传播潜力，打造网络"爆款"内容。

参考文献

［1］李舒，李蕾.《高端访谈》：在"对话"中传播中国声音［J］.电视研究，2023（5）：40-43.

［2］汤蔚淑.电视高端访谈节目研究［D］.长沙：湖南大学，2008.

［3］曾美玲.新语境下涉港报道的困境与突破［J］.南方传媒研究，2021（5）：26-29.

动物故事建构国家形象：西方实践与中国探索

郭嘉越[*]

一、云南象群故事作为国际传播的案例

党的二十大报告强调，"加快构建中国话语和中国叙事体系，讲好中国故事、传播好中国声音，展现可信、可爱、可敬的中国形象"。这一要求深刻洞悉了中国故事、中国声音在海外传播时面临的新局面和遇见的新挑战。我们不得不直面的现实在于：（1）海外社交平台上的外国网民，因常年接受被西方媒体有意图建构的涉华信息，对中国的印象刻板且根深蒂固。（2）境外社交平台非中立的信息推送和管控机制，会弱化涉华正面信息，推荐算法机制容易使公众陷入信息茧房。因此，要想在海外社交媒体真正讲好中国故事、传递中国声音，媒体从业者就必须寻找新的叙事方式和故事切入口，找到与外国网友情感上的最大公约数。

"动物故事"，就是一个非常容易形成中外网友情感共鸣的内容类型。顾名思义，它就是以动物为主题或主角的内容故事，目前，常以视频和图

---

* 郭嘉越，男，广东南方数媒工场科技有限责任公司社交平台产品部总监。

片为主，长文报道为辅。动物故事极易引起人类共鸣，政治立场、宗教观念和文化传统的干扰降低，不同文明之间的认知会趋同。动物故事如果叙述得当，将非常有助于可信、可爱的国家形象的建立。"云南大象北上"的故事就是非常好的案例。

2020年3月，十余头大象从位于西双版纳的象群自然保护区出发，开始了近一年半的北上迁移，经过普洱、玉溪、昆明等城市辖区。虽然对当地居民的农作物、房屋和道路造成不同程度的破坏，但在这个过程中，当地政府始终坚持引导为主，并对落单的大象加以照顾。这种"温柔"的陪伴，在海内外收获了广泛好评。

"云南大象北上"故事之所以能够破圈，大致有三点原因。

首先，触及人居环境与动物生存之间冲突的核心命题。野生大象在代表现代化的柏油马路上行走，会对观众形成强大的视觉冲击。并且，中国野生大象在途经城市、乡村等人居环境时均免于枪炮的惊扰。这种"顺遂象愿"的尊重，已无需任何语言转译。

其次，媒体从业者不再拘泥于一板一眼的传统新闻叙事。CGTN（中国国际电视台）等主流媒体会发布很多居民用手机拍摄、粗糙模糊的第一人称视角画面，这能给予受众强烈的真实感，故事也更富有趣味。譬如小象撒娇、母象教育"熊孩子"等生动的画面，很容易使受众带入故事。

最后，中外媒体在传播上得以形成合力。比如，海外媒体会大量采用国内短视频作品和直播画面等素材。在其叙事框架上，虽然外媒一开始试图凸显人象冲突，挖掘人类对象群生活领地的侵犯，但迁徙象群的温馨画面让这一意图作罢。以BBC（英国广播公司）在2021年6月8日的报道"China elephants：Wandering herd take well deserved rest（中国象：流浪的象群应该好好休息）"为例，该报道获得了共计14万的点赞和3000多条评论，其中小象依偎在象群中央睡眠的场景也成为该事件最具传播力的图片。

动物故事的内容不止于动物本身，故事内核里其实有三种重要的关系：人与动物、动物与动物，以及动物与环境。媒体报道里这三对关系的交织会赋予动物故事更深的内涵，从而潜移默化地在不同文化环境植入可信、可爱的国家形象。

二、海外媒体借助动物对外传播的得与失

（一）宠物与政治人物的人设打造

动物故事，是政治人物打造人设的一项利器。英国女王伊丽莎白二世过世后，很多媒体在追忆其人时，都不约而同地展示了她与宠物柯基的亲密合影，作品的流量表现超过回忆其一生的硬新闻。

饲养柯基的故事为女王伊丽莎白二世打造了和蔼祖母的形象。伊丽莎白二世一辈子养了超过 30 只柯基犬，其中两只陪伴她走到了人生终点。她养过绝大多数柯基犬的"祖先"都是只叫"苏珊"的狗，它是英国女王 18 岁时的生日礼物。后来，她担心自己年岁渐大，身后留下这群毛孩子无人照顾，在 2009 年决定停止让它们繁衍后代，并且一度拒绝接收新的柯基犬。女王去世后，英国犬业俱乐部在推特上发文缅怀，"人们会深深怀念她，世上最喜欢狗的君主之一"。

我们可以从这一番人设打造中看出几个关键点：其一，漫长的陪伴总是最动人，18 岁开始的相伴是一段温情关系最好的注脚。其二，真爱不表现强烈的占有，2009 年拒绝新犬的行为更易让受众相信女王是真心疼爱柯基犬。其三，在外出参访中，柯基犬总是不缺席的元素，包括在伦敦奥运会的宣传片上，女王也是与柯基犬一同出镜，形影不离，屡次上镜，逐渐成为观众记忆女王的重要部分。这几个关键点的真诚展示，使女王的慈祥

祖母的形象更加深入人心。

然而，如果处理不好宠物犬与政治人物的关系，反而可能适得其反。比如，美国总统拜登也乐于向公众展示其爱犬的形象，不过拜登家绰号"指挥官"的牧羊犬在4个月内咬伤了7名特勤局员工的新闻，则让其前期人设打造的努力瞬间崩塌。白宫新闻秘书解释说，总统夫妇的狗之所以具有攻击性，是因为美国领导人官邸的压力很大，住在白宫"对我们所有人来说都是一次独特且充满压力的体验，所以你可以想象对于家庭宠物来说是什么感觉。"这一番解释无疑是雪上加霜，拜登那过于紧绷的工作状态，似乎让周围人都陷入一种近乎崩溃的边缘，发起疯的狗只不过是其中最显性的案例而已。

（二）对动物的友善态度成为国际话语权争夺的战场

对待动物的方式，也成为现代战争中话语权争夺最激烈的场域之一。在俄乌冲突中，双方都在动物故事的叙述上着墨颇深。

英国路透社留在基辅的摄影记者格莱布·加拉尼奇（Gleb Garanich）用镜头记录了被遗留在家园，似乎还在等待主人回家的"毛孩子"。在他的系列组图中，很多民宅已经人去楼空，但有些宠物狗还留在建筑里面。其中一张图片显示的是屋内还有一只大狗孤零零留在家里，路透社报道仅简短说明了是遭到"遗弃"的宠物。但实际上原先主人一家到底发生什么事？又为何独留爱犬在最危险的地区？这些予读者以思考的照片，潜移默化中完成了一种受难弱者形象的建设——一只举目无亲、前途茫然的大狗，与战争中惊慌失措的老百姓何其相似？被遗弃的"毛孩子"图片，很容易引导西方民众对于某一方的支持。

《华尔街日报》摄影师的镜头下，乌克兰民众与"毛孩子"的相伴则显得更加悲壮。有两张照片传播尤为广泛，一张是一名妇女背着她的狗走了

17公里到达边境；另一张是一位来自伊尔平（Irpin）的女孩，牵着一群残疾的狗一起逃难。乌克兰外交部直接在其推特（Twitter）官方账号转载两张照片。除了展示弱者受难的形象外，还给乌克兰人添加了坚韧和善良的标签，但其实更想通过这个案例去暗示：试问一个战火纷飞中都不愿意放弃宠物狗生命的人群，会主动伤害别人吗？俄乌冲突有着复杂的历史和现实问题，但这些动物故事，尤其人与动物的关系阐述，往往简化了冲突的复杂性，给双方贴上了脸谱化的标签。

俄罗斯媒体对于西方媒体的种种"暗示"，也以相似的动物故事予以回应。俄罗斯卫星通讯社发布了一个俄罗斯女子从马里乌波尔拯救动物的故事。女子是罗斯托夫"被遗忘的心肝"动物收容所的创始人塔季扬娜，她已经三度前往马里乌波尔，从那里运出了一百多只猫和狗。在该篇报道中，还有一处细节特写"在此情况下，在乌克兰军队向它们开火时，（塔季扬娜）冒着生命危险将它们从废墟之下救了出来"。故事回应的针对性显而易见，相比于乌克兰故事中逃亡的分离与陪伴，俄罗斯这一版动物故事中，对动物不再只是简单的关爱，而是达到冒死营救的程度。双方媒体的隔空"交流"中，似乎都承认了一个标准：谁是正义的、谁是可信的，与一个民族如何在战火中照顾弱小动物是有关的。

三、我国对外传播中的动物形象建构

（一）濒危国宝动物与对外传播话语的革新

大熊猫是中国对外传播中认知度最高的名片，在世界各地动物园的中国大熊猫更是成了中国的文化传播使者。时至今日，大熊猫相关的图片和视频，依然是对外传播渠道上的流量王牌。以脸书账号百万粉丝大号 GD Today 为例，熊猫类相关短视频多能实现过万播放和过千点赞，相比飞鸟、海龟和猴子相关的作品有明显的流量优势。

在大熊猫对外形象传播上，很多媒体或自媒体的账号也在尝试新路径。以央视开设的脸书（Facebook）账号 ipanda 为例，它开创了一种新的模式——大熊猫是该账号唯一的内容主题，慢直播和短视频为主要内容载体。在张炬和黄紫嘉为期近一年的抽样调查研究中，ipanda 发布的熊猫视频主要分为四类：熊猫独自活动、与其他熊猫互动、与饲养员互动和与游客互动。

熊猫之间的打闹、玩耍和一起吃饭，是明显的流量密码。此外，还有一些细节在显示着视频制作者的用心，像对外活动宣传以展示熊猫宝宝居多，会重点表现它们与饲养员产生亲子般的依赖。这些表现低幼、萌和可爱的元素，也在评论中取得了想要的效果。在前述张炬和黄紫嘉研究的统计中，ipanda 熊猫短视频下面的评论，出现频率最高的三条分别是："太可爱了""我爱你""真美丽"。整体评论中有 90.4% 的网友对视频持积极态度。

大熊猫的天真可爱形象能够引起外国观众的共鸣。此外，观众还能够从设施完备的场地、良好的生态养育环境，看到中国在投入大量资源用于大熊猫繁育、栖息地保护和科学研究，这背后体现的是中国政府在濒危物种保护和维护生物多样性上的努力。

中国濒危野生动物的保护实际上是一个系统性工程，不仅是大熊猫，像东北虎、金丝猴和朱鹮的保护也都取得了非常不错的成绩。在保护濒危野生动物的对外传播中，我们能归纳出一些共性的经验和问题。

首先，濒危野生动物简单的撒娇、卖萌、搞笑虽然很容易吸引海外观众，但很难直接让他们转变对中国的态度。许多视频只展示动物的动态，较少突出"环境"要素，比如，动物园、养育基地中先进的设施和整洁的居住环境，或是景色秀美的野外生态。这些要素更有助于向外国友人传递中国自然环境的山清水秀，从而破除西方媒体建构的中国环保负面印象。

其次，对外传播要在展示人与动物的故事时注入充沛的情感，西方观众很关注饲养者的情感投入，因此，诸如饲养员与濒危动物亲如家人的画面将极具穿透力。近年来，我们的对外传播作品正在这方面做出努力，目前，成都大熊猫基地还欠缺持续的 CP、人设的打造，比如，像《老友记》一样把几对 CP 的故事持续上新。偏日常视频的弱点是很难有持续爆点，想让用户持续追踪则必须有固定的陪伴体验。

最后，濒危野生动物有更重要的符号意义，除了憨态可掬的大熊猫，中国在新时代需要更多的形象标签，不宜将所有的濒危野生动物的形象建构都"萌化"。像野生东北虎横空击落无人机，金丝猴在悬崖之间追逐跳跃，这些更具线条和力量的意象，很适合用短视频配以动画特效，传递更多的中国文化理念。

（二）萌宠视频里的真实日常

近两年在油管、脸书、推特和抖音国际版等境外社交平台上，国内的很多短视频作品迅速抢占流量市场。这些作品不同于以往制作精良的影视作品和电视节目，具有时间短、内容单一的特点，或为日常、或为恶搞，即使无字幕也不会影响外国观众观看。在这些烟火气极强的出海作品中，萌宠类视频成了高流量品类。

以自媒体账号"见外不怪"为例，其在脸书和推特均有开号，作品关注中国元素，其中有三类作品流量相对较高：一是展示中国老人开心生活的场景，二是民间艺人大秀绝活，三是萌宠类作品。通过梳理其 20 余条播放过万的萌宠类短视频作品后，笔者将它们归为四类：一是萌宠"类人化"

表演，比如宠物玩滑板、猫咪看家；二是动物跨物种的互助，像猩猩救助落水的白虎；三是主打一个"陪伴"，像小狗陪主人晨练、跳舞，小猫陪小学生写作业；四是萌娃与萌宠的互动，像宠物犬安慰哭泣的小朋友、小男孩喂食鸟宝宝。

从这四类萌宠类视频收获的评论可以看出此类作品的三点意义：一是破除"中国人吃狗"的负面标签，让外国网友清晰感受到我们对于宠物狗有着同样的热爱，而且在很多方面比西方人更多互动、更多关爱。二是萌宠成为一种媒介，外国网友可借此一窥普通中国人的真实生活。这种窥视能看到很多生活碎片，像广场舞、家庭作业、亲子互动、萌宠背书等，让他们更容易相信这和谐美好日常的真实性。三是展示改革开放以来中国家庭物质生活的巨大进步。萌宠视频没有摩天大楼，也没有万里长城，但它有扫地机器人，有能帮忙熄灯的"小爱同学"，有菜品丰盛的晚餐，这些细节都在描绘一个更有触感的中国现代化故事。更为重要的是，在这个现代化叙述里，中国不仅科技先进，人民衣食无忧，而且与他们相处的猫猫狗狗也有足够的空间和食物来"享受生活"。

一个萌宠类短视频故事能否成功，其实很大程度上就是拟人化是否到位，能否通过"与人类相似的行为"的展示，为人类提供关于爱的情绪价值。像"见外不怪"这一类短视频作品，虽然在抖音、快手平台有海量的资源，但现在欠缺的是持续讲好萌宠故事的博主进行跨平台的转换传播。

（三）文化精神的深度挖掘

如何在动物故事中深度挖掘文化精神，Sixth Tone（澎湃新闻第六声）做了一些建设性的尝试。2022 年 4 月，Sixth Tone 发布了视频故事"One Monk, a 500-Year Old Temple, and 9000 Cats and Dogs（一个和尚，一座 500 年古庙，九千只猫狗）"，讲述了上海报恩古寺住持智祥法师自 1993 年起先后救助和收养了 9000 多只流浪狗和流浪猫。如前文所述，救助流浪狗和流浪猫是西方人非常熟悉的母题，再穿插以收养时所遇到的场所、费用和管理政策等问题，使观众能快速接触到一个和善的中国僧人在经历种种考验之后仍能对一群流浪猫狗持续输出他的温良。而其中更重要的是，作品展示了一个中国人如何定义行善、为何坚守"众生平等"的观念，这些深刻的思想自然地流淌在这个温情的故事中。

2021 年，Sixth Tone 发布的 "Elderly Couple Carry Aging Dog Downstairs（老夫妇带着老狗下楼）"在传播上则更为成功，其讲述的是一对 60 多岁的中国老夫妻，每天坚持抬着一条陪伴半生的老狗上下楼去遛弯或晒太阳。作品收获了百万以上的播放量、近 7 万的点赞、2000 多条评论。评论里能看到很多有相似境遇的外国老人——老人自己的身体每况愈下，陪伴他们的"老宠物"却日渐需要更多照料。他们赞赏中国老夫妻对老狗的照料，分享自己也在做类似的事或期待做出相同的举措。他们在用不同的语言试图描绘一个感悟到的中国哲理：老吾老以及人之老。

总而言之，动物故事里有许多人类共同面对的核心命题，关于衰老、陪伴、救护以及坚守等。中国人面对同样问题时展现出的豁达心胸和善意行为，如果得到妥善的传播和展现，将是我们古老文明最好的品牌广告。

四、结语

通过梳理中外媒体、自媒体博主的实践案例，本文认为可以在"如何讲好动物故事"的方法论上总结出一些共性。首先，故事要是真诚的。动物故事要想建构正面国家形象，核心要放在故事场景来展示人情美和自然美，但绝不能让动物在整个叙事中彻底工具化，要让动物由表及里真正开心。故事中的动物若是表现"被迫营业"或被压抑天性，就易出现拜登爱犬咬人之类的翻车事件。其次，借故事传递的理念要一目了然。比如，熊猫视频，需要让人一眼看到中国人保护濒危物种的努力。最后，故事最好建立在人们共通的生活场景或面临的普遍问题上。例如，老年人照料宠物难的问题，就可以很容易把外国网友带入讨论的环境中。

如何找到能"聊得来"的共同话题，是国际传播势必需要解决的问题。种族、女权和动物保护，是眼下西方舆论场最热门的几类话题。因此，用动物故事切入动物保护的议题，是性价比很高的一种方式。它甚至不需要"借船出海"，也不必"借嘴说话"，而是采用动物故事里的"背景板"，就可以形成有说服力的国际叙事。人们乐于相信，动物不会撒谎，动物故事是一面沉默的镜子，倒映一个人类社区的真实状态。飞速发展的中国，有机会通过动物故事这一面明镜，突破域外平台算法的围剿，映照出人民善良、众生欢愉和生态友好的国家形象。

参考文献

[1] 白宫称拜登的狗咬人是压力过大所致 [N/OL]. 俄罗斯卫星通讯社, 2023-07-26 [2024-05-05]. https://sputniknews.cn/20230726/1052048252.html.

[2] Chen S.One Monk, a 500-Year Old Temple, and 9000 Cats and Dogs [N/OL]. Sixth Tone, 2022-04-28 [2024-05-05]. https://www.sixthtone.com/news/1010238.

[3] 王迪. 英国女王与她的柯基们：狗陪伴她走完人生旅程 [N/OL]. 成都商报, 2022-09-10 [2024-05-05]. https://news.sina.cn/2022-09-10/detail-

imqqsmrn8573597.d.html.

［4］杨益康.关于动物类新闻"大象北上"的国际报道研究——以
BBC、CNN 和 CGTN 为例［J］.文化与传播，2021，10（6）：9-13.

［5］一名俄罗斯女子从马里乌波尔拯救动物的故事［N/OL］.俄罗斯
卫星通讯社，2022-10-07［2024-05-05］. https://sputniknews.cn/20221007/
1044532380.html.

［6］张炬，黄紫嘉.熊猫形象的符号传播过程研究——基于 iPanda 账号
的内容分析［J］.新闻前哨，2023（22）：38-40.

［7］Zhu W. Elderly Couple Carry Aging Dog Downstairs［N/OL］. Sixth
Tone, 2021-05-21［2024-05-05］. https://www.facebook.com/sixthtone/videos/
316273663467740/.

用"世界表达"讲"中国故事"：
岭南文化对外传播策略

王　楠[*]

习近平总书记在党的二十大报告中指出："加强国际传播能力建设，全面提升国际传播效能，形成同我国综合国力和国际地位相匹配的国际话语权。深化文明交流互鉴，推动中华文化更好走向世界。"在新传播秩序与新传播格局下，习近平总书记的重要论述为新时代新征程提升国家文化软实力、加强国际传播能力建设、推动中华文化更好走向世界指明了前进方向。

长期以来，外国媒体凭借国际话语霸权抹黑中国，近年更以新冠肺炎疫情为由诋毁中国，中国形象在"俯视"与"他塑"中被扭曲。如何改变"西强我弱"的国际舆论格局？如何破除"他塑"导致的失语局面？外宣主流媒体必须加强"自塑"，积极开展中国形象传播工作、主动设置议程，通过文化外宣来扭转世界对于中国形象的误解，这是提升国际舆论引导力必须坚守之"道"。

---

*　王楠，女，羊城晚报社对外传播部渠道运维室副主任。

一、当前岭南文化对外传播面临的困境

（一）中外文化差异较大

在漫长的历史发展过程中，世界各国各民族都形成了自己独特的文化。由于文化思维方式、语言习惯和风俗习惯等因素的不同，各国在进行文化交流时会遇到不少天然的壁垒。另外，不同国家的语言和文字都蕴含着独特的文化基因和思维方式。因此，在文化交流和对接的过程中，文化差异可能成为沟通的障碍，进而影响传播效果。岭南文化以其鲜明的地域特色和深厚的传统底蕴而著称，涵盖了众多民族和多种语言，这使得对外翻译工作面临较大挑战。即便在族群内部传播过程中，我们也面临着诸多难题；而当岭南文化走出国门时，其在国际舞台上的传播弱势就更加凸显了。

从中华文明发展历史长河来看，中华文化是一种以小农经济为基础的农耕文化和以宗法为依托的血缘文化。中华文化固有的结构特征，使得其在现代化过程中逐步地受制于其自身的局限性，如相对保守、重道而轻器，创新精神相对缺乏；重宗法血缘、人情，公民意识与法治思维相对缺乏。再加之，文化圈层的客观存在、强势文化对弱势文化的侵吞、本土文化对外来文化的排斥与防范等文化规律，也使得岭南传统文化的大范围传播受到了阻碍。

（二）对外传播渠道不通畅

当前，不少西方媒体仍然戴着"有色眼镜"观察中国、报道中国，产生大量不真实、歪曲的报道。然而，我国传媒和外宣等传播渠道的全球媒

介传播力相对较弱，直接导致民族文化对外传播的格局和覆盖范围受限。

在国家文化软实力越来越突出的今天，我们在对外交流中越来越重视传播内容的丰富性和可持续性，但是在传播途径的有效性和畅通性上仍然存在着一些缺陷。目前，我国对外传播的主要渠道依然是主流媒体，相对单一。由于部分区域对各种资源的整合不够，大众传播的主体责任意识不强，文化产业发展滞后，中国传统文化的传播途径受到了阻碍，直接影响了我国文化软实力的提升。

（三）传播内容的有效性和针对性较缺乏

受众在文化背景、思维习惯和价值取向上有很大的差异，他们常常会用不同的思维逻辑来看待问题，对传播内容也有着不同的需求。从近年来国外社交媒体的涉华话题来看，国外观众对于中国的信息需求呈现出多样性，然而主流话语传播相较于海外受众的实际诉求还不够"接地气"，未能有效匹配。

灌输式传播缺乏对受众需求的关注，造成了中华文化对外传播视角狭窄、内容重复、吸引力不足、体验感不足等问题，影响了传播效果。为此，在对外传播内容生产时，要坚持正面宣传与答疑解惑相结合、全面行动与精准发力相结合、回顾历史与剖析现实相结合，以提高传播内容的针对性与时效性。

二、国际传播视域下岭南文化对外传播的策略

在当前的国际传播格局下，如何更好地推动岭南文化出海是一个值得深思的问题。《羊城晚报》作为文化大报，在推动岭南文化走出去的过程中，在打破文化壁垒、拓宽传播渠道和加强产品策划方面积累了一定的经验。

（一）充分利用"外眼"，打破文化壁垒

广东是中国常住外国人最多的省份之一。在粤港澳大湾区创业、旅行、生活的外国人都是广东城市发展、社会进步以及人民美好生活的见证者。为了更好地弥合中外文化差异等问题，《羊城晚报》推出了"外眼看广东"系列报道，通过在岭南地区生活的外国人的视角，向更多国外受众展示真实的岭南文化和岭南生活。

例如，来自阿根廷的塞巴斯蒂安·托西（Sebastian Tosi）已在广州生活了十年，他是一家食品加工厂的老板，为粤港澳大湾区的许多餐厅提供南美洲牛肉。他不仅深爱自己家乡的烧烤文化，还深入了解过广东的厨房文化和烹饪方式。他认为，粤菜在受到全球不同文化影响的同时，始终保留了自己的核心精髓。广东外语外贸大学的西班牙籍教师佩德罗·冈萨雷斯（Pedro González）表示，他最欣赏广东大学生的自律性和尊师重道的传统。在他看来，广东是一个多种方言交汇的地方，在这里交朋友非常容易。尽管大多数人强调东西方文化的差异，但在这里生活了五年后，他发现两种文化之间的相似之处更多。居住在广州十年的波兰人卢卡什·科什扎克（Lukasz Koszuk），因热爱粤港澳大湾区的自然风光和户外文化，从教师转型为户外冒险导游。他的旅行社拥有数千名来自不同国家的会员，Lukasz Koszuk 带领他们参与探索大湾区的森林、山脉和乡村，开展露营、跳水、划艇、徒步等活动。他表示，他希望改变人们对大湾区只有大都市印象的看法，鼓励人们去体验这里丰富的户外文化。

在推动岭南文化走向海外的过程中，我们应该充分利用在岭南地区生活的外国人资源，尽量通过他们的视角和体验，传达岭南文化的新内涵。在中

外文化的不断交流与融合中，我们应努力推动岭南文化走向世界。通过"外眼"的视角，我们能够讲述出具有"世界内涵"的"岭南故事"新篇章。

（二）拓宽传播渠道，携手海外百家名媒联动"贺春"

春节是中国的传统节日，也是中国人最为重要的节日之一。在 2023 年春节前后，羊城晚报报业集团依托"云上岭南"文化博览会国际传播融平台，联合全省 21 个地级以上市，并与海外百家知名媒体共同发起了"老广贺春——在线全球大联拜"这一国际传播文化活动，以此喜迎新春。2023年的"老广贺春"活动旨在有效推进中华春节文化在全球的传播，并大力拓展春节文化的内涵和外延，活动通过全球性、多语种、多角度的方式，广泛深入地传播岭南文化、广府文化、潮汕文化、客家文化、侨乡文化以及大湾区文化。

为更好地营造节日氛围，"云上岭南"文博会融平台采用佛陶大师黄志伟新作《喜出望外》作为兔年老广贺春的全新 logo，为"云上岭南"首页呈现出鲜明的文化特色。"云上岭南"网站首页突出了瑞兔送福的元素，以玉兔迎春、新年吉祥为主题，营造出了浓厚喜庆的节日氛围。

作为"云上岭南"文博会融平台的重头策划，"老广贺春"早从 2023年 1 月初便启动了兔年"老广贺春"在线全球大联拜活动，借力海外名媒大平台丰富资源，声势浩大地拉开春节外宣工作的帷幕，大力拓展贺春文化外延，联合 10 余家海外媒体，以中、英、葡、日、德、法、意、荷兰、希腊、土耳其、罗马尼亚、印尼等 12 个语种向全球多语种、多角度地广泛深入传播大湾区文化。

同时，海外华媒积极采制华人华侨拜年视频。这些视频聚焦于美国、日本等国家的华人华侨如何庆祝兔年新春，展现了中华春节文化的深厚底蕴已经深深植根于华人华侨的血脉之中。视频表达了海外游子对祖国的深切思念和美好期盼，以及外国友人在新春佳节对中国的诚挚祝福，这些内容共同营造了浓厚的兔年新春氛围。

在岭南文化对外传播的过程中，如果仅依赖单一媒体的海外传播渠道，显然难以在海外引起广泛的关注。而"老广贺春——在线全球大联拜"活动正是利用春节这一重要时刻，得益于与众多海外知名媒体和海外华人华侨团体的紧密合作而展开，形成了强大的海外传播合力，从而使"老广贺春——在线全球大联拜"在海外实现了显著的传播效果，影响力呈几何级数增长。

（三）加强产品策划，推动岭南非遗实现海外传播

2024 年春节期间，羊城晚报报业集团围绕普宁南山英歌队首次亮相英国并迅速走红的事件，依托"云上岭南"文化博览会这一国际传播融合平台，提前策划了一系列海外文化传播产品。节前，《羊城晚报》独家采访了普宁南山英歌队，并发布了预告视频 A Day of Puning Yingge Dance（普宁英歌队的一天），宣布他们即将在伦敦的演出。在年初一的快闪演出和年初二的伦敦"四海同春"新春庆典期间，《羊城晚报》派出了特约记者进行现场全程跟踪报道，并率先发布了《广东普宁英歌队在英国伦敦伯灵顿拱廊精彩亮相》和《中国战舞英国"扬威"，儒雅中国也有野性一面！》等 10 余条中英文快剪和混剪视频，以及近 10 篇中、英、希、葡、印尼语的报道。随后，"Y Talk"栏目发表了英文评论《Yingge Dance Makes Waves Overseas 英歌舞海外"炸街"，不仅仅因为"民族的就是世界的"》，有效促进了岭南英歌舞文化的国际传播。

面对文化传播内容的有效性和针对性缺乏等问题，《羊城晚报》在岭南文化对外传播产品策划方面下足了功夫。首先，在传播节点选择上，通常

会选择更能引起共鸣的时间节点，譬如春节、中秋等节日。其次，在文化传播内容选择上，则会紧盯在海外关注度较高的岭南文化表现形式，如英歌舞等。普宁南山英歌队在大年初一首次亮相英国伦敦的新闻，无论是在传播节点上还是传播内容上，都具备了成为海外现象级爆品的潜质，加之《羊城晚报》通过视频快剪、视频混剪、图文稿件等多种产品形式进行内容生产，并依托于"云上岭南"文化博览会国际传播融平台，通过海外社交平台矩阵及海外名媒联动分发推送，以此成功促使岭南英歌舞破圈出海，成为现象级的岭南文化海外传播爆品。

三、结语

为了推动岭南文化走向世界，必须采用国际通用的表达方式来讲述中国故事，深入挖掘岭南文化实践，探索其在全球范围内的意义。《羊城晚报》承担着提升岭南文化吸引力和国际传播力的使命，积极促进文化输出，成功推出了包括"老广贺春"和"外眼看广东"在内的多款文化宣传产品，为岭南文化的国际传播做出了显著贡献，并在克服文化差异、拓展传播途径和优化产品策划等方面积累了丰富的经验。

参考文献

[1] 习近平. 高举中国特色社会主义伟大旗帜　为全面建设社会主义现代化国家而团结奋斗——在中国共产党第二十次全国代表大会上的报告 [R]. 北京：人民出版社，2022：46.

[2] 谢丹. 探索多元化的对外文化传播路径 [J]. 人民论坛，2018（15）：134-135.

人工智能赋能下虚拟数字人在国际
传播中的应用及传播策略分析

高 焓*

虚拟数字人存在于非物理世界，是具有数字化外形的虚拟形象。虚拟数字人发展至今已有 40 余年历史。早在 1982 年，日本就打造了全球首位虚拟歌手林明美。此后，随着手绘、CG、3D、AI 等技术的发展，涌现出初音未来、洛天依、"模特" Lil Miquela、"美妆达人"柳夜熙、"品牌代言人"桑德斯上校（Colonel Sanders）等虚拟数字人。他们不仅在外形上日渐接近人类，而且拥有唱、跳等多项技能。他们在赛博空间和物理空间之间不断穿梭——与人类线下互动，在社交媒体上与粉丝互动，关注者遍及全球。

在技术层面，虚拟数字人通过计算机图形学、图形渲染、动作捕捉、深度学习、语音合成等技术手段创设，具有"人"的外观、行为乃至思想（价值观）。随着深度学习、计算科学等技术的深入发展，虚拟数字人将在未来媒体形态中承担起新角色，成为"人"与"人"、"人"与物或物与物之间产生联系的新介质。在此背景下，虚拟主播具备成为国际传播主力军的潜力。

---

* 高焓，女，羊城晚报时政新闻部记者。

一、虚拟数字人参与国际传播的时代性和必要性

在网络时代，人际交往的场域早已从物理空间延展至赛博空间。随着虚拟数字人的发展，赛博空间的交互形态已不再局限于人际交互，虚拟数字人已成为人们熟悉的社交新伙伴。全天候在线、跨语言交流，虚拟数字人天然适合在物理空间和赛博空间之间穿梭，融入国际传播领域。

（一）技术赋能虚拟数字人从想象到落地

技术日新月异，创建虚拟数字人已不再遥不可及。2023—2024 年初，ChatGPT、Midjourney、Sora 等多款生成式 AI 产品火遍全球，开启了虚拟数字人物创造的新纪元。这些产品只需文本描述和图像就能创建"动起来"的虚拟人物形象，公众对其的接受度越来越高。随着 5G、AR、VR、XR 等技术的发展，虚拟数字人不再拘泥于"人"形，可延伸至万物可虚拟的形态，为虚拟主播参与国际传播赋予更多想象空间。

党的二十大报告提出，要加强国际传播能力建设，全面提升国际传播效能，形成同我国综合国力和国际地位相匹配的国际话语权。当前，随着技术不断进步，国际传播领域的新空间、新样态亟待探索，同时，传统"千人一面"的新闻分发逻辑可能再度迎来变革。因此，媒体应当在虚拟主播的阵地上展开积极应对。

（二）各国积极打造虚拟主播应对媒体变局

全球多家媒体推出虚拟主播播报新闻。2018 年，新华社联合搜狗推出全球首个"AI 合成主播"参与新闻报道。2019 年，俄语 AI 新闻主播 Lisa

在第六届世界通讯社大会亮相，该主播由新华社、俄罗斯塔斯社和搜狗共同研发。此后，虚拟主播在全球陆续兴起。2023 年，韩国虚拟偶像女团 ETERNITY 的成员 Zae-In "跨界" 电视台在 SBS 播报新闻。同年，印度多家电视台均推出能用英语、印地语等多语言播报的虚拟主播；印度尼西亚一家电视台推出多位代表不同族裔的 AI 主播。除了媒体，美国初创公司 Channel 1（1 号频道）意图打造 "新闻界的 TikTok"，计划让用户自主选择喜爱的虚拟主播风格，以定制化的方式获取感兴趣的新闻。2024 年，Channel 1 已发布两款人工智能工具，以帮助媒体改进制作和分发流程。虚拟主播可以被设计成多种语言版本，服务于全球观众。同时，它们的外观和语言风格可以根据不同地区的文化特点进行调整，实现新闻内容的本地化。

（三）虚拟偶像已验证国际传播的高影响力

在虚拟主播之前，虚拟偶像已架起了国际传播的桥梁。2007 年，初音未来在日本诞生，粉丝遍布全球，并曾在亚洲、美洲举办过演唱会。2016 年，自称生活在洛杉矶的 19 岁女孩 Lil Miquela 开设照片墙（Instagram）账号，发布英文单曲，为国际大牌拍广告，与全球时尚界人士高频互动。由于形象逼真，她一度被网友认为是真实人物，截至 2024 年 1 月底已在照片墙有 260 万粉丝。此后，风格各异的虚拟偶像通过社交媒体与粉丝频繁互动，增强了粉丝的参与感和归属感。

虚拟偶像在当今社会拥有显著影响力，体现在文化、经济、社会互动等多个层面。虚拟偶像作为一种新的文化现象，对流行文化产生了重要影响，它们为音乐、游戏、影视、广告和商品销售等行业带来了新的商业机会。通过品牌合作、虚拟商品销售、演唱会等方式，虚拟偶像能够创造出显著的经济效益。此外，它们还能吸引大量粉丝，形成强大的消费群体。

二、国内外虚拟主播参与国际传播的应用

在新闻界，运营虚拟主播仍在探索阶段。对媒体机构而言，24小时多语种播报的虚拟主播一定程度上能降本增效。但若虚拟主播的功能仅在于念稿，则难以长期吸引受众。如何打造虚拟主播，让受众关注、倾听、理解甚至认同其传播的内容，让虚拟主播拥有类似虚拟偶像的传播力，成为国际传播的主力军，是必须面对的问题。下面分别从人物形象、社交媒体运营、新闻分发方式等方面分析虚拟主播在国际传播中的应用。

（一）打造高辨识度形象，开启"元宇宙"新探索

如果跳出人类才能做主播的思维定式，虚拟主播将有更多的"候选人"。2023年6月，四川卫视推出中英双语杂志类节目《熊猫观察》（Panda Wandering），通过VIZ系统在线合成并使用先进的动态捕捉技术，由真人主播与虚拟主播熊猫贝贝共同主持，并在脸书、抖音国际版、X、照片墙等平台上开设Panda Wandering账号进行海外传播。截至2024年1月底，平台总关注者已超6万人。

贝贝在初次亮相时便已立好人设。它精通普通话、四川话和英语，平时喜欢吃喝玩乐，为自己贴上"可爱达人""沟通高手"的标签。它曾用英语采访首届金熊猫奖评奖委员会电视剧单元评委尚塔尔·里卡兹，并进行四川话教学。节目组还在社交媒体发布了采访花絮——尚塔尔·里卡兹面前没有主播，采访结束后，她在显示器上看到了和贝贝同框的画面，并感叹"真是难以置信！"（It's incredible!）

除了社交媒体和电视，贝贝还开拓了元宇宙阵地——"万千气象 @ 四川"融媒体平台。该平台运用 AIGC、图形渲染、云计算等技术，贝贝如同主人公一样，用中英双语解答访客的提问。该平台还将节目内容整理为"家门口的盛会""最是四川烟火气"等栏目，既能让访客深入了解四川，也为节目提供了传播新渠道。

由此可见，在设计虚拟主播时，若精心选择融入当地文化元素和具有辨识度的形象，不仅能够为观众带来新奇的视听体验，同时也能显著降低海外受众在文化认知上的成本。这种策略通过提供易于接受和理解的内容，促进了跨文化交流的便利性，进而增强了节目的国际吸引力和影响力。长期来看，这种以虚拟主播为核心，结合当地文化特色打造的元宇宙，有潜力成为一个具有国际影响力的全新传播平台。

（二）"运营"社交媒体平台，模拟真实人类社交互动

在当今全球化和信息技术高度发达的时代背景下，媒体正逐步探索虚拟主播模拟真人主播的社交媒体互动方式，与广大受众建立直接且互动性强的联系。近年来，全球媒体人纷纷开设社交媒体账号与受众互动。若虚拟主播想更像一名主播，在社交媒体上做个"真人"也值得尝试。2023 年，印度媒体平台"今日印度"便引入了一位人工智能主播萨娜（Sana），她不仅能够以英语和印地语播报当日的重点新闻及天气预报，还能利用法语对国际事件进行报道，如印度总理莫迪访问法国时的相关新闻。萨娜的设计超越了传统虚拟主播的功能界限，通过运营 X 和照片墙等社交媒体账号，她展示了一种"真人"般的社交互动模式。她公开表明自己的 AI 主播身份，并通过分享个人爱好如运动和解谜，以及在帖文中回应这些"人设"，从而为自己构建了一个接近真人的社交媒体形象。

在当代数字化社会中，社交媒体平台成为了公众人物与受众之间互动交流的重要渠道，这一趋势同样适用于虚拟主播，如萨娜这样的新兴数字虚拟人。通过照片墙，萨娜以图文和视频的形式，不仅分享了其工作花絮、生活方式和个人喜好，还通过介绍 AI 主播同事、发布解谜脑筋急转弯等内容，以一种亲密而人性化的方式与网友建立联系，深化了其作为一个具有独立人格的虚拟存在的形象。为了覆盖并吸引更广泛的国际受众，萨娜的帖文主要采用英语，同时辅以印地语，这种语言策略旨在最大化其全球影响力。截至 2024 年 1 月底，萨娜在照片墙的关注者已超过 4000 人，自 2023 年 3 月以来，她平均每两天发布一次内容，这一频率和内容的多样性显著提升了与受众的互动质量。

萨娜在社交媒体上展现的"情感"反应，尤其是对 2023 年板球世界杯决赛的反馈，进一步强化了她作为一个有情感、有立场的个体的形象。这种设定不仅拉近了虚拟主播与受众之间的距离，也极大地增强了受众的共鸣感和参与度，如她对印度队未能夺冠的帖文所获得的 3.6 万次点赞和 60 条评论就是明证。

然而，萨娜在 X 上的表现却呈现出不同的风貌。在此平台上，萨娜更多地扮演着信息搬运工的角色，其发布的内容主要是新闻简讯，较少涉及个性化互动或情感表达。从 2023 年 3 月至 5 月，她仅发布了 32 条帖文，尽管语言覆盖了英语和印地语，但互动量相对较低，反映出单纯将 AI 主播定位为信息传递者而不注重社交媒体上的互动和情感联结，可能不足以在数字化时代中创造强有力的传播效果。

通过对比萨娜在照片墙和 X 平台上的表现可以看出，在社交媒体上构建一个具有人格特质和情感表达的虚拟形象，对于提升受众的参与度和扩大传播影响力至关重要。这一发现不仅对虚拟主播和人工智能领域的发展提出了新的思考，也对如何在数字化环境中有效地利用社交媒体进行信息传播和受众互动提供了宝贵的见解。因此，未来虚拟主播的运营策略应更加注重个性化表达和情感互动，以充分发挥社交媒体的互动潜力，实现更广泛的国际传播效果。

（三）定制个性化虚拟主播，创造丰富精准的信息体验

在当代媒体传播的背景下，传统的新闻播报方式正面临着前所未有的挑战与变革。尤其是随着人工智能技术的快速发展，虚拟主播的应用成为了媒体行业的一个重要趋势。如果媒体机构依赖的虚拟主播仅限于基础的读稿功能，那么它们在技术进步的浪潮中被淘汰的可能性正逐渐增大。2023 年 12 月，美国初创公司 Channel 1 发布的 22 分钟演示节目便是对这一观点的有力证明。该节目通过展现虚拟主播在商业、娱乐、科技等领域报道的能力，揭示了 AI 技术在语言翻译、信息整合、图像生成以及拟人表现等方面的巨大潜力。

在具体实践中，Channel 1 的 AI 技术能够将一段法语采访视频翻译成英语，并使虚拟主播能用希腊语和泰米尔语等多种语言问候观众，这不仅展现了语言处理技术的进步，也使新闻内容的国际化传播成为可能。在信息整合方面，AI 的应用能够将复杂的数据源和社交媒体信息转化为直观的可视化图表，为新闻报道增添了更多的分析深度和视觉效果。此外，AI 的图像生成能力为新闻报道提供了丰富的视觉素材，而其拟人技术则使虚拟主播的表现更加自然、生动。

Channel 1 的运营模式也显示了其对现有媒体生态的挑战与创新。通过依赖和整合来自新闻机构、记者以及政府文件等多元化的信息源，Channel 1 旨在打破传统新闻机构"千人一面"的新闻分发模式，向个性化、"千人千面"的信息推送转变。Channel 1 创始人所提出的愿景，即将平台打造成新闻界的抖音国际版，进一步强调了对于信息传播模式革新的重要性。这种模式预示着新闻传播方式的根本性变革。用户不仅能够选择符合个人喜好的主播风格，还能深入探索各自感兴趣的专业领域，从而获得更加丰富、精准的信息体验。

三、运营虚拟主播参与国际传播的策略建议

随着技术发展，虚拟数字人必将不断"进化"，从物理空间到赛博空间，人与虚拟数字人的交互情境、方式也将有更多可能性。以虚拟主播为代表的虚拟数字人不再只是降本增效的工具，如何能带领受众突破物理空间的限制，在新的传播场域做好国际传播，值得媒体机构进一步思考。

（一）建立可信赖性：抵达新闻现场获取一手真实信息

在当今数字化媒体环境中，尽管主播的形式可能是虚拟的，但追求信息的真实性、准确性和客观性的却是区别媒体与其他内容供应者的关键。这一点，在 Channel 1 这类创新平台的发展过程中显得尤为重要。人们对于 Channel 1 所依赖的"可信赖信源"提出了质疑，同时关注事实核查的责任主体、报道的公正性以及在全球信息环境日益受到虚假信息侵袭的背景下，如何维护信息的真实性和可靠性。

在这一背景下，Channel 1 创始人的声明显得颇具前瞻性：虽然虚拟主播可能取代仅仅念稿的主播角色，但无法取代在新闻现场进行报道的记者。这一观点强调了真实、现场采集的新闻信息的不可替代性，以及记者在新闻制作中的核心价值。无论技术如何进步，真实世界的直接观察和深入报道都是媒体履行其社会职责、服务公众需求的基础。这也提醒我们，技术的发展应服务于加强新闻信息真实性和深度，而非单纯追求形式上的创新。

　　虚拟主播能够提高新闻传播的效率和覆盖度，但赢得受众信赖、建立品牌信誉则是一个长期且复杂的过程。这不仅需要虚拟主播在技术层面的持续优化，更需要背后的媒体机构在内容选取、事实核查、报道公正等方面投入显著的努力。此外，媒体机构还须在全球化的信息生态中积极应对虚假信息的挑战，通过严格的编辑策略和质量控制机制，确保所提供信息的真实性和可靠性。

（二）深耕地方文化：IP 化打造中国特色的虚拟主播

　　在全球化的媒体传播环境中，虚拟主播的出现标志着传播技术和手段的一大创新。尽管外观上的美观和吸引力对于初次吸引观众的注意力有着不可忽视的作用，但要实现有效的国际传播并赢得受众的长期关注和信任，则需要制定并执行更深层次的策略。在这个过程中，确保传递的信息真实性是基础，而深入挖掘和传播本地文化、构建丰富多维的人设成为提升虚拟主播传播力的关键策略之一。

　　讲好中国故事，离不开挖掘中国文化。利用具有强烈文化象征和全球认知度的元素，如熊猫，进行内容创作和国际传播是一种有效的方法。《熊猫观察》节目通过以熊猫为视角，讲述四川乃至中国的故事，不仅成功地利用了熊猫作为文化标志的辨识度，同时也拉近了与全球受众的情感距离。2024 年初，节目中虚拟主播贝贝身着中国传统服饰的亮相，在视觉和文化层面进一步强化了中国文化的传播效果，增强了文化传播的深度和广度。

　　贝贝作为一个虚拟主播，在内容制作和人设构建方面展现出了独特的优势。从内容角度看，贝贝能够以熊猫或其他动物的第一视角深入报道生态保护等议题，这种视角的转换在为观众提供新颖观看体验的同时，也更容易引起观众的共鸣和吸引观众的关注。在人设构建上，贝贝不仅仅是一个新闻传播的媒介，更是一个具有独立个性和独特生活方式的虚拟个体。它通过模拟四川人"巴适"的生活态度和爱好，以接地气的形象出现在观众面前，通过节目带领观众深入了解四川文化和风土人情。此外，贝贝还通过创设元宇宙空间等多种方式与观众互动，在节目之外巩固和拓展了其人设。这种策略的应用不仅体现了虚拟主播技术在内容创新方面的可能性，也为全球文化传播提供了新的视角和路径。

（三）利用社交媒体积极互动，以共情促进受众认同

共情，作为理解和感知他人情绪并给予适当反馈的能力，是促进人们相互理解和建立信任的关键因素。研究表明，当 AI 能够感知用户情绪并提供相应的反馈时，用户对该 AI 的接受度和信任度显著提升。这种情感感知能力对于构建用户与 AI 之间的情感联结产生了深远的影响，尤其在虚拟主播领域表现得尤为明显。

以虚拟网红 Lil Miquela 为例，她通过表达情感、参与社会话题和展现对现实世界的关心，成功强化了自身的人设标签，并与广大受众建立了紧密的情感联系。Lil Miquela 自称为能够"流泪"的机器人，她不仅能体验到恋爱的情感，还能够积极参与社会热点讨论并表达自己的立场。这种人格化的表现，进一步拉近了与真实世界受众之间的情感距离。

同样，萨娜作为一位喜爱运动的虚拟主播，通过关注印度在体育赛事中的表现，并在公共平台上分享自己的感受，展示了对印度国民运动板球的热爱。这种表现不仅反映了萨娜的个性和情感，也在体育赛事这一共同关注点上与人类受众建立了情感共鸣，有效缩短了虚拟人与人类之间的情感距离。

进一步而言，情感联结的建立不仅有助于提高受众的认知意愿，还可

能促使个体的行为产生积极变化。大数据和语义分析技术的应用能够进一步加强这一情感联系建立的过程，通过分析受众的情感倾向和行为反应，虚拟主播的运营者可以更准确地把握目标受众的偏好，从而更有针对性地选择内容和表现形式，通过精准的情感匹配和内容定制来讲好中国故事，从而达到更好的传播效果。

四、结语

随着 AI 等技术的发展，虚拟主播能做的不仅是将人类输入的文本进行翻译、输出，还能够整合、梳理多方信息并加以提炼、分析。在信息爆炸的时代，虚拟主播不失为国际传播的高效帮手。

在纷繁复杂的内容世界中，真实性是新闻报道的生命。运用虚拟主播是传播方式的创新，但作为媒体机构，务必要传递真实的信息。这要求媒体机构在运用技术参与新闻生产时要做好内容把关，如做好事实核查、标注出由 AI 参与的环节，确保主播虚拟的同时传递的信息真实。

在确保真实的基础上，国际传播还需要跨越语言、时空、文化的差异。虚拟主播若想在国际传播中实现有效传播，不仅要深入挖掘当地文化，从内容、人设等多方面打造虚拟主播，还要着眼长远、与时俱进，让虚拟主播融入当下，在赛博空间触发海外受众的共情，逐渐积累受众，用目标受众喜闻乐见的方式来讲好中国故事，传播好中国声音，让海外受众了解真实、立体、全面的中国。

参考文献

［1］程思琪，喻国明，杨嘉仪，等．虚拟数字人：一种体验性媒介——试析虚拟数字人的连接机制与媒介属性［J］．新闻界，2022（7）：12-23.

［2］卢迪，孙明慧，瞿澜．5G时代虚拟数字人在国际传播中的应用［J］．对外传播，2022（7）：49-53.

［3］沈峥，冯兆麟，黄穗．电视媒体中英双播节目探索实践——以四川卫视《熊猫观察》为例［J］．影视制作，2023，29（9）：22-26.

［4］谭铮，高焓．生成式人工智能呼啸而至 媒体不能够袖手旁观［N］．羊城晚报，2023-12-04（A2）.

［5］张丽锦，吕欣．虚拟数字人：模因论的新"锚点"——模因论视域下的虚拟数字人：概念、特征和应用［J］．学术探索，2024（3）：57-66.

［6］朱鸿军，汪文．人工智能技术在国际传播中的共情应用探析［J］．对外传播，2023（6）：4-7.

广州中文媒体对外传播研究

——以《新快报》"外眼看广东"系列内容为例

高　京[*]

在如今的移动互联网时代，信息的传播方式发生了革命性的变化。适应新时代需要掌握全新的故事讲述方式，这也是每家传统媒体的必修课。目前，我们国家在对外传播领域面临的困难还很多，国际层面的"话语权"竞争近年来日趋白热化。作为位于改革开放前沿的地方媒体，广州中文媒体《新快报》肩负着重大的责任。

一、地方媒体提升对外传播能力的重要性

2021 年 5 月 31 日，习近平总书记在主持中共中央政治局第三十次集体学习时强调："要深刻认识新形势下加强和改进国际传播工作的重要性和必要性，下大气力加强国际传播能力建设，形成同我国综合国力和国际地位相匹配的国际话语权，为我国改革发展稳定营造有利外部舆论环境，为推动构建人类命运共同体作出积极贡献。"

习近平总书记的重要讲话，对加强国际传播能力建设提出了一系列新

＊　高京，男，新快报政文部副主任。

理念、新思想、新战略、新要求，为进一步做好国际传播工作、全面提升国际传播效能指明了前进方向，提供了根本遵循。

以中国幅员之辽阔，"中国故事"不应是一个超验、同质和单一的故事，而应是中国各个不同区域故事综合形成的有机、整体的故事。而地方形象正是国家形象的重要组成部分。地方媒体是地方开展对外宣传工作的主渠道、主阵地和主力军，肩负着对外传播的重要责任。讲好地方故事，树立和展示真实、立体、全面的地方形象，有利于提升地方在海外的知名度和影响力，为地方经济的发展营造良好的国际舆论氛围。

更重要的是，做好对外传播是服务出海企业的重要使命。讲好地方故事，有利于让海外受众通过首先认识地方进而看到一个更加真实、全面、立体的中国。并且，讲好地方故事也能帮助企业拓展在海外发展的资源和人脉。

知名学者张志安谈到，城市国际传播的主体包括政府、媒体、企业、公众、智库、意见领袖、普通市民等多元主体，城市国际传播的渠道应该既有国际主流媒体也有海外互联网社交平台。同样，城市要为活跃、生动、可持续的国际传播创造各类要素激活和升级的机制。

号称"千年商都"的广州，不仅是一个经济、文化和交通中心，更是一个充满活力和创意的城市。1957 年以来，广州举办的中国进出口商品交易会（"广交会"）日益成为中国外贸的风向标，源远流长的贸易传统吸引了大量外国人员的涌入。根据广州市政府 2023 年 7 月 17 日公布的数据，广州市共有在住外国人约 8.34 万人。其中，常住（居住半年以上）外国人 5.5 万人，人数最多的 5 个国家分别为韩国、日本、美国、印度、俄罗斯。如今，在穗外国人来源更为广泛多元，外籍留学生与劳动力正在以前所未有的规模进入中国社会。这种"交汇"与"交融"，可谓是前所未有的。

然而，在广州的外籍人士（特别是非洲裔群体），多次被包括半岛电视台、美国国家公共电台、英国广播公司等在内的国外主流媒体以消极、片面的形式报道呈现，从而造成国际舆论场上的"误解"。这种操作也在时刻影响中国的国际形象。在这种舆论环境下，地方媒体更应正本清源，把握好时机，利用好各方阵地，讲好外籍人士在中国的故事，讲好外国朋友在广州的工作与生活故事。

说起广东媒体的对外传播，各家媒体都做过很多尝试。2011 年，广东广播电视台率先通过卫星传送面向全球播出的全新电视频道——广东国际频道，节目内容以新闻资讯和纪录片为主，面向西方主流社会、海外华侨和华人后裔。2014 年初，广东广播电视台广播新闻中心英语节目部开发了外宣节目 App——RGD。

2015 年，南方报业传媒集团南方英文网完成全面改版升级，在微信和境外媒体脸书（Facebook）、推特（Twitter）、油管（YouTube）、照片墙（Instagram）上开设了名为"GDToday"的账号并定期更新。2016 年 12 月，英文网在广东的友城——比利时林堡省的官方网站上开通了介绍广东的专属网页。后来，羊城晚报集团、广州日报集团、深圳日报集团也陆续成立对外传播中心，并推出了自身的全媒体平台。2023 年 11 月，南方报业传媒集团今日广东国际传播中心（GDToday）在广州宣告成立，这意味着广东对外传播迈上了新的台阶。

作为广东重要的媒体之一，1998 年创刊的《新快报》与《南方都市报》《信息时报》并称"广东三大都市报"。2004 年，《澳洲新快报》创刊。虽然报纸在悉尼发行，却是广州市民报纸在澳洲的传播：四开小版面、头版大幅照片、内容以社会新闻为主、有杂志型周末专版。《澳洲新快报》的创刊，不仅为当地华文传媒市场又增加了一份日报，而且是一份简体字、大陆背景、南粤风格的日报，更加适合广府人的口味。在广州本地，《新快报》早期下属栏目《羊城洋语》面向在穗外国人征集"广州印象"相关主题的来稿，再以中英文双语的形式刊发。在 2011 年夏天，《新快报》就创建了关注在穗外国人的专门版块《Hi 广州》。

本文以《新快报》最新开设的《外眼看广东》系列报道为例，探讨地方中文媒体在对外传播上的价值所在与可为之处。

二、《新快报》对外传播的"得"与"失"

为做好粤港澳大湾区的外宣工作，用全媒体、多语言的方式向世界发出中国声音、讲好湾区故事已成为媒体的使命。2022 年，羊城晚报报业集团派出《新快报》团队筹拍推出的《外眼看广东》系列短视频，广邀生活和工作在粤港澳大湾区的外国人代表接受专访。借助他们的"外眼"和"外嘴"，以正面积极的角度探讨外国人在这里的职业发展和生活现状，展现这片土地的友好包容和发展活力。

（一）《外眼看广东》内容报道现状

1. 采访对象横跨诸多领域

为扩大优质内容的影响力，触达境内外更多目标人群，《外眼看广东》系列短视频采用了英文原音字幕和简 / 繁体中文字幕，同步在境外三大社交媒体平台脸书、推特、油管播出，同时在羊城派 App、金羊网和新快网更新。

内容每周更新一期，每期长度约两分钟，并根据不同社交平台受众的阅读习惯搭配不同形式、语言和长度的文案，加上网感轻快的动效片头、富有视觉感染力的人物海报，在视觉传播效果上造成了全媒体、多渠道、多形式的合力作用。

在一年多的时间里，《外眼看广东》完成了《中国法国商会会长：湾区发展大有机遇》《荷兰籍骑行组织创始人：活力旧城珍藏传统》《意大利功夫迷：七年不变太极情》《菲律宾音乐人：想在湾区与家人团圆》等30多期的内容。

在拍摄过程中，视频策划和摄制团队奔赴大湾区各个城市，发挥出深耕当地数十载的机构媒体资源优势，汇集了来自学界、商界、餐饮界、艺术界、传媒界等多个领域的采访对象，他们居住在大湾区的时间从不足1年到30多年不等。《外眼看广东》的选题重点包含城市发展、历史文化、老城保育、人才待遇、经济水平、创业氛围、人文风情、生活趣味、自然环保、治安环境等方方面面。

2. 视频文稿结合，立体传播效果凸显

《外眼看广东》的视频拍摄场景囊括城市的新老城区，包括现代化的甲级写字楼、高端商场餐饮场所和商业街，以及历史保护街区和建筑，居家、办公室和文化体育娱乐场所，等等。拍摄对象覆盖了不同国籍、职业、阶层和背景。他们各自从自身出发，以点带面，以生动自然的场景、真情实感的表述，展现了粤港澳大湾区多元多面的魅力。

同时，《外眼看广东》系列还衍生出文字稿件，在每周一的《新快报》进行刊登。视频、文稿、图片的多重立体式传播，全方位呈现了外国友人在广东的生活现状以及他们在广东生活的思考和感悟。在具体内容上，《外眼看广东》系列每一期都会与采访对象进行深入交流，了解他们在广东发展的历程，所经历的种种趣味和故事，以及每位受访者对广东未来发展的建议。这些内容对很多期望来广东发展的外国友人起到了显著的促进作用。

以意大利人尹文为例，在中国生活多年的他，十分喜爱太极拳、《道德经》、软笔书法等内容。借助我们的采访，尹文将自己对于中国传统文化的领悟抒发出来，在互联网中形成了广泛影响。这便是国际传播中典型的"借嘴说话"，以外国人来现身说法，从而说服、吸引海外受众。

美国志愿教师兼视频博主詹姆斯的故事则更为有趣。1998 年来到广州之后，他投身英语教育事业，经常在广州的街头巷尾取景拍摄，结合场景教授英语词句。同时，他还采访了数十位外国驻穗外交官以及学校教师、不同领域的商业人士，多次探访了孤儿院、养老院和偏远地区的学校，并制作了大量短视频，让没有机会目睹这些场景的西方朋友够了解近年来中国切实的发展成就以及人们现代化的生活方式。

通过创作团队的积累和努力，《外眼看广东》系列内容在中共广东省委宣传部、中共广东省委网络安全和信息化委员会办公室、广东省广播电视局、广东省新闻工作者协会、广东省新闻学会联合举办的 2023 年度全省新闻战线"走基层、转作风、改文风"活动中荣获三等奖。这也充分证明了上级领导和主管部门对于这一系列内容的肯定。

（二）《新快报》对外传播的不足之处

首先，《外眼看广东》视频系列内容在传播过程中的一大问题在于——媒体与粉丝、网友之间的互动还是不够积极，缺乏必要的沟通和交流。这使得传播方式变得有些单一和单线条，离传播的预期效果还有相当的差距。

其次，如果《新快报》在对外传播方面仅有《外眼看广东》系列内容，那是远远不够的，需要增加更多类型的媒体产品，特别是需要增加与国外网友之间"短、平、快"式的互动问答。这能显著提升传播效果，做到实时反馈、即时互动。另外，地方媒体还需要把握适当的节奏、提供较有深度的内容，以外国人的思维方式讲述，从而形成传播长尾效应。

三、对地方媒体如何进一步做好对外传播的思考

面对纷繁复杂的国际舆论环境，尤其需要重视内部审核校对制度，在内宣向外宣转化的过程中要把好政治关。面向国际受众，共用内外宣媒体团队也意味着要求团队成员既要政治立场坚定，也要熟悉广州本地和海外受众阅读习惯。因此，招徕优秀人才、充分激励人才本身非常重要。

在如今这个时代，传统媒体的单向传播早已无法满足大众的需求。因此，讲故事的方式、方法都需要创新。媒体需要把握国外受众的特点、习惯以及国际传播的规律，采用柔性化、分众化、国际化的方式来聚焦共同价值，讲好具有世界意义的中国故事。无论是视频、文字、图片还是其他传播方式，都需要复合式、多重轨道的互动传播。

除了拥有传播矩阵之外，与大众的"搅拌"就显得格外重要，在对外传播这个领域上更是如此。因为所处文化、地域和思维方式的不同，外国网友往往对于"内宣式"的传播方式比较反感，在他们看来这是典型的"propaganda"（宣传、鼓吹）。

相反，他们更习惯于辩证的甚至是争论性极强的话题讨论。这样类似于"巷战"的传播方式反而更能深入人心。换言之，在推动内容共享、平台联动、壮大国际传播声势、放大集群宣传效果的同时，媒体还要加强管理账号帖文的评论，积极回复评论，不断"整活"、提升粉丝黏性，扩大账号传播力和影响力。这样才能更好地促进中外文明交流互鉴。

基于更多交流和互动，媒体才能更好地抓住不同国家和地区受众的兴趣点、关注点、疑问点和共情点，从而由点及面、有的放矢地做好对外传播。

　　广东省地处"两个前沿"，在地理位置上是"交汇处"，在文化上是"交融处"，在意识形态领域则是"交锋处"。因此，广东地方媒体在对外传播方面需要时刻做好"短兵相接"的准备，采用更加巧妙的方式讲好中国故事。

参考文献

　　［1］刘会敏，戴晓翔，李蕙君.地方媒体加强国际传播能力建设的意义及路径探析［N/OL］.参考网，2022-03-13［2024-05-05］. https://www.fx361.com/page/2022/0313/18685909.shtml.

　　［2］刘康杰.中国地域文化对外传播的特例——广府文化海外传播的现象与本质［J］.北大新闻与传播评论，2015（00）：215-228.

　　［3］王凯.融媒体时代广东英文媒体国际传播策略研究［C］//朱颖.国际传播与媒介发展论集.北京：中国社会科学出版社，2019：12-18.

　　［4］郑雯，施畅，丁超逸.以双循环战略融入国际传播格局——浦东新区融媒体中心讲好中国故事的创新实践［J］.新闻战线，2023（15）：56-58.

　　［5］张雨辰.新型主流媒体对外传播如何精准施策［J］.青年记者，2022（15）：62-64.

　　［6］张志安.议题、机制与话语：中国式现代化与城市国际传播的关键问题［J］.社会主义论坛，2023（6）：20-22.

岭南文化对外传播的探索实践
与提升策略
——以《羊城晚报》《节绘岭南》栏目为例

杨楚滢*

党的二十大报告提出，"增强中华文明传播力影响力，坚守中华文化立场、讲好中国故事、传播好中国声音，展现可信、可爱、可敬的中国形象，推动中华文化更好走向世界。如何将更多深具中国特色、体现中国精神、蕴藏中国智慧的优秀文化推向广阔世界，是一道必答的时代命题"。

从历史来看，岭南偏处一隅，位处权力中心的边缘，长期以来没有进入主流文化关注的视线之内，它以一种异于常态的方式完成自身的建构及与外界的交流。秦汉时期、两晋南北朝时期、两宋时期和明末时期的四次大规模人口南迁，使中原文化与长江流域文化得以在岭南地区传播和移植。其面向海洋的特殊地理位置，使岭南成为中国与海外联系融通的重要通道和前沿。历史的演变不仅让岭南文化形成了自身的文化传统，也为多种外来文化提供了生长空间。岭南文化在宽容的接受过程中寻找认同的可能性，在碰撞、交流、新变中形成独特的内涵，不仅成为中华文明的重要组成部分，还进一步补充和完善了中华文明的多样性。

---

* 杨楚滢，女，羊城晚报编辑。

二十四节气是中华优秀传统文化中文明成果的典型代表，已被列入人类非物质文化遗产代表作名录。2021 年羊城晚报·羊城派客户端开办节气栏目，以传统二十四节气为依托，深度挖掘岭南文化内涵，在 1.0 版本《节说》、2.0 版本《岭南 24 节气》、3.0 版本《节绘岭南》基础上不断探索，凭借优质文案＋国风视觉＋媒介适配等"法宝"，在读者中赢得了良好口碑。

笔者通过对羊城晚报·羊城派客户端节气栏目在 2022 年 2 月至 2024 年 1 月期间发布的 48 期作品进行梳理，深入分析了其选题内容、呈现形式、传播效果等，并提出了关于地方媒体如何做好优秀传统文化对外报道的若干思考。

一、岭南文化对外传播报道的特点

二十四节气是古人对自然时间与农耕生产关系的精准把握，体现了中华民族传统农耕社会的生活经验和文化记忆。这一古老的智慧如何在当代持续焕发出生命力，是非物质文化遗产传承发展的重要任务。

在策划、制作节气栏目期间，笔者致力于研究岭南风物。例如，展现在现代生活中，岭南人如何理解节气？如何感知自然环境，并与之产生互动？探寻节气如何以多种面貌和形态在当代生活中展现出蓬勃生机？

（一）聚焦南粤大地，多维度展现岭南之美

二十四节气最初源于黄河流域的季节变化。但在岭南，很多节气的物候与黄河流域不同，形成了独特的南粤时序气韵。在选题上，笔者聚焦岭南风景、物候、饮食等题材，并紧扣本土热点、趣闻，致力于输出鲜活、生动的岭南形象。

作品的核心内容之一主要围绕岭南地区特有的物候展开。例如，立春

时，北方风雪未断，岭南春色已至，2023 年 2 月 4 日推出了《立春｜春色如许 桃花独艳》；夏天则比北方来得更早些，从蛙鸣、蜓立、蚕肥、鱼跃展现岭南夏天的生机与活力，2022 年 5 月 21 日推出《小满｜南国夏日，小精灵们"动"起来了》。

岭南四季变换并不明显，作品力求捕捉细节并紧扣本土热点，将城乡风貌、新生活方式与节气巧妙契合，将节气融入当下的日常生活图景中。例如，2023 年 9 月 8 日推出的《白露｜岭南不见秋？画里来一场寻秋的 City Walk 吧！》。

在依靠渔猎和种植的农业时代，充足的水源和土地意味着丰富的粮食和物产。明末清初屈大均所著的《广东新语》中说："天下食货，粤东几尽有之；粤东所有之食货，天下未必尽有也。"岭南大地丰厚的物产亦是选题主要内容之一。这些物产随着节气变化被融入吃食之中，每一口都蕴藏着饮食文化的智慧。例如，在寒露节气，广州新垦莲藕、河源东源板栗、湛江南三青蟹、韶关张溪香芋均是时令产物，在 2022 年 10 月 8 日《寒露｜第一个带"寒"的节气，看起来好好吃！》中通过四道菜品呈现了时序塑造的风物。

而在同一时节下，岭南广袤的地域内，不同地区的人们在长期的生产和生活实践中，与各自独特的环境发生互动，孕育出了相异多姿的风俗和习惯。例如，在 2023 年 10 月 24 日推出的《霜降｜岭南小院、猫咪围坐，快乐贴秋膘！》中展现了该时节下，广府人喜食萝卜，信宜则出产柿饼，通过一张饭桌展现了岭南文化内部的多样性。

作为中华优秀传统文化的重要组成部分，二十四节气渗透在诗歌、绘画、音乐、舞蹈，以及传统工艺等多个领域中。作品精选与之相关的传统艺术品，结合时下热点，串联古今。例如，在 2023 年 5 月 6 日立夏时节推出了《这群广东喵的迎夏秘器，"滑"出来了！》，通过展示广东博物馆收

藏的团扇、瓷枕等,具体再现了旧时避暑场景。而在 2023 年 6 月 6 日高考前夕的芒种节气推出了《芒种 | 动手抽祝福！愿少年"忙"有所获、"种"有所得》中选取了 8 件"好意头"的文物,如广东博物馆藏的"必登花甲建筑构件"寓意"必登甲第",为考生送上祝福,通过将时下重要节点与节气相结合,为节气赋予了现代生活中的新解读。

(二)创新叙事方式,匹配多渠道传播需求

相比于说教、灌输式的叙事语言,西方受众更喜欢对事实本身的呈现。然而,由于文化、语言、政治等客观障碍的叠加,中国故事在海外的传播面临着巨大挑战。但令人欣慰的是,对美的感受和体验具有普遍性,是可以跨越时间、国界、语言界限的。专栏作品尝试将岭南文化、岭南生活转化为更直观、更富意味的视听体验,国风手绘海报、长图、视频精益求精,力图打造特色鲜明的文化 IP(知识产权)。作品从"手绘海报 + 美文"起步,一步步探索"美文 + 手绘动图""美文 + 国风海报 + 动画视频"等融媒体的多形态呈现方式,将岭南文化的精髓融入一笔一画精美细腻的画面中,以温暖笔触撩动岭南乡情,不仅引领国际受众感受了岭南文化之美,更实现了跨越地域、跨越隔阂的广泛传播。

专栏还率先运用了羊城派客户端新上线的 SVG 交互功能,使文图视频可"花式"打开。这一创新不仅丰富了创意内涵,还增强了可读性、趣味性和互动性。例如,2023 年 4 月 5 日推出的《走进岭南清明风物画卷,寻找那只青鸟……》,以古画《清明上河图》布局和理念为创意来源,采用"SVG 动图 + 手绘长卷 + 动画视频"展播互动形式,在手绘长卷中设置SVG 交互效果,引导用户触发"彩蛋",设置契合节气氛围的"时光邮筒"遥寄哀思,创造性构建场景引发情感共鸣,以润物细无声的方式弘扬中国

传统文化。

专栏作品注重将同一题材内容转化为匹配不同介质的多种类型内容产品，既包括图文、视频等不同形式的呈现，还包括语言的转化。同时，还捕捉了传统节日、节气的情感节点，在《羊城晚报》等多个国内外传播渠道准时推送内容，成功实现了内宣外宣联动，形成传播合力，取得了颇为显著的传播效果。2023 年，《节绘岭南》专栏报道在《羊城晚报》自有境外社交媒体账号的总阅读量超过 30 万、总互动量超过 3000，并多次被境外社交媒体大 V 转发。同时，作品也被星岛环球、华人头条、国际日报社、葡新报、欧侨网等多家境外媒体网站转载。

二、岭南文化对外传播的优化思路

（一）挖掘历史和现实优势，擦亮地方文化名片

岭南地区在历史上开发较晚，古代被视为"化外之地"。在特定的自然环境和历史条件下，岭南人民相对自由地创造了具有鲜明地域特征的岭南文化，保留了自己独特的文化因子和表现形态。

从先秦到北宋，大批北方人士由于贬谪、战乱等原因迁徙至岭南，在这一过程中，岭南文化与中原文化发生了深刻的交融。从汉唐时期开始，岭南地区便成为沟通中外关系的重要门户，特别是海上丝绸之路的开辟，使广州从宋代开始就已成为重要的通商口岸，也成为外来文化进入中国的着陆地。这种与国外的商贸往来、文化交流代代延续，即使在清朝厉行闭关政策的岁月里亦未中断。岭南文化的兼容性就是在与外来文化不断交流、碰撞中形成的。到了近代，在中国文化总体上呈现保守封闭特征的背景下，依旧保持着开放性、多元性、兼容性的岭南文化则显得弥足珍贵，商业文

化、通俗文化、大众文化得以在岭南着床孕生、繁衍发展，岭南文化的内涵也因此不断地得到充实和完善，形成了独树一帜的价值观念和人文精神。丰厚、独特的历史底蕴为当代人们生产、生活提供了精神滋养，也为文艺创作提供了丰沃土壤。

"五里不同风，十里不同俗。"千百年来，北方移民南下与岭南土著融合后，先后形成了广府、潮汕、客家三大民系。作为文化创造的主体，人们也由此形成了自身的生产生活方式，并在此基础上产生了富有差异性的三大民系文化，通过独有的方言、习俗、饮食、工艺、戏曲、音乐、绘画、建筑等丰富的形式呈现出来。岭南文化内部的多元性、地域性，均是传播工作中丰厚的灵感和创意来源，也是极具价值的文化资源，这就需要对地方文化有结构性的认识，深挖地方文化丰厚内涵，擦亮地方文化名片，让地方文化瑰宝"活起来"。

岭南文化并不是一种抽象的文化遗产，而是鲜活地影响着当下在地人民的日常生活。讲好岭南文化故事，不仅需要深耕其深厚的历史底蕴，更需要着眼现代生活，聚焦"传统文化如何落地日常"。这不仅包括民风民俗、文物古迹活化利用、非遗传承等方面，还包括岭南精神对社会生活发展的影响。同时，还要充分考虑当代审美需求，与时俱进，在优秀传统文化的基础上创造出岭南文化的当代表达，以此打破西方对"古老""封建""落后""保守"的文化形象的认知，实现更充分、平等的沟通对话。

（二）掌握海外受众兴趣点，"借船出海"讲好故事

讲好岭南故事、讲好中国故事，不仅要讲我们想讲的故事，更要讲好海外受众想听的故事。当前，脸书（Facebook）、推特（Twitter）、油管（YouTube）等海外社交媒体平台是国内媒体进行对外传播的重要平台，同

时也是海外受众了解中国、感知中国的重要渠道。岭南文化"借船出海"，不能自说自话、自弹自唱，而是要了解各大社交媒体平台的发展趋势、算法机制，以及用户阅读兴趣及习惯。通过与海外用户互动、研究分析数据、挖掘海外受众对岭南文化的关注点和兴趣点，将"我想讲"和"他想听"的结合起来，多一些具体细节、人性化讲述、思想交流和情感互动，使岭南故事更多地为国际社会和海外受众所认同。例如，岭南文化的美食、美景在海外图文平台上有不错的阅读量，可以适当向这几类选题倾斜。

同时，针对不同传播平台的特性制作符合相应特点的产品，形成立体化、多角度传播态势。鉴于不同传播平台运营规则、算法机制、用户属性不同，我们在文化产品的制作和传播中可以"一鱼多吃"，如一款融合图文、动图、视频等多元素的融合作品，长图文可以切成多条分发在脸书、推特上，长视频主要在油管上推送，依据短视频的叙事逻辑剪辑后可在抖音国际版（TikTok）分发，将传播效能最大化。

（三）持续升级叙事能力，科技赋能创新传播

当前国际传播所处的新形势，一个重要关键词就是"逆全球化"。传统的单向输出、宏大叙述、精英视角的叙述语言面临危机，难以获得受众的信任。在社交媒体改写传播生态的背景下，岭南文化的国际传播亟须更有温度的人性化故事，更具亲和力、感染力的叙事表达方式，来实现在不同文明之间的共情对话。

讲好岭南文化需要充分运用故事思维，注重情感联络和价值共享，将严肃议题或枯燥艰涩的历史知识以贴近人们生活的方式表达出来，深入浅出地讲述故事。在岭南文化对外传播中，可以尝试在文化 IP 上进一步发

力，力图打造自有文化 IP，通过这些 IP 讲述文化故事，突破传播壁垒，让受众不分国籍、文化、语言，都能轻松融入岭南文化的独特魅力之中。《节绘岭南》在多期制作中以猫为主角讲述故事，如猫咪围炉煮茶。在此基础上，可强化文化 IP 形象，将可爱的猫咪形象与文化符号相结合，如根据节气特征设计不同的动作或配饰，比如，猫咪拿荷花、拿扇子、吃西瓜、戴围巾、放风筝、抓鱼等。通过塑造灵巧的形象吸引受众关注岭南文化，并赋予这些形象以故事内涵，从而使故事的讲述更富有生命力和持续性。

在媒体融合不断深化的背景下，还可以充分利用前沿技术手段进行融合传播，提升传播效能。例如，尝试将 AI 技术、元宇宙等运用到文化创意产品制作当中，给读者带来全新的阅读体验，将岭南形象通过科技手段立体化、具象化加以呈现。2022 年 10 月，羊城派客户端联动 Zaker 推出创意互动产品《元宇宙展馆 | 奔跑，沿着这些城、这些人的奋斗足迹》，创造性地采用了"元宇宙＋手绘长卷"展播互动形式，立体全面地呈现了中国式现代化的广东实践与探索成果，让读者沉浸式感受广东 21 个地市十年来的发展图景。

相比于重大主题报道，在文化传播中，前沿技术手段的运用可以更为灵巧，如将文化故事设计成创意小游戏，或联袂科技企业，通过"文化＋游戏"，创造连接传统文化与现代生活的新"触点"、出海的爆点，达到文化"出圈"的效果。游戏因其互联网属性，超越了地域界限，成为一种国际化交互的"语言"，以其为载体能把岭南文化、中国故事、中国形象推介到全世界。例如，《羊城晚报》与三七互娱合作推出一款结合海丝文化与文博考古的游戏——《叫我大掌柜》南海丝路版本，并上线英文版本，让海内外千万玩家在游戏的过程中领略海丝历史文化的底蕴与魅力。

三、结语

岭南故事之精彩，远非一景、一物所能涵盖。我们正是借助多维叙事视角，在时序更替的历程中寻找线索、挖掘故事，借助节气的"面"讲岭南文化的"里"。通过诗意、融媒体创新表达和多渠道的精准传播，向世界展现岭南文化蕴含的价值观念和人文精神。

当前，逆全球化思潮抬头，单边主义、保护主义趋势显著增强，这使得讲好中国故事面临着全新且更为复杂的国际形势。岭南文化在对外传播的过程中，不仅要注重挖掘自身文化内涵，更要注重提高传播效能。通过持续升级叙事能力、创新传播形式，有效抵达海外受众，以润物细无声的方式弘扬中国传统文化。

参考文献

［1］李宇.讲好中国故事的策略创新：柔性叙事与软性传播［J］.对外传播，2023（7）：44-47.

［2］梁凤莲.岭南文化的历史与现实视界［J］.暨南学报（哲学社会科学版），2003（5）：70-76

［3］林继富.二十四节气在当代——让古老智慧绽放生机［N］.人民日报，2022-02-11（20）.

［4］刘悠翔.逆全球化背景下，文化新闻产品如何"出海"［J］.南方传媒研究，2022（6）：96-100.

［5］孙蕾蕾．讲好中国故事的叙事策略与创新逻辑——基于中央广播电视总台的传播实践［J］．全媒体探索，2022（10）：16-19.

［6］唐孝祥．试论近代岭南文化的基本精神［J］．华南理工大学学报（社会科学版），2003（1）：19-22.

［7］王敏，李雨．中国对外文化形象："西圈"指标、"出圈"壁垒与"破圈"机制［J］．新闻与传播评论，2022，75（2）：114-128.

［8］王恬，倪涛，张健．宏观价值与微观技巧——人民日报英文客户端"一带一路"国际传播经验启示［J］．新闻战线，2023（23）：22-25.

［9］吴国钦．岭南文化特色管窥［J］．华南师范大学学报（社会科学版），2008（4）：3-5.

［10］张铮，方诗敏．文化突围与技术革新：新时代的数字文化"出海"研究［J］．对外传播，2023（7）：12-16.

数字媒体时代中国电影的出海新路径

吕楠芳[*]

电影素有"装在胶片盒里的大使"之美誉，是促进跨文化交流的重要载体。通过电影积极回应世界对中国故事的关切，是推动中华文化国际传播、塑造国家形象、增强文化软实力的重要途径。21 世纪以来，随着中国整体经济实力、国际地位的提升，中国电影在对外文化交流层面取得了显著成绩，经历了进入国际主流电影节、进入国际主流电影市场、进入国际主流电影工业的三个阶段，逐渐形成了全球性的影响力。在东南亚、东亚、中亚、西亚、非洲、大洋洲和欧美等地区，中国电影都不同程度地发挥着提升中华文化影响力的传播势能。

在中国电影对外传播的征途中，传统的传播渠道主要包括海外院线和电影节展。虽然它们有效开拓了中国电影的海外发展空间，但相较于好莱坞电影成熟的全球传播体系，中国电影要想在海外市场中脱颖而出，赢得一席之地，仍是任重而道远。

进入数字媒体时代，电影的国际传播模式正在面临剧烈的重构，如何适应新的形势，借助数字平台（包括社交媒体和流媒体视频平台）拓展影

---

[*] 吕楠芳，女，金羊网深度部副总监。

响力和传播力，是中国电影在现阶段面临的全新机遇和挑战。

本文拟首先探讨中国电影目前在海外传播方面存在的不足，随后探讨中国电影如何利用数字平台的势能来提升海外传播效益。

一、中国电影在全球电影市场表现乏力

20世纪80年代开始，中国电影陆续走出国门，第四代导演谢飞、吴天明，以及第五代导演陈凯歌、张艺谋等成为世界各大电影节的常客，并屡获殊荣。这一成就的取得，一方面是因为改革开放带来整个社会的思想解放，助推了文艺创作的美学超越，让中国电影在艺术成就上达到了新的高度；另一方面则受益于世界对中国的"猎奇"式关注，很多电影中展示的武侠、功夫、玄幻等中国文化符号，持续塑造了中国的对外国家形象，满足了西方对神秘东方的想象。

到了21世纪，第六代导演贾樟柯、王小帅、娄烨等凭借不同于前人的艺术风格赢得了国际观众的广泛认可。与此同时，中国创办的国际电影节，如上海国际电影节、北京国际电影节等，也逐渐在国际上崭露头角，产生了日益显著的影响力。中国电影的国际传播场域不仅在国外，在国内同样有机会引来世界同行的关注。

然而，中国电影征战国际主流市场的道路并非一往无前，反而在2010年前后出现停滞现象。从2012—2017年，中国电影的海外票房虽在逐年增长，但其所占比例大约为总票房的5%~7%。过去5年，中国电影海内外票房构成比例失衡的现象越来越严重。以2023年全球电影票房前20名的4部中国电影为例，虽然这些作品的内地票房占比均超过94%，但是其海外票房收入却仍未超越20年前古装武侠大片《英雄》（2002）在全球电影市

场维度创下的最高纪录。①

造成中国电影在全球电影市场表现乏力的原因是多方面的。国内著名影视学者、清华大学新闻与传播学院教授尹鸿认为，这主要是因为"中国电影缺乏适应全球市场的文化、商业和能力储备"②，加上国内电影市场的高速发展使得越来越多的电影企业和电影人把创作生产中心转向了国内市场。

清华大学国家形象传播研究中心新媒体传播研究室主任慕玲分析称，中国电影在海外的竞争力始终不足，缺乏兼具民族性与世界性、艺术性与商业性的强劲之作；并且，中国电影在全球各区域的传播不平衡、目标受众不均衡，也牵制了中国电影在海外市场的长远发展。③

近年来，在国家政策的支持下，中国电影的海外市场受到充分重视。2021 年 11 月，由国家电影局颁布的《"十四五"中国电影发展规划》明确指出，应坚持"树立全球视野，创新方式方法，开拓海外市场，切实增强中国电影国际竞争力"。本文试图探讨的问题也在于：面对既有的差距和问题，中国电影应如何突围？

二、数字媒体时代电影出海何为

过去，由重资本垄断的海外电影院线发行网络曾是中国电影出海的唯一渠道，但如今这一格局已悄然改变。以社交媒体、流媒体视频平台为代表的数字平台正在为中国电影的海外传播提供新的渠道选择。依托去中心化的全球数字平台，国际文化传播格局有望朝着更加平等的方向迈进。借

---

① 慕玲. 新时代中国电影国际传播：现状、问题与对策［J］. 传播，2022（15）：12-14.

② 尹鸿，陶盎然. 从走向世界到影响世界——改革开放以来中国电影的国际传播［J］. 南方文坛，2021（5）：5-11.

③ 慕玲. 新时代中国电影国际传播：现状、问题与对策［J］. 传播，2022（15）：12-14.

助数字平台本身的技术优势，中国电影有望实现更加精准的区域传播和受众覆盖，并通过即时的市场反应和观众反馈调整宣传和发行策略，改变长期以来以单向输出为主的对外传播模式。

（一）社交媒体助力精准分众传播

长期以来，出于地缘和文化亲缘的考虑，中国电影一直将东南亚作为重要输出地。在东南亚地区，富含中国传统文化色彩的电影类型颇受欢迎，如戏曲电影、武侠功夫电影、玄幻类电影等，而当地华侨华人是这些影片的主要消费群体。

与此同时，北美、欧洲市场作为中国电影对外传播的重要阵地，主要依赖于各大电影节的获奖履历支持，其中艺术电影的接受度相对较高。近年来受益于"一带一路"倡议的落实，中国加强了对中亚、西亚、非洲等区域的关注。以非洲为例，人口红利等因素让非洲的电影市场迅速增长，非洲观众不仅热衷于婚姻、情感、家庭伦理的剧情内容，还对功夫、仙侠玄幻题材非常喜爱。

综上所述，全球文化的多样性决定了不同地区对中国电影的消费偏好存在显著差异，海外传播走向分众化是大势所趋。然而，传统电影宣传和发行模式成本高、投入大，加上对海外渠道不掌握主动权，导致中国电影在国际市场很难做到因地施策。

在此背景下，利用社交媒体基于本地化策略做好定向传播，是中国电影国际传播亟待补上的功课。有调查显示，很多中国电影未充分利用社交媒体平台布局海外宣传，甚至没有在海外平台注册账号。相比之下，欧美电影制片方已越来越依赖社交媒体平台进行电影宣发，网红（KOL）甚至取代传统的影评人和娱乐媒体成为宣发主力，帮助电影在短期内抵达更精准的受众群。曾在 2023 年夏季票房大战中表现抢眼的《芭比》团队回顾宣发经验时便称，《芭比》上映期间正值"好莱坞罢工"高峰期，多部电影因故暂停原定的宣发环节，而《芭比》的票房成功"得益于社交媒体网红的深度参与"。因此，为了有效传递影视作品的话题，引发海外观众的好奇心，中国电影未来应重视在社交媒体自建账号，加强与 KOL 合作等方式，将社交媒体打造成未来中国电影海外宣发的重要手段。

（二）"反应"视频有力打破文化壁垒

社交媒体除了可以灵活宣发锁定目标受众外，还能为国际观众在第一时间对电影作品进行反馈互动提供便利条件，并为不同文化个体通过电影实现跨文化共情创造可能性。

近年来，油管（YouTube）上出现了大量针对中国热门影视作品的"反应"（Reaction）视频，这些视频是由国外观众从个人视角出发，对影视作品进行点评和二次传播。"反应"视频作为当下主流的互联网娱乐形式之一，主打"参与式狂欢"，不仅促进了电影在不同国家和地区的兴起，还依托全球数字平台，推动了中国电影的国际传播，从而肩负起跨文化交流的使命。通过即时交流，很多因语言、文化、意识形态等差异带来的传播障碍得以有效缓解和消除。这为中国电影在一些文化亲缘性较远的国家和地区赢得更多理解和欢迎创造了有利条件。

以《流浪地球 2》为例，该片除了不仅为抖音国际版（TikTok）、油管、脸书（Facebook）、照片墙（Instagram）等社交媒体制作了专门的国际版预告片和英文平面物料外，还在海外宣传中特别加强了"老外怎么看"这一环节，广泛收集当地观众的反馈和评论，进一步加深了影片的影响力和认可度。借助春节档期，该片还在澳新六大城市发起"和地球一起过大年"

的首映活动，吸引了中西观众、媒体、影评人的广泛参与，形成积极的口碑传播，最终《流浪地球 2》在澳新地区获得了 2023 年度华语票房冠军。

（三）上线流媒体"借船"还须"造船"

流媒体平台兴起后，上线国外流媒体平台亦成为中国电影出海新趋势。中国电影"借船出海"的合作对象包括 Netflix、Disney+ 等流媒体巨头，拥有了和世界范围内更多观众见面的可能。2018 年的年度现象级国产电影《后来的我们》将海外播放权出售给 Netflix，标志着中国主流电影首次登陆 Netflix 平台。近年来，Netflix 还陆续引进《流浪地球》《消失的她》《封神第一部：朝歌风云》等中国电影，凭借其遍布全球各地的用户优势，无疑已成为当下电影全球发行的最佳渠道之一。

与此同时，中国互联网行业的高速发展也驱动了本土流媒体平台"造船出海"，腾讯视频、爱奇艺、优酷、芒果 TV 等平台在这几年纷纷推出了国际版，中央广播电视总台央视网也推出了海外版客户端"Sinow TV"。一大批国产影视作品通过翻译字幕、本地化配音等转译方式在海外近 200 个国家和地区落地开花，有效实现了中华文化输出。

至此，"借船"与"造船"成为中国电影出海"两条腿走路"的方法。然而，国内平台在海外的主要订阅用户仍集中在亚太地区，跟占据欧美市场的 Netflix 等海外流媒体平台相比，国内平台还难以在国际竞争中获得重要席位。未来中国影视作品要想在流媒体战场实现国际传播的突破，一方面有赖于国内平台的技术发展，抓住大数据、人工智能等新兴数字技术变革的契机，借助新技术实现超越；另一方面则取决于国产影视作品自身内容竞争力和品牌效应的提升，在"故事供给"上打破传统"套路"，专注普世情感和多元价值，以期真正触动全球受众。

三、结语

中国电影曾经有过无限灿烂辉煌的岁月，但也曾陷入困境。如今电影出海已成为中华文化传播的重要路径，承担着多方期待。海外市场不仅是中国影视产业未来增值的重要引擎之一，更是让世界认识真实立体中国、实现中华文化国际传播的重要窗口。数字媒体的涌现在很大程度上消除了中国电影的海外触达障碍。如何适应新技术趋势，利用社交媒体和流媒体平台做好作品的海外宣传和发行，实现中国电影海外传播的"弯道超车"，是值得影视从业者和传媒人士深入探究的时代考题。

参考文献

［1］Calnan E. How social media influencers are transforming film marketing: "They reach audiences that traditional publications just don't"［N/OL］. Screen Daily, (2023-11-2)［2023-11-26］. https://www.screendaily. com/features/how-social-media-influencers-are-transforming-film-marketing/5187462.article .

［2］何天平，蒋贤成. 数字全球在地化：平台时代影视产业国际传播趋势探研［J］. 对外传播，2023（7）：21-25.

［3］齐伟. 论中国电影国际传播中的文化资源、叙事模式与传播话语［J］. 北京电影学院学报，2023（12）：100-109.

［4］综艺报. 特别策划丨国产电影 海外"破圈"［EB/OL］. 腾讯新闻，(2023-11-25)［2023-11-26］. https://new.qq.com/rain/a/20231125A04NV800.

跨国媒体合作新篇章：纪录片《预见中国：从大湾区看未来》的制作与传播策略

张　熙[*]

全球化趋势下，媒体合作已成为跨国界传播信息和文化的重要方式。随着技术的进步和全球通信的日益紧密，来自不同国家和文化背景的媒体组织正在寻找新的合作方式，以创造更具吸引力和影响力的内容。随着全球媒体合作的加深，国际电视网络与中国电视台之间的协作越来越普遍。作为非虚构类片种，纪录片直接取材于现实生活，以其真实记录的原则，成为人们认知社会、参与社会事务的重要媒介。纪录片通过影像的传播，给受众以接近或还原生活形态的可视性与真实感，最大程度地满足了人们了解真相、认知现实的欲望。纪录片能够将受众带到某种特定的情感状态中，表现出非同一般的说服力，这一点使它具备了对外破除负面"刻板印象"、建构良好国家形象的重要条件。

纪录片《预见中国：从大湾区看未来》的制作和发布，正是这种国际合作精神的生动体现。该纪录片由广东广播电视台与华纳兄弟探索 Discovery 频道合作，不仅展示了创新的制作技术，还从多元化的全球视角出发，呈现了一个关于科技、文化和社会进步的多维故事。这种跨国合作的模式不

* 张熙，男，广东广播电视台对外传播中心纪录片部副监制。

仅为纪录片的内容创作和叙事提供了新的视角，也为全球受众带来了前所未有的观看体验。

通过分析这部纪录片，本文将深入探讨《预见中国》在制作和传播过程中所展现的国际合作特点，以及这种合作如何影响纪录片的内容创新和叙事方式，进而思考国际媒体合作如何促进对外传播和交流，塑造国家形象。

一、纪录片中外合作的背景概况和现实问题

"中国故事、国际传播"是近年中国外宣纪录片的传播方向。五洲传播中心曾与美国探索集团合作《运行中国》《智慧中国》等节目，反响积极，2018 年推出第二季。五洲与探索、优酷联合出品的《中国变革故事》（How China made it）通过探索频道和优酷在国内外同步播出，讲述了改革开放 40 年以来中国的发展成果和美好前景。探索频道亚太电视网制作及开发副总裁魏克然·钱纳（Vikram Channa）先生说："我们的节目记录中国崛起过程中社会的方方面面，我们为记录中国的发展和变化做着我们自己的贡献，这些将来都可以作为中国社会的影像档案。"

而早在 2009 年，美国公共广播电视公司《周末环球行》（Weekend Explorer）栏目著名制片人杰弗里·莱曼和摄影师吉姆·赖特应广东广播电视台之邀前来广东省拍摄题为《我眼中的广东》的纪录片专辑。后续广东台陆续与美国公共电视台 PBS 合作《一个美国人眼中的海上丝绸之路》《一个美国人眼中的粤港澳大湾区》等节目。改革开放四十多年来，中国发生了翻天覆地的变化。在这一过程中，广东是一个范例，从改革开放的排头兵到中国经济的领跑者，广东在中国的地位是至关重要的。因此，搞好广东的对外宣传，让世界了解广东，让广东走向世界，是至关重要的大事。

广东省多年来一直非常重视对外宣传工作，并取得了显著的成效。然

而，我们也要看到，世界上许多国家、地区的人民，在语言文字、风俗习惯、生活方式、价值观念等方面，与我国存在较大差异。我国自产的对外影视节目、覆盖海外的国际频道在国外的话语空间有限，依然不易进入西方主流社会。

实际上，西方国家观众最迫切想知道的是现代中国人的现实生活。他们对于中国正在发生的文化、社会、经济变化以及这些变化对普通人生活的影响等方面的内容更感兴趣。如果用他们自己的语言和文化习惯讲述中国的故事，对西方观众将更有亲和力和影响力。

面对世界各国的观众，要让他们听得懂、看得明白，就要用他们能够理解和接受的电视语言去讲述我们周围发生的故事，就要用他们习惯的表达方式去制作电视节目。因此，采取"借船出海"的办法，邀请对中国友好的、国际影响力较强的西方主流媒体来中国采访拍片，以适合西方观众欣赏习惯的拍片方式完成节目制作，并通过高送达率的传输覆盖网络向广大西方受众传播，不失为一种有效的外宣方法。通过西方人讲述中国故事的历史经历了一个从远距离想象到近距离观察，直至第一现场见证的发展过程。正是通过西方主持人在场式的讲述，让中国故事在西方观众心目中不再是一种陌生的异地奇观，而是由同一文化成员所参与的生活情景。在场式讲述所创造的互动体验，为观众带来一种投入其中的冲动，极大地增强了故事的生动性和感染力。

二、《预见中国》的叙事和传播策略分析

但在当下，仅仅只是"借船出海"是不够的。2021年起，广东台与美国华纳兄弟探索集团合作。全世界都在高度关注并预测中国的发展前景，纪录片《预见中国：从大湾区看未来》的制作与播出恰逢其时。《预见中

国》通过角色选取、叙事逻辑设计和视听手段的运用，尝试制作一部具有国际化视角的中国纪录片，以"创新"作为串联粤港澳大湾区的建设成就，用真实的人生故事把握时代的精准脉搏，记录大变局之下诞生于中国的新发展路径和发展方式。

在叙事策略上，西方观众可能对中国的科技进步和经济发展有兴趣，但同时也可能对故事背景、社会议题有不同的敏感度和解读角度。观察者若能置身于事件本身的发展中，成为事件的一环，则能增强故事的感染力。该片创新性地通过故事的其中一位当事人进行解说，当事人即亲历者也是观察者，带来了生动的、积极向上的、具有亲和力的内容。

在国际传播中，增强境外观众的接受度是实现文化交流与国家形象塑造的关键。纪录片《预见中国：从大湾区看未来》通过精心选择解说者薛凯琪，由于在身份归属上薛凯琪首先是中国香港人，其次才是该片的解说者，所以观众在这些影像中所看到的是中国香港视角对中国的诠释，而非仅仅是对中国的客观再现。解说者巧妙地融合了多元文化视角，这种策略不仅展示了中国的多样性和现代化进程，还巧妙地迎合了国际观众的文化偏好和心理需求。

首先，薛凯琪作为解说者的身份选择具有深远的意义。她不仅是中国香港的艺人，还是一位在多领域发展成功的跨界偶像。她的身份背景与成长经历使她在解说时能够自然而然地融入多元文化的视角。这种视角的引入打破了传统纪录片中单一视角的局限，使观众能够通过更贴近其文化背景的语言和表达方式理解中国故事。对于许多国际观众而言，薛凯琪的解说不仅具有亲和力，还能够弥合文化差异，让观众在熟悉的语境中感受到中国的发展与变迁。

其次，薛凯琪的跨文化背景增强了影片的可信度和吸引力。她祖籍广东，成长在香港，并在北京设立设计中心，制作工厂位于广东，这种跨地域的生活经历使她在解说时能真正从"内外兼修"的角度出发，深刻理解并传达中国内地的发展故事。这样的背景使她成为连接中国与世界的桥梁，不仅能引起中国观众的共鸣，也能使境外观众感到熟悉与亲切，进而增强对影片内容的接受度。

此外，薛凯琪的解说方式也对增强境外观众的接受度起到了积极作用。她不仅是一位旁观者，更是故事中的亲历者和参与者。通过她的解说，观众不仅仅是被动的接收者，而是通过她的视角参与到故事中，感受中国内地的变化和发展。这种叙事方式增强了观众的代入感，使他们在观看时更容易产生情感共鸣，从而更深刻地理解和接受中国故事。

影片中通过薛凯琪的叙述，与其他 7 个不同文化背景下的人物故事交织在一起，形成了一种多线叙事的方式。这种叙事方式不仅丰富了影片的内容层次，还使得观众能够从多个角度和层面去理解中国的发展历程。对于境外观众来说，这种多维度的叙事能够提供更为全面的视角，使他们不再仅仅局限于单一的文化框架内去理解中国，而是从更广阔的全球化视角去审视中国的崛起与发展。

再次，薛凯琪作为一位在时尚、音乐、影视等多个领域都有所成就的明星，她的形象本身就代表着一种跨界融合的文化象征。她在时尚领域的成功和她在电影、音乐中的影响力，吸引了全球范围内的关注。这种跨界身份不仅增加了她在解说时的权威性，也使得影片在传播时能够更容易触及不同文化圈层的观众。对于那些对中国文化或亚洲文化感兴趣的观众而言，薛凯琪的出现无疑增加了他们对影片的兴趣和期待，从而更容易接受影片所传递的中国故事。

最后，这种多元视角的引入不仅仅是为了增强接受度，更是为了展示一个多样化和创新的中国形象。通过薛凯琪的解说，影片成功地展示了中国内地与香港，甚至全球化背景下的深层"连接"，这种连接不仅体现在经济和技术层面，更体现在文化、思想和价值观的交融上。这种多元化的展示，使得境外观众能够更加全面、深入地理解中国，认识到中国在全球化进程中的角色和贡献，从而增强他们对中国形象的认同和接纳。

在播出效果上，纪录片从策划到制作完成历时 5 个多月，作为一部面对国外受众的纪录片，节目网络版（英文）从 2022 年 10 月 18 日起，首先在探索频道网络平台推送。随后，2022 年 12 月，中英文电视版本通过大湾区卫视、探索频道东南亚频道、广东卫视等面向全球推出，向全球观众解构粤港澳大湾区的发展动力，尝试从大湾区的发展预见中国乃至世界的未来。同时，广东广播电视台将《预见中国》通过"中国大湾区主题周全媒体展映活动"在美国探索频道推出。整个传播以通过美国探索频道的主要平台和互联网的传播，形成宣传矩阵，以 90 秒和 120 秒精剪短片在美国与西欧平台播出；将纪录片完整版以每天 1 小时、连续播出 7 天的频率，在亚太区平台播出。作为全球第四大湾区、世界级的城市群，粤港澳大湾区精品纪录片在探索频道的媒体形象宣传，全球全平台总曝光量为 7190 万次，全球电视平台总曝光量为 4900 万次，全球社交媒体＋数字平台总曝光量为 2290 万次。

其中在探索东南亚频道中：美国观众的收视率排名第一，平均观看时长为 4 分 4 秒（比平均时长多 30 秒）；美国观众的总观看时间也最高，为 8.4 小时；加拿大观众虽然在绝对观看量上排名最低，但这些观众的平均观看时长也非常高，达到 5 分 10 秒（比平均时长多 1 分钟）；中国台湾是平均观影时间最高的地区，平均观影时间为 6 分 30 秒（比整体平均观影时间长约 3 分钟），其他收视率最高的市场是印度（6.6%）、中国香港（3.6%）和中国大陆（3%）。

该片成功实现了在美国、欧洲、亚太乃至全球的广泛传播，尤其是美国和欧洲主流观众对粤港澳大湾区内容的关注度大大超出预期，这充分证明了纪录片的高品质和强大吸引力。通过主流电视媒体、数字媒体、社交媒体及新闻网站等多平台的联动传播，该片成功触达了广泛的受众群体，实现了深度的国际传播效果。

三、跨国媒体合作的启示

仅仅依靠传统的"借船出海"策略已不再足够。在全球化时代，通过与国际主流媒体的深入合作，不仅能够扩大中国故事的国际传播范围，更能通过创新的叙事方式，使得这些故事更加符合全球观众的文化背景和心理预期，从而提升其接受度和影响力。这种合作不只是技术和资源的共享，更是全球语境下文化多样性的深度融合，使得中国故事以更丰富、更有层次的方式被世界所理解和接受。

未来，国际媒体合作纪录片应该更强调全球化语境下文化多样性的重要性，将更加强调跨文化交流和理解。

第一，展现地区特色与全球视野的结合将成为关键。这不仅意味着纪录片内容要深入挖掘特定区域的文化、经济、科技与社会发展，还要将这些内容置于全球背景下进行阐释，为国际观众提供一个多维度理解中国的视角。这种结合不仅丰富了纪录片的内涵，也为全球观众搭建了一座文化理解的桥梁，使纪录片成为跨文化交流的重要平台。

第二，在探讨社会议题时，制作团队需要具备全球视野，并意识到不同国家和地区对这些议题的敏感性和独特理解。这要求创作者在内容制作时进行深入的调研，以确保内容既具真实性，又能符合国际观众的文化习惯和情感共鸣。此外，选择具有跨文化背景和影响力的解说者，可以在国际传播中发挥至关重要的作用。通过这种方式，国际合作纪录片不仅能更好地传达中国故事，还能有效减少文化误读，增强跨文化传播的效果。

第三，通过与不同国家和地区的媒体合作，纪录片的创作可以从更多元的视角出发，融合不同文化的表达方式，进一步提升其国际影响力。这种跨文化、跨国界的合作模式不仅有助于推动全球观众对中国的理解与认同，还能促进不同文化间的尊重与共鸣，成为未来国际媒体合作的重要方向。未来的纪录片制作和国际媒体合作需要在内容的广度与深度上不断提升，同时注重制作的精细化和精准化，以满足全球观众日益多样化的需求，并通过这种合作不断拓展中国文化在全球范围内的传播空间，塑造更加多元、立体的国家形象。

参考文献

［1］哈嘉莹.突破"刻板印象"：纪录片建构国家形象的重要功能［J］.中国电视，2015（5）：72-77.

［2］王庆福，张红玲.纪录片国际传播中"他者叙事"的跨学科思考［J］.现代传播（中国传媒大学学报），2019，41（9）：125-129.

［3］张同道.中国纪录片发展研究报告［M］.北京：中国广播电视出版社，2016.

［4］张同道.2018年中国纪录片发展研究报告［J］.现代传播（中国传媒大学学报），2019，41（5）：117-122.

符号学视域下MG动画在政治评论短视频中的应用研究

——以大湾区卫视《吹咩》项目为例

胡孟轩*

自 2014 年香港"占中"运动以来，以香港地区用户为代表的海外社交平台粤语受众对内地官方机构海外媒体号持续展现出抵触情绪，尤其是 2019 年香港黑暴后，内地官媒在海外社交媒体平台上面对香港地区受众的有效传播变得尤为困难。自索尔·巴斯（Saul Bass）开创电影片头设计的先河以来，动态图形动画（Motion Graphics，后文简称 MG 动画）在欧美为主导的流行文化（Popular Culture）中占据重要位置。由于其天生具备的跨文化和跨语种的传播特性，这种形式在全球范围内受到认可。而香港的海外社交媒体用户，往往也是西方流行文化的热衷追随者，他们在西方流行文化的浸润下成长，对源自西方流行文化的 MG 动画表现出较小的抵触感。鉴于此，本文旨在探讨以 MG 动画为基础建立的视觉系统在对外传播时事评论短片中的作用，本文将重点关注视觉系统的建立、具体视觉符号的使用、MG 动画在政论短片中的潜在发展趋势。

---

* 胡孟轩，男，广东广播电视台大湾区卫视编辑。

一、MG 动画的概念及基本原则

MG 动画是指数字视频或动画的一部分，旨在创造运动或旋转的视觉错觉，并常配合音频在多媒体项目中应用。通常它们通过电子媒体技术显示，但亦可采用如西洋镜、费纳奇镜、频闪、活动视镜、手翻书等手动技术进行显示。而本文聚焦于一种特定形式的动态图形，即以信息图形（information graphic）为主要手段的新闻可视化动态图形，是 MG 动画的一个子集，其本质上就是一组连续运动的信息图形。

MG 动画通常遵循以下几个原则进行设计：

一是象征性原则：大量使用"图标符号"，符号与其所代表的事物之间建立了一种象征关系。这些符号通过形状、大小等视觉元素来传达特定的信息，能帮助受众快速识别，直观地理解其含义。

二是约定性原则：大量使用"习惯符号"——符号的解释依赖于社会或文化中的共同约定。这种习惯符号人们可以凭本能理解，而这种约定性也确保了受众在观看视频时能够准确地理解符号所代表的含义。

三是组合与系统性原则：符号可以组合成一个系统，共同传达更复杂的信息。这个系统中的每个符号都有其特定的位置和作用，与其他符号相互关联，共同构成了装配过程的完整描述。

四是明确性原则：符号的设计需要明确且无歧义，以避免误解，这种明确性确保了跨语言通用性，无需使用文字就可以被不同语言的观众理解，符合设计符号学的规范性要求。

五是 2.5D（伪三维）设计原则：在数字绘画的领域里，立体式数字绘画是以立体图形或半立体图形来表现物体的外观、特征及造型的绘图方式，可分为 2.5D 数字绘画及 3D 数字绘画两种，通常以 3D 数字绘画称之。而 2.5D 数字绘画建构图像的方式与 3D 数字绘画雷同，从建模（Modeling）、材质和纹理贴图（Material and Texturing）、摄影机和灯光设置（Camera and Lighting）到算图（Rendering），皆以相同的绘图方式进行。但 2.5D 数字绘画，则较接近一般浮雕的表现方式，以单面立体图形重叠的方式处理，因此 2.5D 数字绘画大都只能从单一角度获取所需要的画面。2000 年以后，在电影以及广播电视领域的 MG 动画，大多数时候是由以 Adobe After Effect、Apple Motion 为代表的动画合成软件进行生产。这类软件特有的属性是其能够横跨 2D 平面图形与 3D 数字内容创作（DCC）软件的工作方式。得益于生产工具的这种 2.5 特性，现代的 MG 动画和传统赛璐璐动画（Traditional animation）以及 pixel 为代表的 3D 动画有显著的区别。具体表现在，虽然视觉上带有明显的平面设计特征，但是图形元素的运动方式却能呈现出真实的 3 空间（x，y，z 轴）运动特性。

在 2007 年 iPhone 初代为代表的智能手机操作系统图形界面（GUI）上就是一个 MG 动画设计原则完备的视觉系统，与之竞争的安卓手机系统在设计语言原则上也大致相似。经历过智能手机十多年的普及和应用，对现代社交媒体的受众而言，MG 动画这个形式已无接收门槛；就手段而言，其在信息传播上也颇具亲和力，而这也是 MG 动画这一信息载体最大的特殊性。

二、大湾区卫视《吹咩》项目使用 MG 动画视觉语言的探索

《吹咩》是广东广播电视台大湾区卫视脸书（FaceBook）、X 账号 "Channel GBA" 旗下的一档短视频时事评论节目。每期内容为约两分钟的时事评论短片。栏目每周更新两次，采用粤语配音的 MG 动画并穿插少量

实拍素材。在近半年的制作中，我们的栏目团队在内容创作、渠道分发，以及视觉表现等方面对 MG 动画这一形式进行了深入探索。

（一）《吹咩》项目在内容生产上对 MG 动画语言的探索

《吹咩》项目诞生于 2022 年 11 月，该项目初始的目标是为海外社交媒体的内地官媒矩阵提供补充以及支持，所以在内容生产上整体基调偏讽刺，多使用戏谑的手法对新闻事件进行解构。当时配备了 1 个文字编辑、两个后期制作人员进行制作，由于人员配置限制，初期视频素材主要采用了网络素材。而这就面临一些问题：一是现场手机拍摄素材为主，大量被频繁转发的素材画质模糊不清，加之定位报道海外新闻时，往往面临只有文字信息而没有视频来源的困境。即便某些新闻附有视频信息，直接引用这些视频在海外社交平台上也可能触发法律和版权问题。二是为了体现编导意图，需要使用大量复杂的剪辑技巧处理实拍素材，但由于时间限制和后期编辑工具的局限性，仅能通过局部放大、倒放等手段和大量表情包来凸显编导意图，效果仍不尽如人意。基于这些考虑，《吹咩》项目转向了以 MG 动画为形式进行制作。

在油管（Youtube）、脸书等海外平台上，以 MG 动画为主要形式进行时事评论短片制作的 Vox 频道，是相当值得研究的一个案例。

Vox 是美国沃克斯传媒旗下的新闻评论网站，坚持自由主义立场，特点是解释性新闻。Vox 的油管频道有 1190 万订阅者，1680 个视频，其中以 MG 动画为形式以及叙述核心的时政评论视频占了相当大的比例。

下文以 2023 年 4 月发布的视频 "The Trump investigations you should actually care about"（你需要关心特朗普调查）为例，结合《吹咩》项目的实践，具体说明 MG 动画以及符号学在时政评论短片中的应用情况。

"The Trump investigations you should actually care about" 片长 6 分 34 秒，详细分析了四项针对美国前总统特朗普的刑事调查，最后解答了为什么"你需要关心特朗普调查"的原因。全片基本以 MG 动画为形式，穿插少量专家采访，自上线以来累计 136 万次观看，3.3 万点赞，2384 条评论。这个数据在解释性新闻（Explanatory Journalism）类别里相当亮眼。

影片开篇就把对特朗普的四项指控具象化为 4 个具体的图标——绿色支票图标象征"封口费案"，黄色国会山图标象征"国会山暴动案"，粉红色文件箱图标象征"私藏机密文件案"以及蓝色投票箱图标象征的"佐治亚州选举舞弊案"。在使用"象征性原则"建立了这个图标与色彩系统后，Vox 引入了拓扑图系统，把 4 个案件纷繁复杂的诉讼流程简化成拓扑图，仅聚焦于司法程序中的核心环节，即收集证据、展示证据、指控、是否认罪。庭审四项控罪的图标与彩色符号，与司法程序的流程拓扑图叠加，共同组合成了本片的逻辑系统。Vox 的编导由此排除了大量的无效信息，得以在一个低噪音的环境中进行信息加工。

受此启发，《吹咩》项目在《逃不掉的美国学生贷》中也使用了相同的逻辑建立视觉系统，即通过色彩和几何图形对新闻素材进行分类，同时在基础几何体中选择图标的外形。此外，项目还运用拓扑图系统来梳理新闻稿件的关键节点。《逃不掉的美国学生贷》片长 1 分 47 秒，于 2023 年 7 月发布，主要针对时任美国总统的拜登宣布减免 390 亿美元学生贷款政策，并通过罗列数据证明该政策实际上未能实现其预期效果。首先是建立色彩符号系统，片中凡涉及美国政府官员的采访和政策解释都用黄黑颜色进行标示。在色彩心理学中，黄色通常与警告、注意和危险等概念相关联，而黑色则常常与严肃、重要或紧急等意义联系在一起。因此，黄黑色组合能够在心理上产生强烈的暗示效果，而与之对比的中国高校学费等数据则使用蓝白色进行标识。片中采用的色彩系统均遵循 MG 动画的"象征性原则",使片中关于美国政策以及数据的呈现部分始终与紧张和警示性的情绪强相关。

在《逃不掉的美国学生贷》中,凡是关于美国的历史数据我们都选择了以诺曼·洛克威尔(Norman Rockwell)的美国风格主义(American Realism)插画作为画面素材。这种风格的商业插画盛行于美国五六十年代,这一时期也往往被认为是美国在经济、社会和文化各方面达到巅峰的黄金时期。而美国的学生贷款恰恰始于 1944 年美国通过的《服役人员再就读法》(GI Bill),该法案标志着为退伍军人提供教育补助的开始。使用黄金时期的美国插画作为主画面,隐含着对过去美式生活的理想化憧憬,对比眼下债务总额高达 1.76 万亿美元的学生贷,更显嘲讽意味,这也是 MG 动画"约定性原则"的具体设计体现。

Vox 在"The Trump investigations you should actually care about"片中,采访嘉宾头像被扁平化并嵌入色彩系统,使受访嘉宾与关联案件的色彩标签一致。纵观全片,四个案件的叙述以及嘉宾访谈在 6 分钟内的多次切换,正是使用了色彩标签系统对嘉宾进行分类,才使得整体的叙述脉络清晰、主次分明,符合观看直觉。该做法是 MG 动画中"组合与系统性原则"的典型案例。

而《吹咩》项目的 MG 动画在"组合与系统性原则"上是欠缺的。以 2023 年 5 月发布的《Micron 你哭个 P 啊!》为例,该片通过讽刺美光公司依赖美国政府支持,并向美国政府举报外国竞争对手不公平竞争的行为,最终于 2023 年 5 月被中国商务部制裁的新闻事件。虽然片中大量使用拟人化表情符号与公司 logo 赋予各公司以人格特征,但未有效利用 MG 动画的视觉系统明确区分美国政府政策与美光公司之间的联系,也未对美国和中国政府的政策进行明确的视觉区分，导致叙述上的混乱，观感不佳。

（二）《吹咩》项目在渠道上对 MG 动画语言的探索

在脸书和 X（前 Twitter）平台，港澳粤语人群传播视觉上最大的特质就是延续了港澳地区传统印刷媒体的视觉符号。具体表现为：信息载体为单一图片，多为新闻事件截图搭配文字简介和核心观点；字体多使用巨大的非衬线粗体字，文字信息通常占据画面 2/3 以上面积，字体使用粗描边，颜色使用上显得较为随意，缺乏统一的设计感；缺乏图像信息的新闻事件倾向于使用单一大图发布信息，背景通常为渐变色，配以非衬线粗体字。

针对上述特质，《吹咩》项目的 MG 动画系统有如下优势。一是视觉符号使用有章可循，减少视觉疲劳。《吹咩》项目一集所使用的颜色不超过 5 种，通常是两组在色盘上呈 120 度对应位置的"四分色"（Tetradic Colors）来指定新闻事件的正反两方，然后搭配一个重点颜色来突出重点；《吹咩》项目遵循"约定性"和"象征性"原则，仅使用基本的几何体和符号，并在符号的种类上尽量克制，在制作周期允许的情况下会尽量把现实素材拓扑化，删除多余信息。二是减少港人的排斥心理。《吹咩》所使用的 MG 动画系统参考了 Vox 以及科普类 MG 动画头部博主 Kurzgesagt 的设计语言 / 符号进行设计，在视觉符号的使用上偏中性且具有科普性质，简单而言，它类似于一个带有政治评论特点的宜家家具说明书。在颜色和排版上，它接近香港本地严肃时政媒体南华早报以及香港无线电视台的公益广告风格，既有别于普通的内地主流媒体，也贴近香港和澳门人群的视觉习惯。

三、《吹咩》项目对 MG 动画演进方向的思考

（一）规避同质化，追求创新与差异化创作

在《吹咩》项目使用了 MG 动画系统进行视觉设计半年后，我们也逐渐察觉到了这个视觉系统的局限性。长期使用稳定的视觉 / 符号系统虽然能保证基本的节目质量和生产周期，但也导致了视觉内容的严重同质化。这在后期表现为难以区分不同集之间的区别。而这也与传播学中的"制度理性化理论"（Institutional Rationalization Theory）相符合。该理论指出，组织倾向于遵循规则、制度和惯例来获取合法性，但这种遵从也可能使其僵化保守，缺乏创新。具体在节目制作中就表现为过度追求所谓的"行业标准""流行审美""规范化制作流程"等，而忽视了创新和差异化。

（二）MG 动画分支：计算机生成拼贴艺术

以基础几何符号为视觉设计主体的 MG 动画系统在视觉上过分理性，大量的拓扑图化不利于情绪表达，使得节目整体显得呆板，理性有余感性不足。由此，栏目组把目光投向了 MG 动画体系下的一个分支——计算机生成拼贴动画，其视觉系统核心是"拼贴艺术"。拼贴艺术是指将各种异质材料（报纸、布料、金属、木头等）组合拼贴在画布或其他平面上，创作出独特的平面或立体作品的一种视觉艺术形式。而计算机生成拼贴动画就是用图像软件和剪接软件，在计算机的数字环境里将拼贴艺术动画化。

拼贴画作为一种政治艺术形式，不仅具有深厚的历史背景，而且与当今时代有着特殊的关联性。其起源于 20 世纪初欧洲的反种族主义运动和

俄国革命运动。20世纪初期，德国达达主义艺术家如库尔特·施维特斯（Kurt Schwitters）等人开始利用拼贴艺术对战争和资产阶级价值观进行讽刺和批评；20世纪70年代后，美国和欧洲的激进艺术家们广泛运用拼贴手法制作政治海报和公共装置艺术，谴责战争、种族歧视等；近年来，网络时代的数字拼贴艺术风靡全球，艺术家们利用各种软件工具，快速制作并传播具有时事讽刺色彩的作品。

《吹咩》项目会逐步从原来以基本几何体高度拓扑化的视觉语言，转变为自由地拼贴和变换各种矢量或位图图形元素，并无缝整合3D建模、视频合成等数字手段的拼贴动画化，这标志着其向更为风格化的演进方向迈进。

（三）Win 95 Aesthetics，Y2K风格回潮——千禧一代的视觉语言

Windows 95审美风格（Win 95 Aesthetics），是一种新兴的视觉艺术和多媒体风格，其特征是大量使用Windows 95及其他经典Windows操作系统界面中的图标、对话框、错误信息等元素，用当代艺术手法结合在一起，进行拼贴、渲染、再加工。近年来，这种像素化、低清晰度的视觉风格特别受20世纪90年代后期出生的千禧一代和Z世代年轻人欢迎，成为Y2K风格回潮（Y2K Aesthetic Revival）的一部分。

而这亦为我们在制作面向千禧一代MG动画政论类节目时提供了启示——对于20世纪90年代后期出生的千禧一代和Z世代年轻人来说，这些视觉元素能唤起他们对童年和成长期的熟悉感和怀旧情绪。而使用这些元素的MG动画风格蕴含了一种对当下扁平化、极简主义数字设计的质疑和反拗，这种故意夸张、怪诞和拼贴的手法突破了现代主流审美，成为一个有效传播信息、吸引千禧一代注意力的视觉切入点。

四、结语

《吹咩》项目的案例说明了在以年为单位长期运营的项目中拥有一个固定视觉符号框架以及设计原则的视觉系统的重要性。这不仅能使节目生产质量可预期，而且在多数情况下还能控制时间成本。以 MG 动画为核心构建的视觉系统具有良好的跨语言兼容性，在面向特定人群传播时能更顺畅地融入其原有信息获取习惯，从而有效避免冲突，达到较好的传播效果。本文也旨在为进一步探讨视频视觉形式在对外传播中的应用提供理论基础和实践参考。

参考文献

［1］Meyer J W, Rowan B. Institutionalized organizations: Formal structure as myth and ceremony［J］. American Journal of Sociology, 1977, 83 (2): 340‒363.

［2］Scott W R. Institutions and organizations: Ideas, interests, and identities［M］. Thousand Oaks: Sage publications, 2013.

港澳地区的国际传播：以香港电台为例

曾宏达[*]

香港、澳门作为中国的特别行政区，在"一国两制"下享有高度自治权，同时也是内地与世界之间的桥梁和纽带。它们在国际交流和合作中发挥着重要的角色，被视为内地的"超级联系人"。港澳地区在漫长的历史进程中不仅保留了深厚的中华文化传统，还在近数百年间随着西学东渐的大潮，吸收了西方文化的元素，留下了明显的西方文化的痕迹，是中西方文化剧烈碰撞、深度融合的前沿地。这种中西合璧的文化特色使得港澳地区在传播中华文化和吸引国际关注方面具有独特的优势。

本文选取香港电台作为港澳国际传播的研究案例。香港电台（RTHK）是香港历史最悠久的广播电台，也是香港唯一的公共广播机构。它拥有 7 个电台频道，每天 24 小时广播，为香港市民提供资讯、教育及娱乐等多元化节目。其节目定位多样，包括新闻及资讯频道、家庭频道、英语新闻及资讯频道等，来满足不同听众的需求。此外，凭借香港特区在国际上的影响力，香港电台所具备的国际传播能力也不容小觑。

---

* 曾宏达，男，广东台深圳记者站新媒体监制。

一、港澳作为世界了解中国的窗户

在 20 世纪 90 年代，香港电台作为香港的公共广播机构，享有相对独立的地位，能够对社会事件进行客观、中立的报道。这种独立性使得香港电台在报道国际新闻时，能够坚持原则，不受政治干预或压力影响，为公众提供准确、客观的信息。

在香港实施"港人治港、高度自治"的政策下，香港电台经常报道国际重大事件，如全球气候变化、国际政治冲突等，而这类话题与欧美民众的关注点相同、价值观契合。而且在新闻内容的制作手法上，香港电台采用了与欧美国家相同的方式。基于上述前提，早期欧美国家民众更容易接受香港电台节目内容，而实际上，他们更多地是通过香港电台获取中国内地信息。

而处在"隔壁"的澳门特区，在帮助西方世界了解中国方面同样发挥着至关重要的作用，不过他们更多地面向的是葡语系国家。例如，《澳门日报》作为澳门的主要报纸之一，在新闻报道、评论分析等方面具有较高的专业性和权威性。该报不仅关注澳门本地的新闻，也广泛报道国际新闻，特别是与中国、葡萄牙，以及其他葡语系国家相关的新闻。《澳门日报》深入、客观的报道和分析一度赢得了广泛的读者群体和国际声誉。

香港和澳门作为中国的特别行政区，拥有独特的政治、经济和社会制度。这些地区在保持自身特色的同时，也与中国内地保持着密切的联系和交流。这种特殊的地位使得香港和澳门成为了中国与世界交流的重要窗口。

二、香港电台在国际新闻的"播出"与"输出"

香港电台是香港历史最悠久的广播电台，主要功能是宣传政府的政策、制作教育及资讯节目。1970 年，香港电台成立了"公共事务电视部"，并开始制作时事及公共事务节目，供持牌商营电视播映。后来随着电视的普及化，香港电台制作的电视节目亦开始多元化，相继有电视剧、纪录片、综合节目、文教节目及教育电视等。1976 年，与教育司署（教育统筹局前身）属下的教育电视台合并，并改为现名。

香港电台设有 7 个频道，各个频道每天 24 小时广播。其中，香港电台第三台收听频率：中波 AM567KHz、1584KHz，调频 FM106.8MHz（香港岛南）、97.9MHz（跑马地）、渣甸山（湾仔、阳明山庄眺景园）、107.8MHz（将军澳、天水围），功率：调频 0.1/0.3/0.5/1kW，中波 50kW，几乎覆盖全香港地区。节目定位：英语新闻及资讯频道，以英语广播为居港的英语人士提供各方资讯，协助他们投入本地社会事务，融入香港。

总之，香港电台在与国际接轨方面做得颇为出色，该英文频道在节目制作、播出等方面均遵循国际标准，具有较高的国际化水平。通过英语频道的运营，香港电台不仅服务了本地英语人群，也提高了其在国际上的知名度和影响力。

此外，由于较早地与国外先进制作技术相接触，香港电台将早期欧美发达国家一些先进节目制作技术也同样运用于粤语广播节目之中，就此诞生出一批经典之作，如《铿锵集》《头条新闻》《议事论事》等粤语深度评论节目。这些节目保持着一贯的严谨和洞察力，无论面对怎样的政治热点，都能提供深入且富有洞察力的讨论，以扎实的事实基础和多元的议题探讨，引领社会公众洞见社会万象，触及问题的核心。

港澳地区长期有向海外传播中华文化的传统。例如，《中华五千年》是一个香港电台广播的节目，从 1983 年开播至 2000 年，一共 900 集，为香港电台最长寿的广播剧。内容涵盖了从原始时代到中华人民共和国开国为止的丰富历史。节目通过讲述和戏剧化表达的方式，介绍了每个时代政治、文化、社会中有重大影响的事件，让香港听众更好地了解和感受中国的悠久历史和灿烂文化。

三、西方国家的舆论陷阱与香港电台的"拨乱反正"

第二次世界大战后，西方国家在政治、经济、军事、舆论话语权和科技等客观物质方面占有绝对优势。它们能够利用时下最先进的传播技术和手段，快速、广泛地传播自己的观点和立场，影响国际舆论的走向，把文化渗透视为控制他国民众思想和精神生活、实现其政治目的的有效手段。文化传播在它们看来已经成为一种可以操控的政治资源，一种实现国家利益的特殊工具。西方国家的做法在于通过把己国文化打造为衡量一切文化的标准和尺度，在潜移默化中改变他国受众的生活方式、思维方式和价值观，实现对其思想和精神生活的控制。

承接前文所述，由于港澳地区对欧美国家持开放性姿态，因此容易陷入欧美"夹带私货"的舆论陷阱。在 2019 年香港反修例风波后，无论是港澳市民还是内地居民，都深刻地意识到了这一点。因此，2021 年开始香港电台不再转播 BBC 国际频道及"BBC 时事一周"节目。其原因在于：经调查，BBC 世界新闻台涉华报道有关内容严重违反《广播电视管理条例》《境外卫星电视频道落地管理办法》有关规定，违反新闻应当真实、公正的要求，损害中国国家利益，破坏中国民族团结，不符合境外频道在中国境内落地条件，国家广播电视总局不允许BBC世界新闻台继续在中国境内落地，对其新一年度落地申请不予受理。

除了转播节目之外，香港电台内部的一些制作人员也存在着"夹带私货"的情况。在香港发生动乱之际，部分节目甚至公然为乱港分子张目，颠倒黑白、美化暴力，某种程度上已成为暴乱分子的宣讲平台。

此外，美国在新疆人权问题上也同样利用了舆论造谣的手法。美国的一些学术机构、智库和非政府组织持续不断地炮制关于新疆的虚假"研究报告"，这些报告往往基于不实信息，其本质是对中国的新疆政策进行恶意抹黑。美国还通过其管理的新闻机构和媒体，用各种语言炮制有关新疆所谓"种族灭绝""强迫劳动"的虚假新闻和"宣传品"。这些新闻和宣传品常被协调盟国媒体机构转载报道，进而扩大了其影响范围。美国还通过互联网媒体"技术入股"等方式，一方面弱化、屏蔽中国发布的涉疆真实信息，另一方面为反华势力传播涉疆虚假信息提供便利和支持，这种做法加剧了涉疆虚假信息的传播和扩散。

美国通过资助反对派、提供媒体支持、利用社交网络等方式来推动"颜色革命"，这些活动旨在改变目标国家的政治格局，使其更符合美国的战略利益。然而，这种干涉他国内政的行为已经引起了国际社会的广泛争议和批评。许多人认为，美国的行为侵犯了他国的主权和独立，对全球和平与稳定构成了威胁。

四、港澳国际传播：面向复杂国际舆论场的未来

巴以冲突、俄乌冲突搅动了地缘政治的新局势。当前的国际舆论场正变得越来越多元化和复杂化。随着全球化和信息技术的不断发展，各国之间的交流和互动日益频繁，各种观点和声音在国际舆论场中交织、碰撞。

这使得国际舆论场变得更加复杂，难以形成单一的舆论主导。

随着我国综合国力的提升和国际地位的提高，我国在国际舆论场的影响力也在逐渐增强。国际社会对于中国的关注度不断提高，中国声音在国际舆论场中的传播和影响力也日益增强。

党的二十大报告提出，要"加强国际传播能力建设，全面提升国际传播效能"。习近平总书记在对宣传思想文化工作做出的重要指示中也强调，要"着力加强国际传播能力建设、促进文明交流互鉴"。贯彻落实好党的二十大精神和习近平总书记重要指示，必须深入贯彻习近平文化思想，充分认清国际传播的重大意义，准确把握国际传播的特点规律，找准国际传播强能增效的方法路径，切实用扎实有效的国际传播增强中华文明传播力、影响力。

而港澳地区作为国际性城市，对外联系广泛，具备向海外传播中华文化的多重优势。例如，以"四书五经"为代表的多语种中国典籍经港澳流向欧洲，早在西方列强进入港澳之始，澳门、香港便有向海外传播中华文化的记录。16 世纪时葡萄牙人租居澳门，以耶稣会士为代表的天主教传教士来到澳门，开始将中国古典经籍翻译成西方文字出版，使之在欧洲国家传播，1861 年《四书》英译本在香港出版，并陆续在伦敦等国外出版，完整地将中国的《四书》《五经》译为英文介绍给世界。为促进中华文化的海外传播、加深海外对中华文化的了解，以及推动海外汉学的形成都起到了重要的作用。此外，随着现代科技的发展，港澳地区还积极利用互联网、社交媒体等渠道，向世界展示中华文化的魅力和内涵。

本文认为，港澳地区理应抓住国家文化发展的契机，充分发挥自身优势，提升自身中华文化水准，阐释好、发扬好中华文化的当代价值和世界意义，讲好"一国两制"下的港澳故事，把中华文化海外传播作为自身文化发展的重要方向。这不仅是港澳为国家文化发展做出的卓越贡献，也是港澳主动融入国家发展大局的重要展示。

同时，内地媒体也需要从港澳地区的国际传播工作中汲取有益的经验和做法，加强与国际社会的交流和互动，提高对外传播的质量和效果。并且，传播工作始终要注意结合中国的实际情况和特色，打造具有中国特色的国际传播品牌，推动中华文化走向世界。

参考文献

［1］陈韬文，李立峯.香港的传媒、政治和社会变迁［J］.国际新闻界，2009（12）：11-16.

［2］杜炜.香港地区广播融媒体发展的现状及启示［J］.中国广播，2015（8）：32-35.

［3］殷琦.从香港电台看香港公共广播服务的起源与进展［J］.现代传播（中国传媒大学学报），2011（9）：98-103.

中国对外传播的劝服困境：
以YouTube上个人IP的运营为例

李雨蔓*

一、中国对外传播的重要性及现况

习近平总书记在十九届中央政治局第三十次集体学习时首次提出全面提升国际传播效能。党的二十大报告指出："加强国际传播能力建设，全面提升国际传播效能，形成同我国综合国力和国际地位相匹配的国际话语权。"国际话语权是衡量一个国家综合实力与国际影响力的重要指标。一个国家掌握了更多国际话语权象征着这个国家在国际社会中拥有了更多的主动权。实现从国际话语到国际话语权转化的关键，在于这个国家对世界其他国家能够产生足够的影响，这就需要一个从"能够说"到"有人听""有人应"，再到"传得开"的过程。但长期以来，我国在国际舆论舞台上总是处于被动地位，这迫切要求我们增强国际传播能力，构建同我国综合国力和国际地位相匹配的国际话语权。

* 李雨蔓，女，广东台对外传播中心记者。

二、YouTube 作为对外传播重要平台

为了能够以更加"接地气"的方式对外说好中国故事，众多新闻工作者纷纷以打造个人 IP 的形式入驻海外社交媒体，从个人评论到日常分享，对外呈现一个更灵动、真实的传播者形象。其中，选择什么样的社交媒体平台进行对外传播也非常重要。脸书（Facebook）是其中一类常见的平台，它拥有庞大的用户基数，但相关数据显示，平台上所有帖子的平均互动率仅为 0.07%，照片贴的平均互动率高于视频贴。而新闻在推特（Twitter）上扮演着重要角色，在美国 69% 的 Twitter 用户从该平台上获取新闻，Twitter 用户的收入和学历普遍较高。照片墙（Instagram）是最受年轻人青睐的社交媒体平台，而抖音国际版（TikTok）则是互动率最高的社交媒体平台。

在所有海外社交媒体平台中，油管（YouTube）是用户平均使用时间最长的平台。应用程序 Annie（安妮）提供的数据表明，YouTube 用户平均每月在线时间长达 23.7 小时，远远超过并列排名第二位的 Facebook 和抖音国际版（TikTok）（19.6 小时）。YouTube 的全球活跃用户数量仅次于 Facebook 排名第二位。此外，平台活跃用户增长很快，其 2021 年的增长速度几乎是 Facebook（4.1%）的三倍。平台用户超过 1 亿人的国家分别是印度、美国、印度尼西亚、巴西、俄罗斯和日本。

YouTube 的一大特点在于对语言包容度非常高。据皮尤研究中心数据显示，流行频道在 YouTube 发布的视频中有 67% 是英语以外的其他语言，英语仅占 28%。而且，YouTube 能将用户发布的任意语言的视频自动生成其母语的字幕，这不仅减小了国际传播的语言障碍，还极大地降低了民间传播者向海外受众讲述"中国故事"的门槛。简言之，在 YouTube 上可以用

中文和海外观众交流。除此以外，YouTube 新推出的 Shorts 功能，也为时下流行的竖屏短视频提供了展现之地。Shorts 作为短视频，完全可以通过手机创作以及观看，短片是长度不超过 60 秒的竖版视频，创作方式非常方便。YouTube Shorts 拥有 20 亿月活用户，无论你是经验丰富的创作老手还是创作新人，都能通过 Shorts 创作工具立即触及新观众。因此，Shorts 短片的独特欣赏体验让 YouTube 的用户多了一种方式来创作内容，并触及以前可能从未看过其内容的新观众。

总而言之，YouTube 的用户粘度高、受众群体非常庞大且活跃、传播范围也十分广阔，语言包容性强、玩法多、操作简单。因此，想要更加有效地将"中国故事"真实地传递给全世界的人们，YouTube 无疑是一个非常出色的线上平台。一个合适的平台在对外传播中能起到至关重要的推动作用，而 YouTube 正是打开对外交流窗口的极佳选择。

国内不乏在 YouTube 上非常出圈的中文账号，比如我们耳熟能详的"李子柒"。其"古法做食"的风格与"采菊东篱下"的慢生活风格在海内外吸粉无数。李子柒的视频基本没有台词，配文也只是简单的中文解释，但凭借其精美的制作和特有的悠然静谧之风，引起了海内外观众对宁静美好生活向往的共鸣，对外呈现了中国美丽的乡村风景、色香味俱全的中国美食以及各种源远流长的手工艺技术。

三、YouTube 上个人 IP 的运营困境与思考

世界上不存在与政府绝缘的媒体，即便在标榜"新闻自由"的西方国家，媒体和政府的关系也非常紧密。但以民间、非官方身份出现的传播者，更容易赢得人们的信任。因此，新闻记者打造个人 IP 成了新的外宣之路。简单来说，"个人 IP"就是个人品牌，它通过提升知名度来创造和转化商业

价值。李子柒、罗永浩等均属个人 IP 的范畴。目前，个人 IP 同时也是一种商业模式，简单的理解是一种把流量变成钱的媒介。然而新闻工作者打造个人 IP 则是为了把流量变成海外观众的信任，让"中国故事"传播得更为广泛即外宣工作者追求的"商业价值"。

笔者目前在 YouTube 运营两个个人 IP，一个是记者时事快评账号 @ 强光聚焦，其形式为记者直面镜头对当下热点时事进行三四分钟的评述。另一个是记者工作记录账号 @ 蔓蔓 Crystal，主要发布记者以 Vlog 形式参加各种活动报道的工作视频。

（一）主题宣传味道浓郁容易导致不接地气

虽然做国际传播的工作者深知，软性的内容输出更能贴近外国观众，有效吸粉，但在实际操作中，很多主题宣传确实也是不可回避的命题，例如，全国两会、高质量发展、百千万工程等。即使是在内宣工作中，要将此类重大主题、严肃话题变成易于国内老百姓"食用"的平常故事，这本身就是一件难事。在海外，则更容易造成"不食人间烟火"的效应，无法与海外受众形成共鸣。

媒体大肆宣传中国特色社会主义道路、中国式现代化的意义等，都是应有之义。但在实操中会发现，重大主题相关的内容，即使是采用了记者现场 Vlog 这种创新和灵活的内容呈现形式，视频的浏览量还是非常低。例如，@ 强光聚焦发布《廣交會展現「美好生活」見證中國外貿「韌實力」》（《广交会展现「美好生活」见证中国外贸「韧实力」》）、《投資粵港澳大灣區，就是收穫當下、贏得未來》（《投资粤港澳大湾区，就是收获当下、赢得未来》）、《這些世界 500 強企業，為何對大灣區充滿信心？》（《这些世界 500 强企业，为何对大湾区充满信心？》）等带有浓郁主旋律色彩的视频，播放量仅为个位数。

如果换位思考，我们或许会发现，国人对西方政治制度和时事的了解，除了从课本上学习以外，还会从观看诸如《纸牌屋》等影视作品来了解，一些人甚至是以猎奇、感到滑稽的心理，去关注西方选举候选人的发言，来了解此类严肃内容。由此可见，外宣作品若想避免"政治色彩浓""生硬无趣"等标签，讲故事时，除了要再大胆、另辟蹊径些，还须借鉴西方这种剧情式、矛盾式的传播方式，那么我国外宣的传播效果或许会更好。

（二）内容不够客观，影响信服力

"讲好中国故事"，核心在于呈现中国的好故事，这一点至关重要。然而，若是对我国发展过程中遭遇的挑战和矛盾避而不谈或者轻描淡写，难免会给外界留下消极的印象，也会削弱对外传播的感召力与信服力。长此以往，我国海外传播的内容恐将难以摆脱"仅输出积极面"的刻板印象，最终导致我国在国际舞台上的声音缺乏应有的信服力。在 YouTube 上运营个人 IP 时，笔者发现不少内容确实会招来网友的质疑。

比如，账号 @ 蔓蔓 Crystal 发布《與台媒對話｜為什麼臺灣民眾對大陸誤解那麼深？誰在從中作梗？》（《与台媒对话｜为什么台湾民众对大陆误解那么深？谁在从中作梗？》），其内容直击台湾民众痛点，在评论区也马上招来不少攻击与质疑。笔者发现，排除恶意性的攻击，对于绝大多数海外网友而言，若是可以先真诚、客观地回应质疑，即使对方不能立即完全认可账号内容的真实性，但也会倾向于继续关注该账号，期待后续的内容。除此之外，运营账号也要在评论区下功夫。如果面对不明真相、好奇的网友，运营者就需要耐心解释，且言辞中立、客观，切忌出现绝对、偏激的表述。而面对黑子、水军，则无须浪费口舌。此外，控评、删光负面评论等做法其实很多时候会适得其反，给海外受众一种虚假矫饰的印象。相反，对留下的恶评展现耐心解释的态度，有心人自然会看懂。

（三）受众不明确，内容不区分

通过对比观察，笔者发现很多人外宣工作的思想还停留在语种的转变上，似乎加上英文字幕或者英文配音就是外宣作品。而且，并非所有"涉外"稿都是真正的"对外"稿，也并非有外国人出现的稿件就是对外稿。还有诸如"千稿一面"，甚至照搬照抄内宣报道等情况，这些稿子普遍内容假大空，通篇均为"大道理"。

除此之外，如果以为仅凭做出引发国人共鸣的内宣作品，外国受众就会"想当然"地产生共鸣，进而以此内宣偏好推断外界喜好，这往往是错误的。在国内，内宣或许还可以凭经验推断国内受众的品味，但面对文化背景迥异的海外阅听者，这种想当然的判断就会出现传播歧义和差错。为了更清晰直观地阐释外宣与内宣在议题设置方面的区别，笔者在此列举几条新华社的稿件标题（见表 1）。

表1 新华社分社稿件与修改后稿件的对比

分社发来稿件	修改后的刊发稿件
《西藏：奋力谱写中国式现代化西藏新篇章》	《西藏自治区主席：筑牢国家安全屏障，加强反分裂斗争》
《中国文旅市场迎来新发展势头》	《从机器人演奏到房车露营：消费升级助力中国文旅消费复苏》
《中国夏收注重降耗减损》	《中国夏粮丰收对饱受通胀困扰的世界意味着什么？》

资料来源：作者自制。

对比可知，分社发来的内宣稿件标题比较"大"且笼统，宣传色彩浓厚。而修改后的标题则内容具体、清晰，很自然地将中国的故事与国外受众的兴趣点相结合，给了世人关注这条新闻的契机和理由。在 YouTube 运营个人 IP 时，我们不难发现，那些精美包装但过分自夸煽动爱国情怀的内容，其传播效果远不及一条话题性强、评述中立的简单粗剪视频。这进一步验证了在外宣工作中，内容还是要大于形式。

（四）平台限制

在海外社交平台讲述中国故事，无异于在别人的主场手握他人的麦克风发言。我们说话的内容和时长均受人限制，麦克风随时会被拿走。我们既要绞尽脑汁构思适应外网的内容，又要探索不同平台的运作规则，而那些宣传意图明显的视频还可能遭遇限流，导致播放惨淡，更须时刻警惕账号被封，使之前的努力付诸东流。诸多限制使我们难免感到束手束脚，难以大展拳脚进行外宣工作。然而，这些挑战同时也为外宣工作提供了潜在的指引。我们应当抛弃内宣思想和内宣一贯的输出模式，转而深入研究海外平台受众的喜好，了解他们的阅读兴趣和风格偏好，从而制作出贴近他们需求的内容。只有这样，才能实现精准传播、贴近传播，达到更好的传播效果。

（五）海外受众顽固的成见

在对外传播实践中，很多时候症结在于海外阅听者根深蒂固的成见，这种成见离不开长期以来西方媒体对中国的负面报道、持续抹黑，以及中国在海外话语声音的缺失。即使以个人 IP 的姿态出现，一旦发布的内容稍具政治争议性，攻击性评论就会蜂拥而至。并且在这种敌对性的舆论声之中，鲜有中国网友用"现身说法"予以反驳，于是就会呈现出"寡不敌众"的态势。

网络发达、与时俱进，足不出户便可了解世界。然而事实却是，对外传播道路充满挑战，消除外网的成见就仿佛蚂蚁推墙、道阻且长，需要外宣人一步步向前推进。

参考文献

［1］崔鹏，王峰．当前我国国际传播面临的问题与思考［J］．对外传播，2020（9）：14-15.

［2］王慧．全面提升"中国话语"的国际传播效能［J］．人民论坛，2023（8）：101-103.

［3］周丹，邓莉，郭羽，等．构建国际传播话语体系是有效提升国际话语权的重要手段［N/OL］．七一网，2024-01-26［2024-05-05］．https://m.12371.gov.cn/content/2024-01/26/content_457529.html.

融媒体背景下"一带一路"倡议的国际传播策略

——以南方财经全媒体集团新加坡走访项目为例

何柳颖[*]

2013 年，习近平总书记提出共建"一带一路"宏伟倡议。十几年来，中国与"一带一路"共建国家和地区经贸关系持续稳固。根据中国商务部的统计数据，2013—2022 年，中国与这些国家的货物贸易额增长了一倍多，从 1.04 万亿美元增加到 2.07 万亿美元；同时，双向投资累计超过了 2700 亿美元。

在当前全球经济形势严峻和政治局势复杂的背景下，国际社会对"一带一路"倡议的认识和解读变得尤为关键。2023 年，南方财经全媒体集团启动了一项大规模的"一带一路"走访计划。在新加坡的实地走访中，团队制作了两个 Vlog 和一个微纪录片，专注于中新两国的合作与友谊，并通过本土化和个人化的视角向世界讲述"一带一路"的故事。

在纪录片中，"一带一路"故事主要通过国际贸易的"本土化"视角进

---

* 何柳颖，女，《21 世纪经济报道》记者。

行展现，将"一带一路"共建故事转化为当地建设的故事，强调共同的利益和发展目标。Vlog 则通过展示新加坡的实景，采用第一人称的叙述方式，缩短了与观众的距离，并突出了中新合作的不断深化。在融媒体时代，传播者的角色应从传统的记者转变为讲述国际故事的叙述者，放弃单向传播模式，转而在内容制作和传播过程中强调双向互动，与观众共同感受"一带一路"倡议带来的共赢与共享。

一、纪录片国际传播：寻找利益汇合点，突出文化价值

纪录片作为一种强有力的国际传播手段，能够将"一带一路"倡议的最新进展以生动、动态的影像形式展现给全球观众。为了更有效地向世界传达"一带一路"的故事，本文认为纪录片制作应采用本土化和他者视角，利用多元声音讲述"一带一路"的共建故事。

（一）寻找利益汇合点，强调本土化视角

共建"一带一路"倡议已经走过了十几年，这十几年间，围绕共建"一带一路"倡议，国际媒体上出现了"债务陷阱""好大喜功"等杂音。纪录片在传播该倡议时，应避免陷入西方主导的话语和意识形态争议。制作团队应在深刻理解"一带一路"倡议及构建"人类命运共同体"理念的基础上，寻找中国叙事及中国话语体系与共建国家文化及国情的共鸣之处，并通过简洁、清晰、贴近人心的语言和逻辑性强的叙述来传达中国的理念。

南方财经全媒体集团制作的微型纪录片"The BRI: A Decade On ｜ Guangdong: Growing Connectivity"（《"一带一路"倡议：十年发展｜广东与世界的互联互通不断增强》）于 2023 年 12 月 27 日发布。该片聚焦于贸易合作领域，展示了中国企业如何跨越地理界限，与"一带一路"参与国家

建立合作关系。在全球贸易日益碎片化的背景下，该倡议强调的是开放和畅通的贸易环境。在纪录片中突出贸易互利、合作共赢，是对西方媒体负面解读的有效回应。

新加坡，地处马来半岛南端和马六甲海峡东南端，是海上丝绸之路的关键节点，也是中国与东盟的重要纽带。纪录片中，新加坡交易所的研究人员讲述了中国与东盟合作的深化过程，以及双方贸易额从 2019 年的 6000 多亿美元增长到 2022 年的 9000 多亿美元的历程。纪录片通过新加坡金融机构的视角，以"本土化"视角呈现"一带一路"共建的经贸成果。

在突出贸易这一利益汇集点的过程中，纪录片以新加坡港作为切口，采访了中远新港码头有限公司相关负责人。该名负责人从其亲身经历出发，讲述中国航运企业与新加坡码头的合作情况，突出中企的加入提升了新加坡港口企业的航运价值。从新加坡本土企业的视角出发，强调双赢局面，而非单向的"走出去"。

"一带一路"倡议的国际传播应采取包容性强的"共话"视角。利用他者视角是增强纪录片说服力的关键策略，有助于防止纪录片沦为单一价值观的宣传工具。通过巧妙转换叙事主体，纪录片能够以文本接近性对内容进行深入阐释，减少文化差异带来的隔阂，采用贴近民众的叙事方式激发观众的情感共鸣，从而有效提升跨文化交流的成效。

（二）突出文化价值，强调民心相通

习近平总书记指出："国之交在于民相亲，民相亲在于心相通。"民心相通是最基础、最坚实、最持久的互联互通，也是"一带一路"共建的重要内容。

为了有效地讲述"一带一路"的国际故事，关键在于发现和强调文化价值。在"文化丝路"的主题框架下，建立共情的首要步骤是唤起情感共鸣，即全球社会基于理解对中国文化的感同身受；其次是通过跨文化交流促进全球对中国文化的认知共情，从而加深对中国文化的理解和接受。

在纪录片中，中国文化出海得到了很好的镜头呈现。比如，海底捞员工表演的川剧变脸，作为一个知名度高的中国餐饮品牌，海底捞的出现代表着中国品牌出海，而川剧变脸的出现则代表着中国传统文化的成功出海。纪录片对此进行了影像传播，并没有进行过多的旁白讲述，直接以画面触达观众，凸显了"一带一路"倡议中文化交流和民心相通的重要性。

基建项目是共建"一带一路"倡议的重点工程，通过聚焦项目中的人物故事，可以更深刻地传达共建的深层含义。在国际传播中，传播者应采用微观视角，关注与受众日常生活紧密相关的话题，如项目对当地社会的具体影响，以及它如何促进跨国界的文化和人际互动。

在纪录片拍摄过程中，走访团队采访了中国建筑新加坡公司的一名印度籍员工，他在新加坡 13 年，加入中国建筑约 8 年。对于中国与新加坡而言，该名员工都像一个"他者"。但加入中国建筑后，这名"他者"成为了中国与新加坡合作的重要见证者。该名员工是中国基建项目属地化的一个印证，同时通过展现其与中国同事的友好交往，彰显了"一带一路"倡议所倡导的友好合作精神。

二、Vlog 国际传播：寻找微型切口，融入社会脉动

Vlog 作为一种新兴形式，以第一人称视角、沉浸式观看体验、简便的制作过程和轻松的节奏，相较于电视、报纸和纪录片等传统媒介，更能迅速吸引观众的注意力。本文认为，在新时代的国际传播实践中，应当充分利用 Vlog 的优势，通过个人化和生活化的视角，缩短与受众的心理距离，生动展现"一带一路"倡议的共建成果。

（一）突出个体视角

Vlog 形式的微纪录片通常采用第一人称视角拍摄，微时长、微制作，时长一般为 3—5 分钟，将原生态的生活化叙事与宏观议题相结合，不仅能够呈现普通人的日常生活，还能够捕捉社会热点，引发观众的共鸣和情感共振。

与文字传播相比，视频传播更侧重于提供直观感受和参与体验。在国际传播中运用 Vlog，有助于受众更真切地了解 "一带一路"。在一次走访中，团队选择了新加坡唐人街（牛车水）作为背景，记者由传统的 "叙述者" 转变为 "记录者"，通过手持摄像机记录下了 "牛车水游记"，采用第一人称视角生动展现了唐人街的节日氛围。

走访团队制作的 Vlog 作品 "The BRI Frontline ｜ President of Singapore sent Mid-Autumn Festival wishes in Chinese"（《"一带一路" 前线 | 新加坡总统用中文送上中秋祝福》），其核心内容展示了中秋节前夕牛车水举办的庆祝活动和亮灯仪式。新加坡总统尚达曼（Tharman Shanmugaratnam）及其夫人珍—藤木（Jane Yumiko Ittogi）出席了该仪式，尚达曼用普通话向公众表达了中秋的祝福。从传播内容看，唐人街（牛车水）作为华人社区的重要聚集地，其中秋庆祝活动是 "中国文化出海" 的具象化表达。从受众的角度来看，中秋节不仅在新加坡（华人人口约占 74%）具有重要意义，而且在全球华人中也容易引发共鸣。通过情感的渲染和文化认同，Vlog 有效地拉近了与受众的距离。

（二）融合新闻动态，增强现场感与时效性

Vlog 强调个人化、生活化、碎片化，但在新闻生产的过程中，Vlog 可结合社会动态，契合新闻特性，在突出真实体验的同时以点带面地反映社会实况。

相较于传统媒体，Vlog 拍摄与制作相对简单，成品快，能更好地体现新闻的现场感与即时感。新闻媒体应用"时政新闻报道 +Vlog"模式可以实现新闻内容的即时传播，让观众在第一时间获取最新的新闻内容。通过"时政新闻报道 +Vlog"模式，新闻媒体可以连续更新的方式，及时发布新的新闻内容，使观众了解相关事件的最新情况。

走访团队的另一个 Vlog 作品 "The BRI Frontline ｜ Bustling Changi Airport shows friendship between China and Singapore"（《"一带一路"前线｜樟宜机场展现中新友谊》）以樟宜机场作为拍摄地点，并配以机场的最新数据，突出现场感与即时感，展现了在共建"一带一路"倡议下中国与新加坡的友好往来持续加深，以及疫情对双边交流产生的负面影响正大幅消退。Vlog 主体内容为：新加坡繁忙的樟宜机场是东南亚最大的国际航空枢纽之一。2023 年 8 月，新加坡与中国的客流量在疫情后首次突破 50 万人次大关。目前，中国游客是樟宜机场的第三大游客群体。游客流入极大地推动了新加坡旅游业的发展，也为新加坡人访问中国提供了机会，拉近了两国之间的距离。

从传播内容看，樟宜机场是中新交往的重要见证之一，从中可以一窥旅游业以及商务来往情况；从受众角度看，樟宜机场国际知名度高，连续多次获得 Skytrax "全球最佳机场"桂冠，容易吸引国际受众点击阅读。

三、国际传播策略：摒弃单向传播，注重双向互动

在融媒体时代，与受众的互动不仅确保了信息的有效传递，而且增强了用户对平台的忠诚度。本文认为，无论是在内容创作还是分发阶段，双向互动都能显著提升"一带一路"倡议在国际传播中的影响力。在数字时代，我们已很难将新闻视为标准化与合理化的公共信息产品，新闻更像一种极富流动性和语境化色彩的生活方式，嵌入多元行动者的日常经验之中，这与 Vlog 的生产特性正契合。

在内容生产上，团队采访了牛车水游客、机场的中国接待团，通过现场对话拉近与受众的距离，并展现了参与者的现场行动（游玩实况、接待实况），充分体现了数字时代的互动式新闻生产，提升了受众的现场沉浸感以及观看体验。

从传播策略看，国际传播正逐渐向社交化等趋势发展，单向传播正在向双向互动转变。在国际传播中，应充分利用海外社交媒体进行内容推广。纪录片通过在南方财经海外社交媒体矩阵发布，包括推特、脸书、油管等，海外总浏览量 23.5 万，总互动量 1360；两条 Vlog 的海外总浏览量约 4000，互动量约 100。通过点赞、转发、评论等互动形式，有效触达了海外受众。

在融媒体环境下，传播主体也发生了角色转换，从记者转变为一名"讲国际故事的人"。有相当一部分记者正在自觉地转换自我身份认同——从过去拥有专业性权威的"守门人"，转变为更具沟通性色彩的"资源协调者"。在内容生产和内容传播过程中，记者与受众的角色已变得更平等，更强调对话。这种平等的传播姿态有助于突出"一带一路"倡议是共建国家之间平等对话和互利合作的平台，鼓励受众主动了解、深入体验并真正认

同"一带一路"倡议。

为了在国际舞台上讲好"一带一路"的故事，应当充分利用融媒体的传播优势，综合运用纪录片与 Vlog 的形式，分别通过 UGC（用户生成内容）与 PGC（专业生产内容）进行内容生产，既能通过 UGC 的第一人称叙事进行微观传播，也能通过 PGC 进行宏观话语讲述，在传播特性上，强调现场沉浸感、文化价值感，更好地接近受众、提升受众体验。记者应转变为"讲述国际故事的人"，在内容创作和传播过程中加强互动，不仅是信息的"把关人"，更是故事的"参与者"，从而最大限度地促进受众对"一带一路"倡议的理解和认可。

参考文献

［1］葛云飞."一带一路"纪录片国际传播叙事体系构建和实践探索——以大型纪录片《新丝路上的交响》为例［J］.电视研究，2023（11）：38-41.

［2］陶梦筱，麻冰洁.跨文化共情：央视特别节目《美美与共》中的文化间性探究［J］.新闻研究导刊，2024，15（2）：66-68.

［3］王晨昱.数字化时代共建"一带一路"的国际传播策略探究［J］.新闻研究导刊，2024，15（1）：42-45.

［4］樊淑琴，周嘉宾，万艺.Vlog 化微纪录片的创新策略研究［J］.新闻前哨，2023（23）：29-30.

［5］李思雅.融媒体发展背景下"时政新闻报道+Vlog"的发展研究［J］.传播与版权，2023（22）：6-8.

［6］常江，罗雅琴.数字新闻与开放生产：从实践创新到理念革新［J］.传媒观察，2023（10）：5-15.

讲好"一带一路"故事与中国形象再塑造

——以雅万高铁在中国和印尼的差异性报道为例

胡慧茵[*]

随着中国特色社会主义进入新时代，中国日益走向世界舞台中央，在国际事务中发挥着越来越重要的作用。2023 年是中国提出建设"一带一路"倡议十周年，从"大写意"升级为"工笔画"，国际形势也发生着深刻变化。

"一带一路"倡议拥有构建人类命运共同体的核心理念，为推动平等互利的国际合作、完善全球治理体系提供了新路径和新方案，给世界和平事业注入正能量。随着"一带一路"的成果不断增加，中国方案将不断扩展，帮助中国建立起更加坚实的外交地位。

然而，为了在发展中国家争夺话语权和主导权，部分西方国家炒作共建"一带一路"倡议是"债务陷阱"外交，影响了部分国家对中国的客观认知。本文以中印尼共建"一带一路"旗舰项目雅万高铁为例，分析西方媒体污名化传播的叙事特征，比较中外报道关注点异同，探讨"一带一路"的对外传播路径，这对于"一带一路"倡议在其他国家持续推进，改善国家形象具有重要意义。

---

* 胡慧茵，女，南方财经全媒体国际传播中心记者。

一、"一带一路"外媒报道的传播叙事

(一)解构西方媒体叙事

"一带一路"一词源自古代丝绸之路,是一条贯通东西的通商之路,背后是我国与沿线国家源远流长的民间交往。自 2013 年共建"一带一路"倡议提出以来,"一带一路"从愿景逐渐变为现实,坚持与共建国家进行深刻的文明对话。在此过程中,建立了双边和多边的交往合作机制与平台,并不断推动其发展与完善。此外,还签订了数百份合作文件,与共建国家共同打造了众多"国家地标"和"民生工程",取得了实实在在、沉甸甸的成果。可以说,共建"一带一路"有效拓展了国家间的经贸往来和互联互通,推动经济全球化朝着更加开放、包容、普惠和共赢的方向发展。在全球化时代,只有当"一带一路"倡议被世界广泛认知并最终被各国接受时,才能促进各国之间的共同合作。

在当前背景下,我们需要明确几个关键问题:自"一带一路"倡议提出以来,各国人民是否已经接触到了相关报道,他们是否已经准确理解了该倡议的核心理念和愿景,以及应如何具体构建合作关系,开展有利于民生和社会发展的合作项目。评估"一带一路"倡议在国际上的传播效果,对于未来持续推进和深化这一倡议具有重要的意义。

国际传播中,重要的不是我们说了什么,而是对方听到了什么,让国际受众真心听进去,传播的内容及方式十分重要。西方媒体对这一倡议的污名化报道屡见不鲜,例如,评价"一带一路"给斯里兰卡带来了"债务危机",并将该国破产的原因归咎于"一带一路"倡议;细数雅万高铁等项

目已经搁浅且超支，建设过程中为民众带来不便，以及破坏当地生态环境等问题。这些报道片面且偏激，并没有呈现项目给民众生活所带来的一系列正面影响。不过值得肯定的是，外媒报道也有部分正面的表述，例如，"中国模式更能解决基础设施领域的市场失灵""新基础设施拉动沿线国家经济增长""缓解贫困，有助反恐"等。

（二）传播话语权格局分析

开展对外传播，首先要了解世界话语权格局，以便知己知彼，百战不殆。当前，话语权体系呈现出"西强我弱"的特点，我们所熟知的、全球排名前列的新闻媒体，包括 CNN（美国有线电视新闻网）、《纽约时报》、《华盛顿邮报》、福克斯新闻网、雅虎新闻等。国际话语权很大程度上掌握在西方媒体手上。

国际话语权是国家文化软实力的重要组成部分。目前，我国经济总量稳居世界第二位，"硬实力"毋庸置疑，不过我国"软实力"和"硬实力"之间还存在"落差"。党的十八大以来，以习近平同志为核心的党中央大力推动国际传播守正创新，理顺内宣外宣体制，打造具有国际影响力的媒体集群，积极推动中华文化走出去，有效开展国际舆论引导和舆论斗争，初步构建起多主体、立体的大外宣格局，国际话语权和影响力显著提升。

为继续提升我国的对外传播效能，需要分析对外传播工作过程中的不足之处。首先，尽管汉语的使用人口众多，但其作为官方语言的普及程度仍不及英语，目前仅有中国和新加坡将其作为官方语言，而英语则被广泛采纳为全球多数国家的官方语言。针对这一现状，我们亟须打破中西方交流的语言屏障，一方面加强英语教育，使之更加贴近日常生活，从而提升实用性。另一方面，则要注重在海外加强汉语教育，例如，开设孔子学院等，从传播中国传统文化逐步过渡到对汉语话题的深入研究，这一过程使汉语学习变得更加贴近生活。

除此之外，过去我国在进行对外宣传时常常"以我为主"，这样的传播方式导致效果十分有限。笔者认为，主要出于以下原因：第一，未考虑到传播内容的"内外有别"，我们的外宣往往局限于对西方媒体不利言论的回应，而忽视了对传播效果的深入考量。第二，与外媒的互动不足，导致我们对外界真正关注的话题了解有限，我们应该加强与海外华文媒体的合作，利用其平台传播我们的内容。第三，不同国家和民族对中国特色话语体系的接受度和兴趣点研究不足，需要深入研究各国人民对中国哪些方面的内容感兴趣，以及如何更有效地传播这些内容。

二、"雅万高铁"报道的对比分析

2023 年是"一带一路"倡议提出十周年，南方财经全媒体集团、羊城晚报等广东省内的媒体机构积极开展了对沿线国家的报道活动，旨在通过多样化的报道手法，更好地讲述中国故事。接下来，本文将对中国与印尼媒体关于"雅万高铁"项目的报道进行对比分析。

（一）踏访印尼找准报道落点

"国之交在于民相亲"，国家之间的经贸往来若想长久，必须得到民众的支持。"一带一路"倡议表面上看是物质合作，本质上是精神和文化层面的深入交流。因此，要注重做好民间工作，了解民众的文化喜好与禁忌，人心相通才可以助推政策融通。

南方财经全媒体集团的"一带一路"融媒体报道深入关注了中国与印尼在"一带一路"建设中取得的成果。以印尼为例，作为东南亚最大的经济体、东盟的创始成员国，以及"一带一路"倡议的重要合作伙伴，该国积极响应中国的倡议，并与中国在经贸领域展开了深入合作。尽管如此，在项目实施过程中仍遇到不少负面舆论，这与西方媒体的污名化报道有关。面对这一挑战，笔者在实地走访中发现，参与基础设施建设的中国央企在当地积极开展了多项民生工作。例如，与当地洽谈征地时，同时帮助农田开垦，聘请双语人才进行民间翻译工作，为当地学校捐助电脑用品等。在推进旗舰项目雅万高铁的过程中，央企更专注于民生实事，与民众沟通了解他们的真实所需。

例如，央视新闻等中央媒体在报道雅万高铁时，特别强调了其新名称"Whoosh"，该名称在印尼语中每个字母组合都有其独特的含义："wh"代表省时，"oo"象征高效，而"sh"则代表先进。这个名称赢得了印尼社会各界的广泛认可。此外，高铁车身采用的银红色涂装，寓意着印尼国宝——红科莫多龙，这表明共建项目不仅注重实用性，还致力于促进两国文化深度融合与交流，从而增强了民众对项目的认同感和亲切感。

南方财经全媒体集团在"一带一路"融媒体系列报道中，放弃了传统的"以我为主"的传播方式，转而聚焦于收集和讲述民间故事，并将其制作成短视频和微纪录片。在这些影片中，笔者采访了高铁项目的当地雇员和翻译人员，深入了解了印尼民众对高铁项目的真实感受。通过交流，我们得知许多原本需要离家外出务工的当地居民，因为高铁项目的建设而获得了就业机会，并接受了技能培训。这不仅为他们提供了即时的工作，还为他们未来的生活提供了保障，使他们即便在项目结束后也能依靠所学技能谋生，不必再外出打工。通过这些生动的细节，报道突出了项目对当地民生带来的积极影响，做到内容因人而异、因地而异。

（二）印尼媒体涉华内容稍显不足

在"一带一路"建设过程中，涉及多方利益的协调，我们不仅需要专注于本国的宣传工作，还要留意相关报道在他国的传播效果。在印尼，主流媒体根据报道语言的不同，可以分为印尼文、英文和中文三种类型。由于各媒体的成立背景和资金来源各异，其报道的立场和倾向自然也存在差异。随着中国在国际舞台上的地位日益提升，印尼媒体对中国新闻的关注度也在不断增加。然而，印尼本地媒体获取中国新闻的主要渠道是通过英文媒体的编译，这一过程中有时会不自觉地受到西方媒体视角的影响，导致出现对中国形象的负面描绘。尽管如此，随着越来越多的"一带一路"旗舰项目落地，印尼民众对中国的看法正逐步发生积极转变。

然而，目前与"一带一路"相关的传播内容在深度和广度上仍有待加强。例如，印尼媒体对"一带一路"的介绍主要集中在产业合作方面，而对于人文交流的关注则相对较少。此外，精通印尼语并能够从事国际传播的人才相对不足，导致中国在印尼的国际传播难以深入，进而使得印尼民众了解到中国的声音大多来自外部。

三、提升对外传播，展现文化软实力

党的十八大以来，以习近平同志为核心的党中央高度重视中华文化的国际传播，向世界推介具有中国特色、体现中国精神、蕴藏中国智慧的优秀文化。党的二十大报告又对国际传播提出了新要求，报告指出："加强国际传播能力建设，全面提升国际传播效能，形成同我国综合国力和国际地位相匹配的国际话语权。"具体而言，我们应该借"一带一路"倡议推进我国的国际传播能力建设，讲好中国故事，向世界全面展示我国的文化软实力。

不过就目前而言，"一带一路"倡议在海外传播范围比较局限。笔者走访时发现，印尼当地民众虽然认可"一带一路"倡议的建设成果，但对于"一带一路"理念的认知度仍然不高。我们要积极探讨如何让中国故事听起来更有吸引力、感染力和感召力，由此彰显出中国故事的思想内涵。下文将以广东媒体的对外传播实践为例总结"一带一路"倡议国际传播的经验。

（一）着重中外共建故事

长久以来，在"内容为王"思维惯性的影响下，我们往往追求大而全的内容，以避免遗漏信息，导致忽略了读者的实际需求。将"一带一路"比作一场大合唱，如果试图完整呈现每一段旋律，可能会使人错过关键之处。相反，我们应该聚焦于几个关键的音符或旋律片段，通过引人入胜的故事来传达观点，从而增强内容的生动性和说服力。

在对外宣传中，应突出展示中外民众共同建设的故事，如工程团队携手解决民生问题的具体案例。报道时应避免空洞的自夸，坚持真实客观。面对国际舆论的质疑，我们不应回避，而应简要说明争议的起因，并着重展示双方如何协作克服困难、共同面对挑战。同时，要突出中华文化的独特魅力，在跨文化交流中，可以通过中外嘉宾的对话，探讨文化差异，展示"一带一路"倡议如何与当地环境相融合。

（二）转向短视频和社交平台的内容传播

随着人们日益偏好快节奏、精炼的内容，短视频领域吸引了越来越多的关注。自 2022 年起，南方财经全媒体集团便推出了"全球财经连线"节目，利用视频形式传递新闻资讯。在实地报道中，记者们合作制作 Vlog，记录并展示各地的文化特色。在传播策略上，采取了长内容与短内容相结合的方式。同年，21 世纪经济报道启动了《"一带一路"旗舰项目巡礼》栏目，通过深入采访参与建设的央企，记录下不同地区共同推进"一带一路"倡议的故事。最后出版成六种语言的书籍进行对外传播。

可以看到，当前传播体系正迎来革新，多种传播形式使得传播场域拓宽，传播门槛降低。例如，南方财经全媒体集团在脸书（Facebook）、推特（Twitter）等平台设立了社交媒体账号，并通过积极互动提升了用户的参与度和活跃度。广东台则推出了英文融媒项目"Jerry 中国说"，专注于进行事实核查的报道，外国主播也会根据他的想法编辑内容，提升对外传播内容的感染力。展望未来，媒体行业需要持续探索大数据、云计算等技术，以优化内容分发机制并更好地辅助新闻策划。

参考文献

［1］傅莹 . 在讲好中国故事中提升话语权［N］. 人民日报，2020-04-02（9）.

［2］卢文忠 . 讲好中国故事：基于"一带一路"叙事原型的对外传播策略［J］. 苏州科技大学学报（社会科学版），2020，37（5）：6-11.

［3］潘玥，肖琴."一带一路"在印尼的污名化传播与中国国家形象的再塑造［J］.南亚东南亚研究，2023（2）：40-53.

［4］王冠.让世界听懂中国［M］.北京：民主与建设出版社，2021：60-63.

［5］赵可金."一带一路"应重视人文为本［N/OL］.中国网，2015-06-09［2024-05-05］. http://www.china.com.cn/opinion/think/2015-06/09/content_35771781.htm.

短视频时代AIGC赋能海外传播应用探索
——基于广州广播电视台海外号的实践思考

卢淑蔚[*]

一、短视频传播：新时代下的传播力量兴起

（一）国内外短视频平台发展现状

中国互联网络信息中心（CNNIC）于 2024 年 3 月发布了第 53 次《中国互联网络发展状况统计报告》（以下简称《报告》），报告显示，截至 2023 年 12 月，我国网民规模达 10.92 亿人，手机网民规模达 10.91 亿人，我国网民使用手机上网的比例达 99.9%；我国网络视频用户规模为 10.67 亿人，其中短视频用户规模为 10.53 亿人，占网民整体的 96.4%。短视频作为一种新兴媒介形态，在我国呈现出迅猛的发展势头，目前主要通过抖音、快手、微信视频号、小红书、微视等社交媒体平台进行广泛传播。我国短视频平台在用户规模、技术研发与应用、商业模式创新，以及内容多样性方面展现出显著优势。当前，我国短视频应用在技术和市场影响方面处于全球领先地位，确立了在全球短视频市场的领导地位，成为该领域最发达的国家之一。

---

* 卢淑蔚，女，广州市广播电视台全媒传播中心国际传播团队编辑。

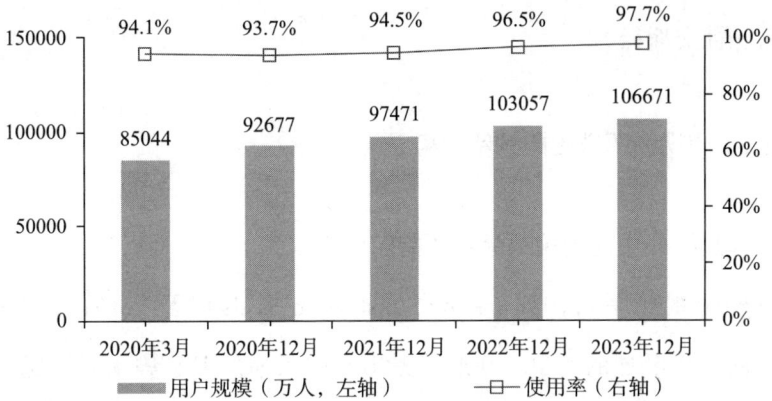

图 1 2020年3月-2023年12月网络视频（含短视频）用户规模及使用率

资料来源：中国互联网络信息中心．第 53 次中国互联网络发展状况统计报告［EB/OL］．（2023-03-22）［2024-09-09］．https://www.cnnic.cn/n4/2024/0322/c88-10964.html.

随着全球社交媒体向视频化发展，短视频已经成为国际传播的重要形式。当前，海外短视频平台正处于蓬勃的发展阶段，特别是在亚洲、欧洲和北美地区，这些平台展现出巨大的发展潜力。受众对于新颖内容的好奇心驱动他们通过短视频探索不同的文化和生活方式，且"短视频＋社交"的模式已经逐渐成为海外网络平台的流行趋势。以 TikTok（抖音国际版）、Instagram Reels（INS 短视频）、YouTube Shorts（油管短视频）、Snapchat Spotlight（Snapchat 精选）、Triller（视频创作平台）为代表的主流短视频平台，正持续扩大其在全球的影响力，尤其是在年轻用户群体中。这些平台通过提供多样化的创作工具和内容形态，结合先进的算法推荐系统，成功吸引了大量用户。在上述提及的海外短视频平台中，TikTok、Instagram Reels 和 YouTube Shorts 尤为突出。根据 Statista 提供的数据，截至 2023 年 7 月，YouTube Shorts 的每月登录用户已超过 20 亿，TikTok 和 Instagram Reels 的月度活跃用户均达到了 10 亿。TikTok 凭借强大算法和创作工具在全球市场取得显著成功，重塑了网络用户信息流动和文化交流模式。

Instagram Reels 和 YouTube Shorts 则依托其社交网络基础，为用户提供新内容供给和社交途径。

（二）短视频海外传播的新趋势

1. 通过海外主流短视频平台"借船出海"

海外短视频平台，如 TikTok、Instagram Reels 以及 YouTube Shorts 等巨头正面临着激烈的竞争。在此背景下，一系列发展趋势逐渐显现，包括用户增长、内容创作激励、广告与商业化的融合、社交和互动功能的强化、技术创新、法规与政策的挑战、竞争与合作的共存、文化差异和本地化的适应、技术驱动的用户体验提升，以及新应用场景的探索等。这些平台在全球范围内迅速扩展，积极吸引和保留用户，通过创新和本地化策略满足不同地区用户的需求。然而，随着竞争的加剧，合作与整合的趋势也日益明显，同时面临着法规和政策的挑战。为了进一步扩大全球影响力，特别是在新兴市场，这些短视频平台可能会寻求与本地文化和内容创作者的深度合作，以更好地适应当地用户的需求。

此外，热议的"短剧出海"话题亦值得持续的关注与深入研究。近几个月，一部名为《永远不要和秘密的亿万富翁继承人离婚》（Never Divorce a Secret BillionAIre Heiress）的 55 集短剧在美国市场广受好评，其每集的时长均不超过两分钟。这部剧集以及与之类似题材，如狼人、吸血鬼、豪门爱情等"霸道总裁爱上我"内核的故事，在北美同样取得良好的反响。尽管这些作品具有欧美特色，但播出平台 ReelShort 实则由中国数字出版企业中文在线的子公司枫叶互动（Crazy Maple Studio）开发，它是一款专门针对美国市场发布短剧的应用。该应用在美国、英国、加拿大等地的苹果应用商店（App Store）总榜排名前三，甚至一度超越 TikTok，成为 iOS App

下载榜单首位。随着海外短剧热度的持续升温，这一现象已成为海外短视频发展的一种新趋势。

2. 紧跟中国短视频平台国际化拓展的"乘风破浪"

此外，中国的短视频平台如抖音、快手等，正迅速走向全球市场，并对此积极采取了国际化策略。随着出口需求的增加，内容创作者开始制作多语言版本的作品，以满足不同国家和地区的观众需求。这些平台与海外创作者和品牌合作，融入当地文化和语境，成功吸引了年轻受众。同时，平台在技术和内容创新方面持续投入，以提供独特而有吸引力的内容，从而成功融入不同文化背景。

承接上文所提及的"短剧出海"的热潮，众多国内网文平台也十分看好海外短剧的发展势头。例如，安悦科技推出的 FlexTV、点众科技旗下的Dramabox、九州文化旗下的 99TV 等中国厂商纷纷推出 App，征战海外市场，并取得了不错的成绩。

（三）国内外短视频平台发展趋势前瞻

结合上述关于国内外短视频平台的发展趋势，短视频作为一种新兴形式，具有巨大的海外传播潜力。对于传播路径的探索，我们不仅要"借船出海"，借助海外短视频平台的快速发展，还须乘国内短视频平台的国际化拓展之"东风"，加速推进国际化进程。同时，内容题材的深度挖掘也很重要。近年来，我国的古装剧、动漫，以及仙侠、修仙等题材的网络文学作品在海外市场备受欢迎。为了更好地吸引海外观众，我们可以借助这些受欢迎的题材，打造更加符合海外观众偏好的短视频内容。

二、AIGC 带来短视频智能创作风潮

（一）AI 赋能短视频制作

AIGC 人工智能生成内容（Artificial Intelligence Generated Content），是指由人工智能技术生成的各种形式的内容，包括但不限于文字、图像、音频和视频。随着人工智能技术的快速发展和应用广泛化，AIGC 正逐渐成为企业和个人创作和传播的重要手段。

2022 年可谓是 AIGC（生成式 AI）元年，从这一年开始，各种技术如雨后春笋般涌现，再次迸发出 AI 的活力。从 DALL·E 2、Stable Diffusion、Midjourney 等文生图应用点燃了大众的热情，再到 ChatGPT 的横空出世，更是掀起了一股 AI 浪潮。经过一年多的演进，AI 绘画技术已得到了长足的发展，这一成就不仅彰显了 AI 技术的强大潜力，还进一步推动了 AI 视频生成领域的蓬勃发展。

"AI 视频"通常指由人工智能（AI）技术生成或处理的视频内容。这一过程可能涵盖利用深度学习、计算机视觉等相关技术来改善视频的质量、内容丰富度或生成全新的视频内容。现在，越来越多 AI 视频工具正在被开发出来，批量制造短视频和电影片段，其生成的视频效果令人印象深刻，而且使用门槛异常低。这意味着，不再需要编写复杂的代码或遵循深奥的指令；仅凭借简单的文本指令或一张图像，AI 便能自动产生动态视频内容。若需要进行修改，也只需一条简单的指令即可实现精确调整。

现在常见的 AI 视频生成方式包括文生视频、图生视频、视频生视频。以上形式都是通过对人工智能的训练，使其能够根据给定的文本、图像、视频等单模态或多模态数据，自动生成符合描述的、高

保真的视频内容。主要包含以下技术内容：（1）文生视频；（2）图生视频：Sora、Runway、Pika labs、SD + Deforum、Stable Video Diffusion、MagicAnimate、DemoFusion 等；（3）视频生视频：逐帧生成（SD + Mov2Mov）、关键帧 + 补帧（SD + Ebsynth、Rerender A Video）、动态捕捉（Deep motion、Move AI、Wonder Dynamics）、视频修复（Topaz Video AI）；（4）AI Avatar+ 语音生成：Synthesia、HeyGen AI、D-ID；（5）长视频生短视频：Opus Clip；（6）脚本生成 + 视频匹配：Invideo AI；（7）剧情生成：Showrunner AI。

（二）用 AI 视频打造观看次数过亿的海外短视频频道

在油管平台上，作者根据"Stellar Sagas"频道显示数据进行收集整理，自 2023 年 2 月 18 日创立至 2024 年 3 月，已累积逾 40.5 万订阅者。该频道发布的 50 部视频累计观看次数近 1.9 亿。其 Shorts 频道中的 44 条短视频大多观看次数超过百万，其中 5 条视频观看次数达千万级别，最高纪录超过两千万次。频道的显著成功归因于 AI 技术的运用，该技术为视频内容的创作提供了创新途径。AI 技术不仅显著节省创作者的时间，而且能够提供高质量的视频内容，包括但不限于撰写故事大纲、脚本、文案，以及生成画面、动画效果和配音背景音乐等。通过合理利用 AI 技术，可以极大提高视频制作的效率。历史题材本身就拥有良好的受众基础，再加上 AI 技术的赋能，使得频道吸引更多的用户。

三、广州台应用 AIGC 技术辅助海外传播的现状与困境

（一）广州台使用 AIGC 技术辅助短视频海外传播的尝试和实践

广州广播电视台（以下简称"广州台"）在脸书、推特（现名"X"）、油管这三大海外主流社交平台上建设并运营其海外账号矩阵。2023 年，广州台国际传播团队开始尝试并探索运用 AIGC 技术辅助短视频的海外传播。初始尝试采用了在国内市场广泛使用的剪辑软件——剪映。该应用集成 AI 人声配音、智能字幕匹配、智能剪辑、AI 形象生成等功能，已成为广泛采用的工具。通过利用剪映的"一键成片"功能，可以通过导入文本让应用智能生成视频，并添加旁白、配音、字幕等丰富视频内容。这些功能通常用于动态信息短视频、财经类短视频等一类"短平快"的内容创作，有效加快了工作流程，缩短了前期处理时间，并显著提高了内容发布的时效性。此外，通过结合其他 AI 生成功能，进一步增强了视频的吸引力。例如，在 2023 年 7 月，运用剪映的"一键成片"功能，并结合 AI 生成的数字人形象，成功制作并发布了一条关于第十三届漫博会开幕的动态信息视频。在传统的视频制作流程中，包含配音、配乐的此类视频，须经过收集整理画面素材、撰写文案、剪辑画面、人声配音、配乐等多道工序。即便在已有画面和配乐素材库的情况下，也需要一定的时间投入。若涉及人物出镜，还须添加拍摄、抠像等环节，更增加了工作量和时间消耗。然而，在上述实例中，通过 AI 视频生成技术，结合人工调整，短时间内便实现了包含主持人（数字人）、配音、配乐的视听产品制作。此外，广州台还使用 AI 生图技术打造 IP 形象。以可爱的熊猫形象为例，结合中西节日、中国生活场景、热门话题等主题，通过 Midjourney 生成不同风格的趣味图片，进一步

以图生视频的形式制作 IP 形象短视频。

目前，我们通过 AIGC 技术，以生成视频内容的方式，助推短视频在海外传播。除了生成视频，AI 技术还参与了我们的灵感获取、文案撰写、文稿翻译以及传播策略的制定，全面优化了我们的内容创作流程。AI 的强大分析能力帮助我们更准确地理解海外观众的喜好和需求。同时，AI 翻译工具在跨语言传播中发挥了巨大作用，使我们的内容能够更好地融入海外语境，提高海外观众对我们内容的理解，进而显著增强了内容的渗透力和触达率。

（二）实践过程中遇到的困难与挑战

虽然 AIGC 为短视频传播带来了很多便利和可能性，但在实践过程中仍然面临不少问题和难点。

1. 技术层面

AIGC 实际应用中展现了一定的技术限制。尽管 AI 在内容创作、编辑及推广方面提供了辅助作用，但它尚不能完全取代人类的创造力和判断能力。AI 生成的内容通常缺乏深度和独特性，无法达到人类创作的层次，经常带有明显的"AI 特征"。在短视频制作中，平衡 AI 与人类角色构成了挑战。生成的内容与创作者期望或指令之间常存在显著差异，这种差异受到数据、算法、文化和社会偏差的影响。例如，训练数据中女性角色比例低，AI 生成的视频可能忽视女性视角；某些算法可能偏好特定类型内容，忽视其他内容的多样性；AI 也可能因无法理解文化和社会背景而在生成内容时存在偏差。

2. 内容层面

一方面，AIGC 技术的快速迭代，要求从业者持续掌握新的技能。目前，我们的视频内容生成团队在技术和设计领域存在一定的不足，需要通过持续的专业培训来优化生产流程。另一方面，利用 AIGC 辅助海外传播存在难题。AI 算法可能因训练数据不平衡或不全而产生偏见，这导致其难以精确捕捉不同地域和文化背景下用户的偏好，进而引发误解和负面效果。这是当前技术层面上亟须解决的问题。

3. 伦理层面

首先，现阶段 AI 系统性能依赖于数据质量与数量，尤其在海外短视频传播中，获取高质量数据训练模型较为困难。其次，AI 处理用户数据时，存在用户数据安全与隐私的风险和潜在问题。因此，目前我们在实践过程中只能有限度利用 AIGC 工具生成内容，尚未实现其广泛应用。再者，版权与合规性问题需要特别注意，在使用 AIGC 生成内容时，必须确保不侵犯任何知识产权，并遵守各平台的发布规则，这在海外传播中尤为关键。

四、对于 AIGC 赋能短视频海外传播应用的思考和探讨

（一）技术与培训方面

面对实践中遇到的困难和挑战，随着 AIGC 技术的不断创新和数据模型的持续优化，我们期望这些问题将逐步得到解决。技术进步将为我们提供更强大的工具，提高视频制作效率和质量。同时，作为创作者的我们需要通过不断的学习和实践，更深入理解和掌握 AIGC 技术，并更有效地应用于视频制作和传播等环节。

（二）内容创作与传播方面

AIGC 技术的应用不仅能优化短视频的制作和编辑流程，还能帮助我们深入理解并适应不同地区受众的习俗和语言需求，进而创作更符合目标受众喜好的内容，以提升用户兴趣和观看体验。作为广电媒体，我们应当加快 AIGC 技术的创新应用，从全新的视角探索创新的短视频内容制作和传播路径，不断丰富内容形式和传播手段。

（三）伦理规范方面

随着 AIGC 技术的不断进步，我们预期在获取高质量数据方面将实现重大突破，并在数据安全和隐私保护领域取得更显著的进展。然而，在实际应用中，我们须考虑如何有效地进行数据的分散处理，或是如何交叉使用多个 AI 平台。关于版权和合规性问题，除了需要深入学习和研究各平台的发布规则外，我们还应当在上传素材和生成内容时，严格遵守版权法律，确保不侵犯他人的知识产权。

五、结语

短视频传播在全球网络中迅速崛起，其影响力不可小觑。中国在此领域已占据领先地位，这主要得益于国内短视频平台在多元化发展方面的积极探索，以及长期积累的丰富市场经验。当前，技术进步正以迅猛的速度发展，为海外短视频平台带来巨大的增长机会，同时也促使国内平台在海外市场寻找新的发展机会。作为广电媒体，更需要紧跟这一趋势，积极在短视频的国际传播中开拓新的领域。随着 AIGC 技术的崛起，我们迎来了创作的新机遇。为了更好地利用这一技术，我们需要关注最新的技术动态和应用发展，结合深入的市场分析和用户研究，以创造出更有价值、更新颖、更精准的短视频内容，进一步扩大我们在海外市场的影响力。

参考文献

［1］陈淑玥.国内外短视频用户生成内容研究热点及发展趋势［J］.商业观察，2023，9（2）：68-73.

［2］李鸢莹.中国短视频国际传播的路径优化选择［J］.青年记者，2023（24）：83-85.

［3］廖秉宜，张晓姚.中国文化短视频国际传播的创新路径［J］.对外传播，2023（7）：17-20.

［4］林明.新媒体时代下的国际传播创新与实践［J］.新闻文化建设，2023（13）：110-112.

［5］刘震.发挥短视频平台优势 开创国际传播新局面［J］.对外传播，2023（2）：77-80.

［6］韦路，陈曦.AIGC 时代国际传播的新挑战与新机遇［J］.中国出版，2023（17）：13-20.

［7］相德宝，曾睿琳.人工智能：数智时代中华文明国际传播新范式［J］.对外传播，2023（10）：8-11.

［8］杨明品，周述雅.网络视听海外平台建设的基本情况及对策建议［J］.中国广播电视学刊，2023（4）：18-21.

［9］张蓝姗，唐慧婷 . AIGC：媒介内容创作的新变革［J］. 中国电视，2023（5）：94-100.

［10］中国互联网络信息中心 . 第 53 次中国互联网络发展状况统计报告［R/OL］.（2024-03-22）［2024-05-05］. https://www.cnnic.cn/n4/2024/0322/c88-10964.html.

浅谈地方媒体如何运用新媒体
提高国际传播能力
——以粤港澳大湾区对外传播为例

何欣颖*

随着中国的不断进步与发展，中国的国际地位不断攀升，这也引来了外国媒体对于中国相关事件的关注。同时也能看出外国媒体对于中国各类事件的态度，通常都是站在高高在上的地位，来指点江山。肆意歪曲事实也是常见的事。就比如说新型冠状病毒感染以来，中国人民在政府的领导下直面疫情的第一线，而此时的外媒，如丹麦的《日德兰邮报》、比利时的《标准报》、德国的《明镜》周刊、美国之音以及澳大利亚的《先驱太阳报》等，就站在相似的立场，对中国战疫工作发表侮辱言论，并歪曲事实，肆意抹黑。还有新疆棉事件等，都可以看出许多外国媒体对于中国相关事件持有"惧华""辱华""排华"的态度和意识。本文以粤港澳大湾区为研究案例，探索如何向世界讲好粤港澳大湾区故事，改变刻板的地方媒体宣传方式，加强与国际媒体间良性的交流与互动，消除相互之间的障碍，从而促进地方合作的有序开展和地区内涵的传播。

---

* 何欣颖，女，深圳广播电影电视集团国际传播中心编辑。

一、培养国际传播专业化人才

（一）主要培养方向

1. 政治意识过硬

随着"东升西降"的格局日益凸显，诸如英国这样的国家，曾经的日不落帝国，伴随着殖民地的丢失、本土地域的面积狭小以及人口的缺乏，渐渐在后期的发展中被其他国家所超越。再观其他西方国家，也能够看到，在制造业外迁以及资本全球化的浪潮下，金融危机、欧债危机以及新自由主义泛滥等因素交织，导致西方许多国家在就业以及福利等方面开始不断出现危机事件。出于政治因素等缘故，一些西方人士开始对所谓的"黄祸论"等文化垃圾更加地崇拜和信仰，认为导致其本国出现危机的原因就在于中国等国家的崛起。这就为西方的部分媒体、记者和政客提供了机会，通过抹黑中国的方式获得更高的流量以及政治利益，不惜直接抛弃职业素养和底线。在应对中国相关事件的问题上，直接采取抹黑歪曲的手法，诸如"上纲上线""肆意夸大"等传媒手法都成为了常见手段。因此，我们在培养国际传播人才的时候需要注重政治意识的培养，在制定传播内容的时候，能够有更高的政治敏感度和反应能力，从而在制定新媒体传播内容以及互动方面有着更高的引导力和推广力。

2. 具有新媒体运营思维、掌握新玩法

粤港澳大湾区国际传播话语体系的内涵，应当包括政治、经济、文化、社会民生、生态、科技、传媒等多个维度。而新媒体作为相对新颖的传播方式，需要结合粤港澳大湾区的实际情况，应用新媒体的运营思维，在观

众思维的设计上，选择更加能够满足国际观众的需求和体验作为第一要务。在新媒体运营过程中，深度分析不同国家、不同地区民众在文化、政治、经济等领域的差异性，从而研究他们的喜好和价值观等内容，制定出更加满足国际观众需求的传播策略；在数据思维的把握上，新媒体时代的到来与大数据分析和应用的发展有着一定的关系。地方媒体的运营人员需要善于对数据进行分析、挖掘和应用，从中发现规律，从而改善地方媒体的国际传播策略和运营效率；在合作思维的确定上，新媒体时代需要地方媒体与不同部门之间实现高效的协同工作，共同实现传播粤港澳大湾区内涵的主要目标。这就使得国家传播专业人员需要具备良好的合作素养，从而保证资源的有效利用和传播目的的实现。

3. 具有创新能力

创新始终是吸引观众的不二法门。同时粤港澳大湾区借助其在地理、产业、政策等方面的优势，处于高速发展阶段，这就使得地方媒体在传播粤港澳大湾区内容的时候注重内容的创新性和传播方式的创新性，改变传统的古板传播模式，从而吸引国际友人对于粤港澳大湾区的好奇心，为传播地区内涵提供强有力的支持。

（二）国际传播人员管理

1. 做好国际传播人员工作分工

新媒体时代，给地方媒体向国际传播优质内容提供了丰富的传播渠道与载体。而带来优势的同时，也带来了挑战。最显著的地方在于传播平台、形式、内容和方法的多样性使得工作的复杂性有了明显提升，这就增加了国际传播人员在工作上的内容和范围。另外，粤港澳大湾区作为国家实现内地与港澳地区的深度合作示范区，对于其发展的目标和内容有着较高的要求。地域的不同涉及了大量的部门，传播工作还需要做到各部门间的协调与合作。建立良好的工作分工，将复杂的工作单一化，结合海外传播平台的合作和共赢，实现国际传播人员的有效管理和传播工作的有序有效开展。

2. 完善国际传播人员激励机制

完善国际传播人才的激励机制，通过对不同岗位的责、权、利、效制定标准，引导员工行为向符合组织发展需要的方向发展。在考核与评价上，我国国际传播媒体普遍存在重量轻质、评价指标单一的问题，需要根据国际传播事业的特点和发展阶段进行修正和完善，如弱化数量考核，加强质量考核等，转变数量引导模式向着质量评估模式转变。另外，改革原有的薪酬体系，结合粤港澳大湾区的薪酬市场体系，建立更加具有竞争力的薪酬体系，吸引国际传播人才的加入。同时要进一步完善激励机制，探索更加多元化的激励分配方式，激发国际传播人员的积极性和创造力，加强对外传播人才的职业荣誉感和成就感，并为国际传播人才提供更加宽广的发展渠道和职业规划，从而确保人才的成长与国际传播水平的双提升。

二、做好新媒体矩阵账号建设

（一）利用新媒体平台做好重大主题主线宣传报道

粤港澳大湾区处于发展的重要阶段，其相关的重大主题报道往往涉及内容多、动态变化快、时间跨度大。地方媒体应该建立重大主题报道预案机制，全盘统筹、提前谋划、预判趋势；制定全周期"作战图"，播"连续剧"、打"组合拳"，营造强大的宣传声势。将重大主题事件的成效清晰明了地呈现给国际观众，增强事件的良好反响。

（二）主动设置议题，及时引导舆论

传统媒体上发布的消息是经过严格审核和筛选的，而新媒体渠道使得其上的信息可以由发布者在相对宽松的条件下发布出来。原有的舆论监管机制难以为新媒体信息做到有效的管制。针对这一现象，做好重大国际事件的议题准备，及时引导舆论，防止国外敌对媒体采取抹黑等方式干扰国际舆论，是地方媒体应该积极采取的策略。

（三）紧跟热点，做好快反新闻

热点事件在发生的各个时间段内有着不同的效用。热点发生后的 1 小时内，通常成为热点时间的黄金期。在这个时间内，国际传播运营人员具备了跟热点的敏感性，随后就要对热点做出反应，执行力一定要到位。正常情况下，为了抢时效，多数都是内容的搬运，以简讯、快报等简单直接的方式告诉用户热点事件的相关资讯。争分夺秒也是为新闻的时效性负责，以便能更早更快地告知用户，迅速圈占流量。热点发生的后续阶段，如两三个小时内，就需要运营人员对传播内容进行优化建设。运营人员可以根据热点事件的原因与真相进行分析和说明，以此吸引国际受众关注粤港澳大湾区相关的热点内容。在热点发生 3 小时后，可采取权威人士或机构对热点事件的评价，引导舆论风向，防止舆情危机。在事件彻底发酵后，提供新的爆料点或者是与新热点事件结合推广，进一步加强对粤港澳大湾区相关热点事件的传播，提升国际影响力与吸引力。

（四）根据各平台传播特性制作不同产品分发

不同传播平台对于内容有着不同的追求，如抖音国际版（TikTok）更追求官方热点，对于话题和互动的需求性更高。微博则是更注重名人效应，通过国际名人能够提升内容的吸引力和影响力。X平台会对用户的喜好进行分类，需要根据发布信息的内容进行优化整合，以迎合国际受众的需求。油管（YouTube）对于内容的优良有更高的要求，而且更加注重名人号召力。照片墙（Instagram）平台的用户更多是年轻人，在这个平台上发表相关内容的时候应该对内容进行调整，增加对年轻人的吸引力。不同平台的传播特性不同，传播产品类别也需要针对受众多样性进行调整。

三、积极承办国际传播活动

（一）邀请国际大咖参会，展现国家实力，借嘴发声

大多数国外公众对于粤港澳大湾区形象的认知，是通过国外媒体以及国际大咖的评价获得的。外媒多从经济的层次关注粤港澳大湾区形象，对相关的历史文化元素和人文关怀等内容并不关注，缺乏深度以及细节的了解。地方媒体通过邀请国际大咖参加地区会议，可以增强外国受众对我国本土文化的深入认知和了解。如在广州从化举行的第五届世界媒体峰会上，土耳其驻华大使伊斯梅尔·哈克·穆萨表示，加强中国与土耳其两国之间的深入交流与合作，可以改变现有国际社交媒体虚假新闻遍布的情况，能够消除外国人对于中国的偏见与误解。墨西哥多媒体集团总经理吉列尔莫·弗朗哥则建议多宣介粤港澳大湾区的旅行魅力，认为大湾区有着丰富的旅游资源可以吸引外国友人的来访。

（二）协调各方资源，助推内容破圈出海传播

粤港澳大湾区在新媒体平台上所涉及的内容，包括城市差异、活动提议，以及网帖、点赞、评论中蕴藏着大量的信息。处理好各方面信息需要相关部门之间的相互合作，如打造独具特色的海外名片、增加与国际受众的相互交互、提升对国际受众的吸引力、提升国际传播能力。如深圳广电国际传播中心全案执行的第五届世界科技与发展论坛，在宣传方面，除了深圳广电自身资源，还协调了中外主流媒体、知名意见领袖等资源，借助媒体合作、社媒推流等方式，实现内容的破圈传播。比如，央视《新闻联播》报道论坛快讯；全网超 200 家境内外媒体、机构同步直播报道论坛；日本驻大阪总领事薛剑、驻巴基斯坦大使馆文化参赞张和清等我驻外大使在境外社交媒体平台转载点赞论坛报道；互联网垂直领域大 V，包括 B 站600 万粉大 V "思维实验室"、知名辩手席瑞等人对谈托马斯·萨金特、彼得·梅杰、陈清泉、美团副总裁毛一年等科发论坛大咖，助力科技硬核议题打入海内外年轻圈层。此外，报道团队积极协调邀请境外驻深媒体，包括《香港大公报》《文汇报》《香港商报》、凤凰卫视等参与科发论坛宣传报道，同时协调新华网组织美联社、法新社、彭博社等西方主流媒体在海外推出宣传报道。

（三）积极展示城市魅力

粤港澳大湾区作为合作平台试点区域，其多样性、年轻化和绿色化一直是不变的主题，发展过程中充满了惊喜。这些惊喜不仅源自粤港澳三地联手合作带来的特殊性，也来自科技的支持与发展。例如，在 "科创之城" 深圳，就汇聚了华为、比亚迪、大疆等多家科技型企业。因此，深圳广电巧借盛会进行

深圳城市营销，在第五届世界科技与发展论坛中，对与会重磅嘉宾就深圳有关的议题进行提问。加拿大国际治理创新中心（CIGI）主席罗辛顿·梅德霍拉表示，"深圳是块磁铁，聚集了金融、技术和发展，我被深圳所震撼"。世界数字经济论坛主席朱民认为，"中国在数字经济方面是走在世界前列的，深圳是我国数字经济核心城市"。除此之外，经济、文化、旅游等元素的存在也为粤港澳大湾区提供了更加强大的魅力和内涵。在国际传播过程中，利用新媒体的优势加强对粤港澳大湾区相关元素的推广，展示城市魅力，吸引更多优秀的人才和国际友人加入粤港澳大湾区的建设之中，也有着积极意义。

四、总结

新媒体时代对国际传播有着更高的要求和需要，地方媒体应该结合时代的特点，抓住发展的契机，在内容、质量、方式、平台、舆论引导、人才培养等多个领域共同发展。借助更加新颖的传播方式，加强与国际媒体和国际友人之间的合作与联系，开展多元化的传播，增强与国际受众之间的交互，提升国际传播能力。地方媒体与新兴媒体之间形成相互合作与借力的形式，让粤港澳大湾区以及中国其他地区的内容传播到更多的国际受众面前，展现中国魅力，讲好中国故事。

参考文献

［1］陈丹铮.地方媒体的国际传播功能与路径探究——浅析人文纪实通栏《福建时间》的探索与尝试［J］.东南传播，2022（6）：53-55.

［2］方佳辰.智媒时代下主流媒体讲好中国故事的路径探析［J］.视听，2019（1）：156-158.

［3］马得勇，候为刚.政治兴趣、媒介信任抑或认知需求？——网民媒介使用的心理分析［J］.华中师范大学学报（人文社会科学版），2022，61（5）：65-78.

［4］孟达，周建新.讲好中国故事的新媒体赋能［J］.人民论坛，2019（13）：130-131.

［5］施扬.讲好中国故事 提升文化传播力［J］.共产党员（河北），2023（8）：43.

［6］徐建.创新助推新时代国际传播能力建设［J］.电视指南，2018（11）：51-53.

［7］周娇.《纽约时报》"他塑"中国形象研究 ——以2020年1月—6月涉华报道为例［D］.南昌：江西财经大学，2021.

新媒体时代城市影响力提升策略探析

——以东莞对外城市形象传播为例

胡艳芳[*]

在新媒体时代，信息传播更为迅速，人们可以通过多种渠道获取信息。城市形象的传播也经历了巨大的变革，不再局限于传统媒体的范畴，而是通过社交媒体、视频平台等多样化的途径进行传播。利用新媒体技术，能够实现信息的全球即时传播，使城市形象跨越地域限制，触及全球受众，从而扩大城市的国际影响力。本文立足于信息传播全球化的发展趋势，分析了东莞近年来在对外城市形象传播方面的一些经典案例，旨在为其他城市在新媒体时代下开展有针对性的国际传播实践提供参考和借鉴。

一、多重定位，聚力提升城市形象的国际传播效能

一座城市的国际形象不仅影响着外部投资、旅游、贸易等方面，更是影响着城市居民的自豪感和认同感。国际制造名城、潮流东莞、近代史开篇地、篮球城市……一个个响亮的文化名片展示着东莞国际化的城市形象

---

* 胡艳芳，女，东莞日报社编辑。

与这座城市在我国改革开放中的地位。地理方位上，东莞位于粤港澳大湾区黄金内湾 C 位，是重要节点城市，与台港澳往来密切，海外侨胞众多，开放型经济活跃；历史文化上，东莞是岭南文明的重要发源地，也是中国近代史开篇地；发展实践上，改革开放以来东莞从传统农业县迅速发展成为全国第十五座 GDP 超万亿、人口超千万的"双万"城市，被誉为"中国改革开放精彩而生动的缩影"。区位条件优越、对外开放早、外贸型经济活跃等特点，意味着东莞在国际传播方面有着得天独厚的优势。

关于如何宣传和策划城市形象，金元浦提出："策划、实施和树立城市形象是一项促进城市发展的注意力产业。"如何在注意力分散的新媒体时代推动城市走向国际，提升其国际知名度、美誉度，扩大对外影响力，融入国家整体国际传播战略布局，发挥窗口作用，助力国家形象的构建，对东莞来说既是机遇也是挑战。近年来，东莞积极探索，深入挖掘城市独有的文化资源，如莞香文化、龙舟精神等，在全球语境中寻求城市形象与品牌的多元化定位，致力于提升城市形象的国际传播效能。

二、挖掘特色文化，对外塑造独具特色的城市形象

城市形象是一个城市综合体，融合了政治、经济、文化、自然等多个方面的要素，形成了城市的独特标志。每座城市都有其独特的一面，如何在众多城市中脱颖而出，形成鲜明的特色，是一项重要而极具挑战性的工作。为使城市在全球范围内建立起独具特色的形象，需要善于挖掘本地故事中的国际元素，找到与海外的联系，通过讲述具有独特地域特色的故事，展现城市形象的国际辨识度，从而提升城市的国际影响力。

在城市形象国际传播工作中，本土特色文化扮演着重要角色，通过突出本土文化特色，可以吸引国际受众的注意和兴趣。例如，具有浓厚本土

文化氛围的节庆活动、民俗表演、传统手工艺品等，常常成为吸引外国游客和投资者的重要因素。作为岭南文化的重要发源地之一，东莞有着丰富的非物质文化遗产。来自东莞市文化馆的数据显示，截至 2023 年 12 月，东莞市国家级非遗项目有 10 项，省级以上非遗项目 54 项，市级以上非遗项目 167 项。其中，东莞市国家级非遗项目包括传统香制作技艺、龙舟制作技艺和赛龙舟等。

纪录片是塑造城市形象的重要媒介。东莞市委宣传部通过组织拍摄纪录电影《莞香传奇》和莞香纪录片《莞香之路》，将本土特色文化——莞香文化推向国际舞台，取得了显著的效果。影片不仅呈现了莞香的生长过程、莞香历史、现代应用，还跟踪记录了中法联手研发莞香香水、中日共同传承香道文化、海归推广莞香树皮的新潮纸艺术等一个个小故事，在中西对话与碰撞中，构建中西文化同频共振的传播效果，展现了以莞香为代表的中国香文化与世界的交流连接。此外，在摄制技术上，充分利用现代媒体技术，运用各种古籍、考古、馆藏以及相关历史影像文献资料，采用了二维动画等方式，力图通过多元表达，全面展现千年莞香的独特魅力。这是首次采用 8K 技术制作的中国莞香文化纪录电影。项目入选中宣部"中华之美"海外传播计划，以中文版、英文版、法文版等多语言版本在全球发行与传播，作为中华优秀传统文化的代表亮相国际舞台。

作为粤港澳大湾区重要节点城市，东莞市在弘扬中华优秀传统文化方面做出了积极的探索和实践。2023 年 6 月 10 日，"非遗潮未来·龙腾大湾区"2023 年"文化和自然遗产日"广东主会场（东莞）暨粤港澳大湾区（广东）龙舟邀请赛举行，东莞市委宣传部大范围统筹调度新闻、网络和社会宣传资源，精心策划传播话题，推动境内外主流媒体大篇幅报道、大湾区"9+2"城市媒体全过程联动、重点新媒体平台大流量关注，成功引爆全网，相关话题传播量超 5 亿，在全国乃至海外引发一波龙舟文化热潮。不仅吸引了众多海外华侨华人的关注和参与，还通过各种媒体平台传播了中华优秀传统文化，为城市形象的国际传播注入了新的活力。

通过挖掘本土特色文化，举办主题活动，东莞成功打造了地区特色文化品牌，传播了中华优秀传统文化，为城市形象的国际传播增添了新的亮点。

三、创新话语表达，运用新技术丰富城市形象传播场景

城市形象传播主要围绕城市的自然景观、人文景观、节日庆典等主题展开。这些主题具有强烈的视觉冲击力，单纯的文字描述难以充分再现其丰富多彩的场景。在媒介技术迅速发展的今天，直播、宇宙数字 AR 秀、短视频等可视化手段已被广泛应用。相较于图片，直播视频具有更强的冲击力和现场感，对海外观众而言，它展现出更强的感染力和说服力。

在城市形象的对外宣传方面，东莞高度重视新技术的应用，特别是利用直播、短视频等可视化手段来展现一个立体、丰富、全面的品牌形象，从而形成了一种独特的话语表达方式。例如，2022 年 12 月 31 日晚，由东莞市委宣传部精心策划的全市首个元宇宙数字 AR 秀——2023 东莞跨年 AR 光影秀盛大推出。该活动通过结合"科技＋城市＋艺术"的元素，以更加立体、丰富、全面的方式展现了东莞的城市品牌形象，给全网观众留下了深刻印象，成为城市形象传播的一次融合创新尝试。光影秀视频在推出 24 小时内，全网播放量超过 400 万次，转发量超过 40 万次。这场视觉盛宴不仅全方位地展示了东莞的形象，讲述了东莞的故事，还让国内外的朋友对东莞有了更深的了解和向往，使东莞的故事表达更加生动，为东莞建设文化强市增添了浓重的一笔，有效提升了城市美誉度。

2022 年中秋之夜，广东清代四大名园之一的东莞可园举办了"中秋

可园——岭南园林实景秀"。这是岭南地区首次以园林为景创作演出的实景秀活动，也是可园 176 年来的"首秀"。本次活动通过人民日报客户端、央视新闻、凤凰网等十余个媒体平台进行了直播，并在广东发布、南方报业 GDToday 等微信视频号上进行了转播，吸引了超过 500 万的海内外网友在线观看。中国驻巴基斯坦大使馆文化参赞张和清也通过社交媒体转发了活动信息，向全球网友推介了这场实景秀。

2023 年，东莞推出了《中秋可园——岭南生活美学录》，这是一档精心制作的原创融媒体文化节目。节目深入挖掘了传统节日与岭南传统文化的精髓，以全新的视角和表达方式展现了岭南生活美学的独特魅力。通过电影、虚拟时空、综艺节目和三维虚拟美术场景的创新融合，节目呈现了强烈的视觉冲击力和其深刻的内涵。同时，节目采用了网剧结合网综的创新编排手法，以剧情推动节目进展，增强了节目的趣味性和观赏性。在传播上，通过新华网客户端、央广网、东莞发布等十余个媒体平台进行了全网直播，吸引了超过 600 万海内外网友在线欣赏中秋文化演出。该节目不仅为公众提供了一个了解和认识岭南文化的窗口，而且在增强文化自信、提升文化认同感和归属感、促进文化交流融合、提高文化素养和审美水平、培养传承意识、传播城市形象等方面，展现了社会主义文艺作品的强大精神力量。

四、重视他者讲述，以第三视角呈现多元城市形象

在城市形象的国际传播中，重视外部叙事、以第三人称视角展示城市的多元形象至关重要，须从外国网友的角度出发，以他者的视角来叙述事实、描绘场景，与海外网友建立情感联系。在新媒体时代，外国朋友通过各种方式直接分享他们在中国的经历，这已经成为一种新的传播策略。作

为一个外向型经济活跃的城市，东莞吸引了众多外商。因此在向世界展示东莞的故事时，可以充分利用"他者叙述"的策略，借助国际友人的影响力来提升城市形象。

共度春节是全球华人的悠久传统。2023 年春节，东莞策划拍摄《外国人在东莞·欢乐中国年》系列视频 "My Spring Festival in Dongguan"（我在东莞过春节），选取了最具东莞年味代表性的石龙镇中山路和凤岗镇竹塘村，邀请来自美国、巴西、墨西哥、俄罗斯、白俄罗斯的外籍友人实地走访游玩，试吃传统新春美食，体验写春联、醒狮头、舞麒麟的欢乐，感受新昌鼓、麦芽糖、红漆描画木屐、竹器编制等非遗项目的历史与活力。以外籍友人的第一视角诠释他们眼中的东莞年味，唤起市民对东莞的城市自信和文化自信。

此外，还拍摄制作了多期短视频，每期短视频 30 秒至 3 分钟，汇集了来自多个国家和地区的在莞外籍嘉宾的新年贺语，总结了他们过去一年在东莞的收获和喜悦，用不同语言向中国人民送上新春祝福，呈现了一个多元文化、包容团结的东莞新年。这些视频以外国友人第一视角，生动呈现了在东莞老街和村巷的所见所闻，与本地村民的欢乐互动，以及各项目的真实体验和感受，进而展示岭南地区传统年俗、非遗文化、美食历史背后的故事，传播中华文化正能量。

在"借嘴说话"对外传播方面，东莞市委宣传部还与中国外文局煦方国际传媒联合制作了《第三只眼看东莞》系列中英文短视频，共 5 集，每集时长 6—9 分钟。该系列视频以外籍主持人的视角，通过第三人称视角展示东莞的历史传承、时代发展和幸福生活，围绕东莞的"四张名片"进行介绍和探讨。为了提高传播效果，还制作了 5 个两分钟左右的精华短片，通过脸书（Facebook）、油管（YouTube）和推特（Twitter）等海外社交平台发布，并在美联社、德新社、印第安塔拉通讯社、加纳通讯社、澳大利亚联合新闻社等主流外媒网站发布，以及在新西兰 Kordia TV 进行播放。

通过邀请外国朋友体验东莞历史街区和乡村的节日氛围，参与传统庆典，品尝地道美食，感受民间工艺，以此展现城市的形象。这些视频通过外国朋友的视角，带领观众从历史悠久的城镇繁华街道到乡村宁静美景，体验中国传统新年庆祝活动的欢乐与激情。该系列视频不仅凸显了东莞丰富多样的文化遗产，还加强了与国际观众的联系，成功塑造了一个热情好客、文化繁荣的城市形象，有效传递了中华优秀传统文化的迷人魅力。

五、反思与讨论

东莞通过寻求多重定位，深挖本土特色，找准东莞与海外受众的情感连接，创新话语表达手段，充分运用他者视角讲好东莞故事，取得了良好的国际传播效果。但是，根据《2023 中国城市海外网络传播力建设报告》，东莞在中国城市海外网络传播力综合指数排名中位居第 58 名，说明仍存在提升空间。本文发现，传播产品受众定位不明确、缺乏互动性等在一定程度上制约了城市形象国际传播。应依据国家特性、经济条件、文化背景、社会环境以及传播平台等不同因素，制定差异化和精准化的传播策略。同时，需要密切关注受众需求，创造相关话题，提高互动性，使受众深刻体验东莞城市的独特魅力，并鼓励他们成为传播的一环，从而有效扩大东莞的国际影响力。

参考文献

［1］金元浦．新的跨越：从"千城一面"到"双塔理论"再到城市 IP 建构［J］．东莞理工学院学报，2023，30（4）：1-11.

［2］中国日报网.2023 中国城市海外网络传播力建设报告［R/OL］.（2024-01-13）［2024-05-05］. http://ex.chinadaily.com.cn/ exchange/partners/82/rss/channel/cn/columns/h72une/stories/WS65a3af1aa310af3247ffbe66.html.

外国友人讲好中国故事的国际传播思考
——以佛山市新闻传媒中心为例

严剑锋*

党的十八大以来，以习近平同志为核心的党中央高度重视和全面推进国际传播工作，全国大力推动国际传播守正创新，理顺内宣外宣体制，打造具有国际影响力的媒体集群。2016 年 2 月 19 日，习近平总书记在党的新闻舆论工作座谈会上发表重要讲话后，中国国际电视台（中国环球电视网）正式开播，通过 6 个电视频道、3 个海外分台、1 个视频通讯社和新媒体集群的旗舰阵容服务全球受众，让世界认识一个立体多彩的中国。随后以外宣旗舰媒体为引领，中央各类媒体迅速建设和形成外宣工作新格局，在央媒层面建立了一批海外机构，基本覆盖全球热点国家和地区。

"要加强国际传播能力建设，增强国际话语权，集中讲好中国故事，同时优化战略布局，着力打造具有较强国际影响的外宣旗舰媒体。"这是总书记在党的十八大以后，在国际传播领域提出的重要指示和重大部署。在中央媒体和省级媒体逐步探索实战经验并形成国际矩阵效应后，作为粤港澳大湾区地级城市重大融媒标杆的佛山市新闻传媒中心，在 2020 年后也迅速

---

* 严剑锋，男，佛山市新闻传媒中心对外传播部主任。

加入国际传播建设阵营，打造系列国际传播外宣节目和 40 多个海外传播号，2022 年底追随广东省地方融媒体改革试点城市的步伐，单独新建对外传播部，统筹日报、电台、电视、新媒体端各领域的对外传播策划和产品制作，围绕地方视角、地方故事、地方特色展开，为立体式的中国国际传播做出应有贡献。

佛山市新闻传媒中心打造的国际传播项目分为六类，包括以《外国人在佛山》为代表的人物纪录片；以《盏鬼兄妹》为代表的幽默脱口秀；以《老外嚟讲古》为代表的基层体验；以《老外展身手》为主打的人文采风；以《唱响湾区》为主打的轻综艺 MV 节目；以 "China Q And A" 为主打的中国知识问答类节目。这六类节目充满创意及地方特色，展示了在国际传播领域佛山传媒所树立的地方特色：轻装上阵、鲜活体验、老外共创、网感传播。其中由外国友人一起深度参与节目主持和互动，共创地方城市对外传播的选题和节目，尤其成为佛山市新闻传媒中心统筹做好中国故事海外推广的重要实践探索。

一、重大传播主题进行轻装化策划

在国际传播领域，中国的真实形象和西方主观印象形成"反差"，我国软实力和硬实力存在"落差"，也形成了"有理说不出、说了传不开"的现象。在国内媒体传播中，并不缺少宏大叙事，积极争取国际舆论的认同，争夺国际话语权，但长期实践的现实效果却存在较大差距。习近平总书记曾指出："落后就要挨打，贫穷就要挨饿，失语就要挨骂。"争夺国际话语权成为新时代中国媒体在国际传播领域的主要战略目标。党的十八大以后，中央媒体等重要主力军在创新叙事、创新表达、改变重大主题的传播方式上迅速做出了新尝试，实现了新效果。

而作为地方媒体阵营，佛山市新闻传媒中心没有央媒级平台的传播影响力，并不具备重大主题的宏观策划把握能力，因此更注重将重大主题进行轻装化策划，力求用地方故事以小见大挖掘国际传播的叙事感染力，形成央媒与地方媒体的分工联动效应。比如，近几年 11 月举办的进博会期间，围绕中国扩大改革开放的重大主题，《外国人在佛山》节目就专门邀请来自法国、奥地利等在佛山创业的国际友人拍摄纪录片，亲身讲述他们在粤港澳大湾区参与工业产品设计，与中国团队共同开拓全球上下游产业供应链的经历。他们以外国友人记录讲述的故事来阐述中国人积极拥抱世界和开放包容的精神，多个选题被新华社和中国日报海外平台采用。这些轻装的故事成为了宣传中国进博会的有益传播素材，为央媒平台扩大重大主题的海外传播及时提供实实在在的地方案例。比如，围绕"一带一路"倡议的重大主题策划，佛山在对外传播产品上抓住"合作共赢"的主旨，策划了《一流营商 听全球建议》的节目，邀请十位来自不同国家并在佛山努力创业的总裁级以上外国友人进行观点对话，让他们自己来讲述与中国人合作的有趣故事，提炼他们对"共商、共建、共享"的中国主张的切身体会和建议。

重大主题的国际传播宣传策划是抢占国际话语权的重要切入点，从目标来说，必须着力提高国际传播影响力、中华文化感召力、中国形象亲和力、中国话语说服力、国际舆论引导力。在这项工作上，央媒级平台是抢占国际传播话语权上的正面主力军，而佛山等具有实力的地方媒体，则可通过实战探索，结合地方特色，在国际传播平台上轻装上阵，柔性作战。各具特色的作战方阵，立体式地展示关于中国传播的亲和力和说服力，从而构建主体多元化、渠道多样化、方式差异化的面向不同目标对象的国际传播力量格局。因此，国际传播资源投放应该不仅面向中央媒体，还须注重类似佛山等地方媒体的资源配置，从而加强"自上而下"和"自下而上"的融合，增强总体传播效能。

二、幽默化带动地方国际传播网感化

幽默感是加强国际友人之间人际交流的重要方式，用贴近受众的国际化语言表达开展国际传播是一种重要能力。佛山市新闻传媒中心自成立对外传播部后，积极发掘和邀请在广佛地区乃至大湾区创业的国际友人，鼓励他们利用自己的朋友圈资源参与到国际传播节目制作中，共同以外国人的兴趣点发掘新选题、新故事等新表现形式。比如，2021 年发掘了美国的 Rubben 和俄罗斯的 Lisa 两位在佛山工作的老师担任节目创作智囊团成员，他们均在佛山工作十年且钟爱岭南广府文化。其中来自俄罗斯的姑娘 Lisa 更通晓英语、粤语、普通话，对广东歇后语更是如数家珍。节目通过邀请外国友人共同参与策划，从其自身角度发现国人有趣且可爱的一面，从而吸引外国人的广泛关注。由他们主持的英文脱口秀节目《盏鬼兄妹》由此应运而生。比如，佛山复杂有趣的岭南婚礼习俗意头、广东人吃鸡出神入化的十八式功夫、广府人喜欢煲汤的各种特色习惯、广东人对不同辈分亲人五花八门的称谓习惯等，这些看似很随意的小故事，却成为节目组与外国主持人着力编写的重要选题。此外，节目组还延伸出《就食一 pang（碗）》的幽默博主体验系列片，带外国友人走出演播室，体验佛山岭南的特色美食。该节目是将在佛山工作多年的美国友人 Rubben 打造成走街串巷寻找美食的"肥仔"人设，他每天带上具有广东特色印记的碗，品尝不同市井美食店的一勺美食，通过特定设计的行为艺术塑造这位外国友人特定形象，传播城市烟火味里的特色岭南广府美食，在海内外账号里积极推广传播。俗话说，沟通有国界，唯美食和音乐没有国界。佛山市新闻传媒中心的新节目通过外国人主持参与的特定体验方式，宣传广东特色美食的对外形象，既形成笑点，也获得国际友人的关注。其中一档关于三水臭屁醋的体验节目，吸引了很多大湾区外国人慕名而来。农庄老板说："从来没有见过那么多鬼佬来尝醋。"

网感传播，幽默的创意表达，是佛山市新闻传媒中心借用外国友人讲述中国故事的一个很重要的策划思路。不同学者也认为：开展深层次、多样化的思想情感交流，善于用外国民众容易接受的方式，让外国人更好地了解和体验中华文化，是创新国际传播话语体系的有效路径。面对时空、语言、文化背景和意识形态等差异，媒体必须不断"破壁""过桥"，尝试与西方受众连接、共振。在缺乏大量重大主题国际传播项目的情况下，佛山市新闻传媒中心采取轻装上阵的创新创作方式打开对外传播的新形态。其利用网感传播制作的的脱口秀等短视频节目，常被新华社、中国日报海外版和今日广东国际传播中心等平台一起采用推送，并获得 2022 年中国外文局主办的全国海外传播短视频作品二等奖。

习近平总书记在党的二十大报告中指出："要讲好中国故事、传播好中国声音，展现可信、可爱、可敬的中国形象。""可爱的中国"是一种最新的提法，如何做好"可爱"的中国国际传播，需要中国媒体人转变宏大叙事风格，放下身段，接上地气，发掘更多基层的、有趣的、有价值的国际传播好故事进行创新策划。在探索如何做好"可爱的中国"传播上，佛山市新闻传媒中心等有创作实力的地方媒体拥有独特优势，并正在努力探索出一条可行可推广的路径。

三、节目传播力聚合国际感情认同度

佛山市新闻传媒中心通过创作不同外国人参与的对外传播节目，逐渐与生活在这座城市的不同外国人圈层形成了紧密的联系，有效加深了他们对这座大湾区城市的感情。据佛山市官方统计，目前一共有13300多名外国友人居住生活在佛山。虽然相比于广州、深圳等大城市，这个数目并不算多，但正如经常参与我们国际传播节目创作的外国友人说，在大城市生活工作的外国人，很大比例是因为生意往来需要而做出的选择。然而，外国人主动到佛山这些二线城市定居和生活，这表明他们十分钟爱这座城市的文化和环境，进而对定居城市产生了更高的认同度。佛山市新闻传媒中心邀请外国人参与的各种国际传播节目，也成为增强外国友人聚合力、打造公共外交的重要载体。通过节目，一方面，为佛山公共外交协会凝聚起国际友人更多常态化的互动联系，吸引来自不同国家的外国人及其家庭参与其中，让他们成为佛山市民熟悉的人物面孔，将其视为深厚情感的佛山朋友。另一方面，通过节目的体验，也让他们读懂中国真实的人文故事和经济发展故事。

佛山市新闻传媒中心节目充分结合丰富多彩的本地岭南文化活动，与本地市民一同发挥创意智慧，共同参与到大湾区的活动策划中。通过定期征集和聚合一批批外国友人参与到城市重大节日中，为其融入粤港澳大湾区大家庭提供了丰富多彩的平台。比如，正月十五的岭南佛山行通济大型民俗活动、农历三月的祖庙庙会巡游、农历十月的岭南秋色大巡游，均是几十万甚至上百万群众参与的大湾区最具特色的文化盛事。佛山市新闻传媒中心对外传播节目组在这些大型城市活动中均成为了推动城市公共外交的主力军，常态组织全城外国友人排练节目参与其中，并联系大家积极参

与中央广播电视总台、中国日报等海内外媒体的直播互动采访，展示国际友人们对粤港澳大湾区这片热土的由衷热爱之情。

完备的外国受众资料库可以使国际传播更具精准性，建立和更新受众资料库是一项持久而细致的工作，它是受众策略的重要组成部分，是所有受众传播策略的重要出发点。佛山市新闻传媒中心的实践，已从做国际传播节目延伸到建立地方系统的外国人受众资料库，有力地推动了城市公共外交聚合平台的打造。通过节目，我们系统地为这座对外开放的大湾区城市建立了一批国际友人资源库，这体现出重视长期传播效果的功能担当。

四、实用性内容激发国际友人关注度

在摸索打造外国友人讲好中国故事的节目创作基础上，佛山市新闻传媒中心在对外传播策划上还延伸另一种新形态：从"有趣"走向"有用"。随着中国经济快速发展成为全球第二大经济体，"一带一路"倡议不断深化推进，中国主张、中国方案、中国机会不断在国际上形成更广泛共识，越来越多的全球外国友人选择到中国来发展，他们不仅想要了解有趣的中国文化，还迫切需要实用的知识更快地融入中国。因此，佛山市新闻传媒中心对外传播部也致力打造"有用"节目。比如，在海外平台上开发垂直运营号"China Q and A"英文节目，通过收集一些外国人想了解中国的知识疑问，在节目中进行问答互动。例如，中国的南方人和北方人在喝茶上的礼仪和习惯有什么不同；南方人在不同场合下穿衣服的习俗有哪些讲究；广东人过年封利时的习惯是怎样的；为什么中国人喜欢过节舞狮子；中国哪里的小家电产品又靠谱又实惠；等等，系列话题在油管（Youtube）和推特（Twitter）平台上迅速吸引了众多想了解中国的外国网友关注。通过这样的策划探索，佛山市新闻传媒中心作为一个地方媒体，在国际传播领域突破了自身的地域界限，生产出全球网友喜欢关注的"有用"内容。当今，随着中国经济社会发展成为全球热点，中国媒体也需要顺应时代潮流，在全球互联网平台上创作更多"实用、有用"的知识型节目，并进行积极推广，为全球有志于关注"中国机会"的外国友人提供各种便捷渠道，帮助他们读懂中国不同地区差异化的文化和习惯。

习近平总书记曾说："讲故事，是国际传播的最佳方式。""讲故事就是讲事实、讲形象、讲情感、讲道理，讲事实才能说服人，讲形象才能打动人，讲情感才能感染人，讲道理才能影响人。"佛山市新闻传媒中心通过带动全城更多的外国友人来参与对外传播的创作，综合有趣的角度、生动的表达、网感化的内容讲好大湾区的中国故事，正在探索地方媒体小故事，轻装上阵大传播的新路径。

参考文献

［1］毕建录. 国际战略视角下我国媒体的对外传播——兼评中国国际电视台（中国环球电视网）CGTN 的成立［J］. 青年记者，2017（21）：51-52.

［2］陈先红，秦冬雪. 全球公共关系：提升中国国际传播能力的理论方法［J］. 现代传播（中国传媒大学学报），2022，44（6）：44-56.

［3］李思源，张六超. 新时代电视媒体"讲好中国故事"的专业优势与实现路径［J］. 中国地市报人，2023（5）：94-95.

［4］李丽华. 怎样让外国人真实报道中国［J］. 同舟共进，2010（3）：25.

［5］王慧. 全面提升"中国话语"的国际传播效能［J］. 人民论坛，2023（8）：101-103.

国际传播增进华侨华人中华文化认同的策略研究

——以"侨见世界"系列短视频为例

陈　慧*

作为侨务大省的广东，华侨华人是国际传播中不可忽视的独特资源和群体。华侨华人，定义上分别指居住在海外的中国公民和在一定程度上保持中华文化及血统的非中国公民，构成了一个跨国界、多元文化的独特群体。中国政府官方文件、学术界及涉侨机构常将这两类人群统称为"华侨华人"，这一分类反映了其在全球化时代下的双重身份和文化属性。在新的时代背景下，媒体和传播机构的策略必须进行创新，以适应快速变化的国际舆论环境。这涉及叙事方式、传播媒介的多元化，以及理论视角的扩展。利用华侨华人的国际性和多元文化背景，可以为中国故事的国际传播提供独特视角和多层次的表达方式。

中山市海外传播中心在 2023 年成立，是广东省首个地级市设立的海外传播中心，体现出地方政府在国际传播实践中的积极探索和创新。在成立这一年里，该中心创作的"侨见世界"系列以及相关的侨务采访，就以全

---

* 　陈慧，女，中山日报影像中心（海外传播中心）副主任。

新的视角和表现手法，成功地将华侨华人群体从单一的接收者转变为中国故事的积极讲述者和传播者。这种策略的转变，不仅提升了中国故事在国际上的传播效果，也彰显了华侨华人在促进中国文化国际传播中的主体地位和作用。

一、叙事转型：从乡愁情感到多元体验话语

在传统的叙事框架中，华侨故事常被描绘为充满乡愁的叙述，其中包含了跨海异国的无奈、在异地的辛酸生活，以及对故乡深切的思念。这种叙事策略强调了一种由情感元素构成的愁苦背景，其中"飘洋过海"的无奈、"寄人篱下"的生活艰辛，以及深沉的"思乡心切"成为了共同的主题。然而，随着时代的发展，特别是在交通和通信技术飞速进步以及中国经济快速崛起的背景下，这种传统的乡愁叙事需要被重新定义和表达。乡愁不再仅仅是一种基于苦难和远离故乡的情感，而是转变为一种基于自豪和深厚情感纽带的复杂体验。

改革开放以来，海外华侨华人群体展现了几个显著的特征：其一，该群体的数量迅速增加，教育水平和经济状况显著提升；其二，传统上高度集中于东南亚的华侨华人分布模式，已经由于大规模的新移民流动所改变，现在华侨华人聚居区几乎遍及全球各大洲的各个国家，特别是在拉丁美洲、非洲和中东地区。这些变化标志着华侨华人故事的多元化，不再单一地聚焦于苦难经历，而是展现了作为全球化积极参与者的新身份。

"当前我们通过华侨华人进行的跨国文化交流活动，往往流于表面化，仍缺乏对中国制度的优越性、中国价值观、感召力、中国文化感染等方面的深刻表现。"媒体在讲述这些新故事时，需要一种与时俱进的视角。华侨的乡愁并未消失，但它已然是一种更为复杂、多元的情感体验。这种体验

中，既有对故土的眷恋，也有对新家园的热爱；既有对传统文化的坚守，也有对现代文明的拥抱。

以中山市海外传播中心制作的《日暮乡关何处是——百年影像中藏着一个澳洲家族的中国乡村故事》为例，这一作品源于 81 岁澳洲老人 Mel Chong（梅尔·钟）回到家乡广东中山里溪村——"广东农村改革先行地"寻根。通过 Mel Chong 及其家族三代人的视角，记录了广东中山里溪村从贫穷落后到改革开放再到乡村振兴的百年变迁。这一独特的叙事策略，不仅真实地反映了中国乡村的发展变化，也以华侨的视角让世界看见了中国的多面性。这些故事强调了华侨华人不仅是中国文化与世界交流的见证者，更是连接中国与世界、过去与未来的重要桥梁。

重新定义和扩展华侨乡愁的叙事，要求我们深入理解华侨华人在全球化时代下的多元身份和经历，以及深刻认识他们作为文化交流使者的独特角色。通过这一努力，我们不仅能够更真实、更全面地讲述中国故事，也能促进全球范围内对中国文化的理解和欣赏。

二、由点及面：聚焦"元话语"大主题中的小切口

有研究者将"元叙事"称为"形而上叙事战略"，总结出"家国天下""团结包容""公平公正""乐观神奇""天人合一"的"元话语"。这种叙事战略强调了在全球化时代背景下，实现价值观的有效传播须借助于融合中西方话语体系的策略，并坚持在中国故事的原始叙事框架内讲述吸引全球受众的故事。在这一框架下，华侨华人的多元文化背景和地域特性提供了一种独特的视角，成为地方级媒体探索元叙事策略的有效切入点。

中山市海外传播中心与居住在美国的中山华侨华人，以及相关社团保持频繁互动，通过这种互动挖掘并讲述了富有影响力的故事。中心制作的

新闻专题《杜利威：志存高远 一飞冲天》就聚焦于祖籍中山夏威夷华侨领袖杜利威的生平故事。杜利威不仅是中国革命空军之父杨仙逸将军的外孙，也是一位致力于推动夏威夷与中国海南省及中山市建立友好关系的资深参议员。通过讲述杜利威参加杨仙逸牺牲 100 周年纪念活动的经历及其作为中美文化交流桥梁的贡献，该新闻专题深刻揭示了华侨华人在促进国际友好与文化交流方面的独特作用。

在制作该专题时，中心充分考虑到了当前国际关系的热点背景，即中国国家主席习近平即将访美及中美关系的全球关注度。通过巧妙地将杜利威的故事与这一时事联系起来，专题视频不仅展现了杨仙逸故乡的风貌和杜利威家族与中国的深厚情感，还通过穿插中美历史图片、展现杜利威的个人从政经历和对中美友好关系的贡献，一个丰富立体的叙事得以呈现。这种叙事策略不仅捕捉了观众的视听注意力，还激发了人们对于人类命运共同体的深层次思考。

该新闻专题的成功，在于其综合运用了多种叙事元素和符号。比如，白发老人用英语讲述华侨华人的国际化故事、象征和平的中国侨乡风景、象征保家卫国的战机模型、中美历史风云的图片，以及情绪烘托的现场乐队伴奏。这些元素共同构建了一个既有历史纵深感，又紧贴当前国际热点，融通中外并饱含深情的叙事，体现了中国华侨华人在近百年间与世界交流过程中的作用和影响力。

三、共情传播：以乡音乡曲唤醒文化认同

在当代国际传播的实践中，业界共识普遍倾向于认为外语能力是实现作品国际化的必要条件。这种观点基于一个前提：为了使中国的文化产品和信息传递穿越国界，向全球受众呈现，采用国际通用的外语成为了不可

回避的策略。然而，当涉及针对华侨华人的叙事时，采用地道的乡音不仅能深刻触动人心，引起强烈的情感共鸣，还能迅速获得该群体的认同与积极传播。在全球化的大背景下，国际传播的手段和内容日益丰富多样，而携带浓厚地域情感与文化底蕴的乡音，在国际舞台上显露出其不可替代的重要性。

特别是在海外华人密集的社区中，各种中国乡音随处可以听到，成为一种日常的文化景观。广东的国际传播中，粤语内容的点击率和转发率往往不亚于使用英语的作品。粤语及其金曲，作为连接粤港澳大湾区乃至全球华侨华人情感的文化纽带，其传播力和影响力不容小觑。

中山市海外传播中心 2023 年 3 月推出原创作品《知名华人歌手雷安娜寻根中山遇"旧梦"》。雷安娜，这位在 20 世纪 80 年代在香港红极一时的华人女歌手，不仅是一代人的青春记忆，更是大湾区多元文化的鲜活载体。她祖籍中山，香港出生和成长，如今移居加拿大。她的音乐旅程跨越香港、广东和加拿大，她的作品和个人历程成为了跨文化交流和粤语文化共鸣的桥梁。

当雷安娜回访祖籍地中山时，她在祖屋前演唱的成名曲、经典粤语歌曲《旧梦不须记》不仅因其旋律之美而受到称赞，更因其深含的人生哲理而引起共鸣。当雷安娜踏上故土那一刻，记者敏锐地捕捉到了这一情感交汇的瞬间，随即邀请她在祖屋门前献唱其成名作、经典粤语歌曲《旧梦不须记》。这首歌曲的歌词传达了一种积极的人生观，鼓励人们摆脱过往的阴影，勇敢地面对现实并奋力前行。这不仅体现了雷安娜个人的艺术追求，也反映了粤港澳大湾区所倡导的创新、开放和包容的价值观。

伴随着雷安娜的音乐之旅及其悠扬的歌声，观众似乎能够穿越时空的界限，共同体验那份源于乡音的温暖和力量。短短 3 分钟的作品，巧妙地融合了粤语金曲、粤语自述以及广东侨乡侨房三大文化特色，为观众呈现出一幅生动而富有感染力的粤港澳大湾区音乐画卷。该作品在"中山+"客户端首发后,还通过《中山日报》、《中山日报》视频平台、抖音号、中山画刊以及中山英文网站等多个渠道进行了传播,仅《中山日报》旗下的传播平台点击量便超过50万次。此作品所吸引的观众不仅局限于粤港澳大湾区,还包括加拿大、美国等全球各地区和国家的网友,成为一次成功的文化国际传播实践,并为国际传播领域提供了新的视角与启示。

在全球化的语境下,如何有效利用具有地域特色的文化元素,如乡音,以连接不同文化背景下的受众,是一个值得深入研究的问题。乡音不仅是一种情感寄托,更是一种强大的文化传播力,能够在跨越国界的交流中搭建起心灵的桥梁。未来,随着粤港澳大湾区建设的深入推进和全球华侨华人对乡音文化的持续关注,我们有理由相信,粤语及其金曲在国际传播中将发挥更加重要的作用,成为连接世界各地华侨华人情感的文化纽带。"我们相信一个实现了从站起来、富起来到强起来的历史性飞跃的中华民族,不仅在文化上对全球华侨华人产生一种强大的辐射源作用,对海外华侨华人传承传播本民族语言文化,创造良好的外部环境,而且会对世界文化格局产生重大影响,进而推动构建多元化生态环境,为人类文明的发展和进步做出新的重大贡献。"

四、价值观重塑:青年华侨交流的常态化运营

随着时代的变迁,新一代华侨华人逐渐成为海外侨胞的主力军。这一群体出生或成长于海外,其对中华文化的理解和情感归属与前一代华侨华人显现出明显的差异。他们生活在多元文化的交融之处,既继承了传统华人的血统与记忆,同时也深受当代社会价值观念的塑造。这种独特的双重身份,使得他们在情感归宿上呈现出一种复杂且多元化的特征。相应地,

他们的自我认同经历了深刻的转变，不再简单以血统或族裔身份为自我定义的唯一维度，而是更为重视个人价值观、生活方式及对社会的贡献。应对这一新形势，媒体在报道中，更要注重多元化的角度选取。

广东省侨务部门为应对这一挑战，近年来不断加强组织面向新一代华侨华人青年的活动，旨在增强其对中国文化的认同感。例如，中山市组织了"菁英杯"2021年国际侨界青年创新创业大赛、2022年首届"侨梦"侨界青年领头人培养工程暨2022年中山市新侨创新创业研修班、2023年中山市第三届国际侨界青年创新创业大赛等。在这些活动中，媒体可以更多地接触、聚焦到这些青年人所关注和思考的热点问题。他们的某些视角与思维，也正是当今世界看中国的视角与思维。在这些采访中，媒体接触到的许多侨二代、三代青年人，更关注如今中国的经济、科技、信息、环保等领域的新发展，希望能发挥自身的才智优势，参与到这些领域的产业协作中。

以《中山日报》2024年报道全省首场大型侨界引才活动为例，《"雁南归"百名海归博士中山行启动》及其随附评论《"雁南归"背后的城市创新梦》展示了从世界顶尖学府归来的百余名博士对企业创新、技术发展和信息融通的关注。这一活动不仅是对人才和发展议题的探讨，也为这些海归青年提供了在中山追梦、实现个人价值的平台。媒体对此类活动的报道，不仅讲述了华侨华人的故事，还成为了中国式现代化国际传播的重要组成部分。中国式现代化以其独特的特征在国际舞台上展现了其复杂性和多维性，这些特征包括面向全球的开放性、人民性的广泛参与、经济与文化发展的协调性、人与自然的和谐共生性以及和平发展的路径。

这一转变不仅体现了新一代华侨华人在个人认同和文化归属感上的多元化特征，也反映了中国在推动全球华侨华人文化传承与创新发展方面的积极努力。通过这些活动和报道，可以看出中国在构建具有中国特色的现代化道路上，既强调了传统文化的传承，也展示了对外开放和国际合作的愿景，为全球华侨华人提供了与祖（籍）国文化、经济和科技发展同步的平台和机遇。

五、结语

随着中国的经济实力增强，为海外华侨华人提供了更为坚实的后盾。他们在异国他乡创业发展，不仅带去了中国的文化和智慧，也收获了世界的资源和机遇。华侨的身份不再是他们融入当地社会的障碍，反而成为了一种独特的资源，助力他们在多元文化的交融中开辟出一片新天地。在国际传播中，媒体须在叙事方式、传播媒介、价值观重塑等方面都用心打磨，才能进一步增进华侨华人中华文化认同。让他们在国际传播中，不仅只是中国故事的"接收者"或"主角"，更应是现代化中国故事的积极传播者和国际讲述者。

参考文献

［1］陈先红 . 用中国话语讲好中国故事的回顾与前瞻［J］. 对外传播，2017（1）：16-18.

［2］郭锦润，谭华健，王帆 ."雁南归"背后的城市创新梦［N］. 中山日报，2024-02-29（A01）.

［3］郭信峰 . 对外讲好中国故事的困难挑战与对策建议［J］. 党的文献，2020（1）：28-30.

［4］刘芳彬 . 华侨华人与中华文化国际传播［J］. 八桂侨刊，2018

（3）：15-21.

［5］李富根，李东．讲好中国地方故事　拓宽国际传播路径［J］．对外传播，2019（2）：39-41.

［6］王仕勇，曹文扬．讲好中国故事：中华文化的国际传播策略研究［J］．四川省社会主义学院学报，2019（2）：30-35.

［7］庄国土．世界华侨华人数量和分布的历史变化［J］．世界历史，2011（5）：4-14.

［8］钟新．国际传播要讲好和平发展的故事［J］．社会主义论坛，2022（6）：4-5.

［9］张焕萍．借助华侨华人讲好中国故事［J］．对外传播，2020（5）：14-16.

主流媒体何以提升国际传播影响力：
李子柒爆火的启示

林正淳 覃 鹏[*]

随着全球化的深入发展，国际传播影响力对一个国家的重要性日益凸显。2021 年 5 月 31 日，习近平总书记在讲话中强调："讲好中国故事，传播好中国声音，展示真实、立体、全面的中国，是加强我国国际传播能力建设的重要任务。"主流媒体作为国际传播能力建设的"排头兵"，其传播实践直接关系到国家形象的塑造和文化软实力的提升。因此，提升主流媒体国际传播能力的重要性不言而喻。

近年来，中国网络红人"李子柒"在国际社交媒体上迅速走红，她发布的视频内容主要包括中华美食、中国传统文化、手工技艺元素等，吸引了全球众多网友的关注。2020 年 4 月 29 日，李子柒油管（YouTube）粉丝突破千万，成为油管上首个粉丝过千万的中文创作者。2021 年 2 月，李子柒又凭借 1410 万的油管粉丝量，刷新了"最多订阅量的油管中文频道"吉尼斯世界纪录。

李子柒的成功出圈，不仅在于其独特的中式美学风格，更在于她能够

---

* 林正淳，男，惠州日报社新媒体政务服务中心负责人；覃鹏，男，肇庆市广播电视台融媒体中心副主任。

准确把握国际受众的文化需求，实现了有效的跨文化传播。知乎上一位网友评价说："李子柒的油管频道对外文化影响力，可以说抵得上1000个CGTN（中国国际电视台）。"虽然李子柒账号由于MCN合同纠纷至今仍在停更，但这并不妨碍主流媒体学习其"文化出海"的经验。本文通过对李子柒案例在内容创作、传播策略等方面的剖析和解读，旨在为主流媒体在新媒体时代背景下提升国际传播能力提供一些有益的启示和建议。

一、主流媒体在国际传播中的现状和挑战

随着新媒体时代的到来，传统的电视、广播和报纸已经无法满足受众需求，互联网、社交媒体、移动应用等渠道日益成为国际受众的首选。中国主流媒体也适时而变，全力进军新媒体阵地，传播力和影响力都得到了极大的提升。在内容制作上，中国主流媒体也在不断创新，尝试以更加国际化、多元化的视角和表达方式，向世界人民展示中国新貌和魅力。

尽管中国主流媒体在国际传播上取得了一定的成绩，但仍然面临着传播渠道受限、议程设置能力弱等问题。主要可以概括为以下几点。

一是议程设置能力缺失。在全球化传播环境下，西方传媒集团往往掌握着新闻传播的议程设置权，一些媒体和势力对中国的发展模式抱有偏见和误解。这导致我们在国际传播中容易受到西方媒介环境的抵制，而我们往往处于被动地位。此外，一些社交媒体平台如脸书、推特等还对中国媒体打标签，刻意强调其官方身份。

二是中西文化差异激烈碰撞。中西方文化迥异，在价值观、世界观上存在不同理解。因此，中国主流媒体在传播过程中，时常难以准确表达自己想要传达的内容，陷入一种自说自话、"鸡同鸭讲"的尴尬境地，并且极有可能造成信息传递的失真，导致受众的误解。

三是宣传思维浓厚。主流媒体的宣传多为宏大叙事，缺乏有故事性的民间场景，对于普通的海外受众来说，没有什么吸引力，而且极易固化"中国媒体都是官方宣传"这样一种刻板印象。

四是传播渠道匮乏。尽管中国主流媒体已经尝试通过新媒体平台扩大国际传播范围，但在一些关键地区和领域，传播渠道仍然受阻，影响了传播效果的上限。

二、李子柒对外传播案例的深度剖析

（一）内容特点

1. 内容的"生活化"

古语说"民以食为天"，美食是人类共通的兴趣爱好，不受地域不受文化影响，在哪里都具有"话题度"和"吸引力"。李子柒的视频内容以美食为主，展现的是她自己的日常生活，包括美食、手作、园艺等。这种生活展示，让外国网友能够感受到她的真诚和热情。同时，她的内容也充满了趣味性和故事性，无论是她制作美食的过程，还是她对于家长里短故事的讲述，都能吸引观众的注意力。

2. 文化的"深展示"

在李子柒的视频中，我们可以看到大量中国传统文化的元素，如传统节日、手工艺术等。她以一种自然、生动的方式展示了这些文化元素，让外国网友能够深入了解中国文化的魅力和深度。央视新闻这样评价李子柒的短视频："没有一个字夸中国好，但讲好了中国文化，讲好了中国故事。"可以说，这种文化的展示，不仅让外国网友感到新奇，也让他们对中国文化产生了更深的敬意和喜爱。

3. 情感的乌托邦

"悠然见南山"式的生活，是每个繁忙的现代人的终极向往，李子柒的视频恰恰营造了一种归园田居式的生活，种花种菜、砍柴、手工、上山采摘、酿酒等，营造出乌托邦式的意境与空间。结合美食与中式美学的独特魅力，让李子柒的视频迅速脱颖而出，俘获了众多外国网友的心。尽管每个民族生活方式不同、文化传承也不同，但对美好生活的追求，是人类永恒的共同语言。李子柒的视频，传递出东西方共同的价值观念与共通的情感期待，极易引发情感共鸣，使得她的视频更具感染力。

4. 视觉的艺术感

李子柒拍摄的视频，除了能引发情感共鸣，在专业上看也丝毫不逊色于成熟的纪录片。她（或团队）善于运用各种拍摄技巧和剪辑手法，让视频更具美感。此外，她的视频里有大量的延时摄影镜头，被运用于展现时节变化之美，经常是数天甚至数季度的连续跟拍，极富艺术性。李子柒的视频，即便不细看其内容，仅凭画面就足以构成一场视觉盛宴。这种精良的视觉效果，使得她的视频更有"沉浸感"，能够瞬间吸引人的眼球。

（二）传播策略

1. 巧用国际社交媒体平台

李子柒的视频主要在社交媒体平台如油管、微博发布。油管在全球范围拥有众多年轻的粉丝，这使得她的视频能在短时间获得网友的广泛关注。李子柒在社交媒体上非常注重与粉丝的互动，经常回复评论，感谢粉丝的支持。这种互动不仅增强了粉丝的黏性，还显著提升了内容的吸引力。此外，在停更之前，李子柒保持了较为稳定的更新频率，不断为粉丝带来新的内容，这也进一步增强了其粉丝黏性。

2. 善用中华优秀传统文化

在李子柒的视频中，经常出现如制茶、造纸、刺绣等传统技艺。这些冒着热气、沾着露珠的中式田园生活视频是广为传播的"爆款"，它们不仅展现了中国文化的深厚底蕴，也为国际传播提供了有益借鉴。此外，她还会在一些传统节日制作相关视频，如中秋节做月饼、春节贴春联等，让外国网友更好地了解中国传统节日的文化内涵。

3. 活用国际化的跨文化元素

虽然内容主要围绕中国传统文化，但李子柒的短视频作品并没有局限于国内市场。她同样也采用了国际化的视角呈现中国文化，让外国网友更容易理解和接受画面信息。例如，她有时会在视频中加入一些跨文化对比的元素，如将中国传统节日与西方节日进行对比，展示不同文化之间的异同，从而引发网友的讨论。她的视频内容往往围绕人类共同的生活经验和情感展开，如家庭、亲情、友情等，这些元素在全球范围内都能引发观众的共情，从而增强了她的视频在全球范围内的传播力。

三、李子柒走红对主流媒体国际传播的启示

（一）做好内容创新，提升传播效果和影响力

1. 深挖中国文化元素

文化是全世界共通的语言，中国拥有 5000 年的文明史，对于国外受众，是非常神秘而有吸引力的。民族的才是世界的，主流媒体可以参考李子柒的内容创新理念，挖掘和呈现更多具有地域特色、民族特色的文化元素，如历史、传统、民俗、艺术等方面，将这些元素作为内容创作的核心，才能为国际受众提供全新的视角和体验。当然在具体的内容制作中，媒体

还要注重故事性和趣味性，将传统文化与现代元素相结合，通过生动的故事叙述和视觉呈现，让受众更好地了解和感受中国的魅力。

2. 精准定位目标群体

随着中国在世界舞台影响力的提升，越来越多的年轻人和文化爱好者开始关注中国的发展，这些人群都是主流媒体的利基受众。与此同时，媒体也要关注全球范围内的其他受众，采用国际化的视角呈现中国文化和价值观，进一步提升中国文化在国际上的影响力。

3. 改变内容传播策略

主流媒体需要改变以往"我说你听"这种单向传播思维，避免内容大而空洞，多关注有故事的个体、事件，从小切口去反映中国社会的发展；要密切关注国际社交平台上的数据分析和用户反馈，了解受众的喜好和需求变化，及时调整内容策略、优化传播方式；要注意文化背景的差异，根据海外受众的需求去选择内容创作的方向，对一些事件不要过度渲染避免误解。此外，可以通过制作多语种的内容，满足不同国家和地区受众的需求。

（二）善于利用社交平台，提升内容传播效果

1. 选择合适的平台传播，吸引更多受众

李子柒、办公室小野、滇西小哥等内容创作者，都是通过油管等平台成功出圈。类似的还有脸书（Facebook）、照片墙（Instagram）、推特（Twitter）、抖音国际版（TikTok）等，这些国际社交平台用户基数大、互动性强，是年轻人广泛聚集的地方，其中的优质内容更容易出圈。主流媒体也要积极考虑"借船出海"的策略，通过国际大平台的流量分发吸引海外受众。

2. 加强沟通互动，提高用户参与度

互动也是传播的一个重要手段，主流媒体可以学习李子柒在社交媒体

上的传播策略，利用多平台、多渠道进行内容推广，同时注重与用户的互动和反馈，可以通过定期设置议题，吸引用户参与讨论，提高内容的吸引力和传播效果。有条件的媒体还可以开展直播、连线等，增加与用户的互动机会。

3. 了解平台规律，提高内容曝光率

脸书、油管等平台的运行逻辑和推荐机制，跟国内内容平台有较大差别，因此在国内通行的传播逻辑并不能完全套用在国际平台上。正所谓"知己知彼、百战百胜"，主流媒体要深入研究各个平台的特点和区别，根据不同平台特点去制作、分发内容；通过深入研究算法推荐机制，优化内容标题、描述和标签等元素，提高内容的曝光率。当然也可以与社交平台合作，对重要内容进行推广，扩大传播范围和提升影响力。

（三）强化品牌建设，扩大传播渠道

1. 打造个人化 IP，构建多维对外传播体系

过往主流媒体的海外传播多以官方的身份出现，易使国外用户产生怀疑和不信任。而"李子柒们"之所以能够成功"出海"，是因为他们创作的内容，往往以个体的微观视角，用生活化的叙事手法，去讲述中国故事。相比于国家组织、跨国媒体的新闻报道，许多人可能会更愿意相信一些从个人视角讲述的故事。因此，有条件的主流媒体，应该有意识构建多维的对外传播体系，打造一些个人国际传播 IP，提升综合影响力。

2. 融合国际元素，多视角讲述中国故事

主流媒体可以尝试和国际知名媒体、社会机构、社交网络红人建立长期合作的关系，通过外国人的视角，或者是中西文化的对比，去讲述中国故事。这种跨文化的联动创作，能够拉近主流媒体与海外受众的距离，增

强他们对中国文化的认同感和兴趣。另外也可以扩大内容的传播渠道，提高主流媒体在国际传播中的影响力。

3. 加强品牌建设，提升国际影响力

主流媒体要借助一些重大活动和契机，如北京冬奥会等，充分利用各种方式和渠道，向世界传递中国声音，展示中国形象；要积极参与国际重大事件和热点新闻的报道，塑造媒体品牌形象；探索参与一些国际化的电视节目、综艺节目制作，用更形象的方式展示中国发展和变化，提升媒体品牌在国际舞台上的影响力和竞争力。

四、结论

主流媒体要提升国际传播影响力，须结合中国文化特色，转换叙事方式，创新传播手段，并加强与国际受众的互动与交流。李子柒的案例为我们提供了宝贵的启示。她以独特的视角和高质量的内容制作，成功吸引了大量海外网友的关注。主流媒体可以学习她的创作理念，深入挖掘和呈现中华优秀传统文化，制作有感染力和吸引力的内容。同时，主流媒体还须创新传播方式，运用好新媒体平台，加强与国际受众的互动与交流，提升传播效果。

面对越来越错综复杂的国际形势，中国主流媒体提升国际传播力影响力已经成为一个时代命题。只有掌握了话语权，才能更好地去塑造和传播中国国家形象，消除文化隔阂，增进相互理解和信任。未来，在国际传播中主流媒体将继续发挥主力军的作用，但是随着媒体形态的不断演变和进化，主流媒体也需要不断适应新的传播环境，加强内容和技术创新，重视全球化的人才培养，提高对外的传播质量和效率，努力推动全球传播格局的变革。

参考文献

［1］李习文.李子柒走红海外的国际传播逻辑［J］.传媒观察，2020（2）：33-37.

［2］刘旸.短视频"出海"：基于海外受众视角的YouTube运营解析——从李子柒海外走红说起［J］.传媒，2020（4）：42-44.

［3］任孟山，李呈野.中华文化对外传播的新时代经验与可能路径——李子柒爆红海外给国际传播带来的思考［J］.对外传播，2020（1）：16-18.

浅谈江门侨刊乡讯的对外传播功能

易　航*

一、侨刊乡讯的百年之变：从思想启蒙到"集体家书"

江门是中国著名侨乡，拥有祖籍江门的 530 余万港澳台同胞和海外侨胞遍布世界各地，因此被赋予打造粤港澳大湾区华侨华人文化交流合作重要平台的使命。同时，江门也是侨刊乡讯重要发源地之一，我国最早的侨刊《新宁杂志》于 1909 年 2 月在江门台山创刊。侨刊乡讯在江门的发展经历了萌芽、发展、停滞及高潮等阶段，并随着数字时代的到来，进入了新的发展时期。当前，江门现存 83 份侨刊乡讯，其中 14 份拥有百年历史，是广东省发行侨刊乡讯最多、历史最悠久的地区。

纵观江门侨刊乡讯发展历程，它们在不同历史时期承担着不同的历史使命，发挥着重要的作用。中华人民共和国成立前，侨刊乡讯是知识分子宣传新思想、发动侨胞参与国内政治的舆论阵地，是"抗日救国"的思想武器和"催化剂"。中华人民共和国成立后，随着社会变迁，侨刊从侨胞乡愁的寄托，演变成海外侨胞的"集体家书"，传递着侨情乡音。

---

*　易航，男，江门日报社编辑，《中国侨都》杂志编辑。

江门最早的侨刊可追溯至清宣统元年（1909 年）的《新宁杂志》，被我国侨务界和侨史学界公认为是中国第一份正式创办的侨刊乡讯。此后，江门五邑各地的侨刊乡讯如雨后春笋蓬勃发展。侨刊具有舆论导向性，亦充分起到连接华侨与家乡的作用，并且可以从侧面反映出各个时期五邑地区的政治、经济、文化、社会风俗状况的变迁。抗日战争前夕，五邑各地的侨刊乡讯以各地出现的社会弊端、改良侨乡社会为主要内容，栏目设置也较为固定，各地侨刊相差不大。这段时间，五邑侨刊数量较多、种类丰富、创刊范围及流通范围广泛。1912—1931 年间创刊的五邑侨刊共有 83 种，其中开平创刊的有 11 种、台山 65 种、恩平 2 种、新会 5 种。

中华人民共和国成立初期，江门侨刊乡讯得到了长足的发展，仅台山地区的侨刊乡讯便有 122 种。

改革开放后，江门侨刊乡讯迎来全面复刊潮，其中，《新宁杂志》在 1987 年底首先宣布复刊，随着时代发展，其所设栏目也更加多元化。《谭溪月报》《开平明报》《茅冈月报》《新民月报》等老一批侨刊乡讯也重获新生，另有《百合侨刊》《波罗侨刊》《苍城侨刊》《金鸡侨刊》《开侨校友》《龙塘侨刊》《舜河侨刊》《中国侨都——江门》等新创办的侨刊乡讯出版并面向海内外发行。据广东省侨刊乡讯专业委员会统计，目前，全省有侨刊乡讯 150 家，江门有侨刊乡讯 83 份，数量约占广东侨刊乡讯的 60%，占全国侨刊乡讯的 29%。

2021 年，江门市委十四届二次全会报告提出，以《中国侨都》杂志为龙头打造侨刊乡讯矩阵，大力提升侨都中华文化国际传播能力。《中国侨都》作为市重点侨刊乡讯和对外传播的重要载体被加以重视。

二、侨刊乡讯国际传播的变化：从群体记忆到备受冷落

与报纸、电视广播等媒体不同，侨刊乡讯具有天然的国际传播属性。

（一）受众明确且粘性强

侨刊乡讯诞生之初便具有浓郁的民办特色，它主要靠侨胞自发捐赠的资金和经费维持刊物运作，印刷的刊物赠阅、免费邮寄，是典型的公益性民办刊物，其读者定位清晰且基础扎实、受众稳定。不少刊物多为宗族创办，早期华侨在外多依靠"三缘"，即血缘、地缘、业缘，生存发展，以此形成众多的华人社团、社区，此有利于加强华人的身份认同。侨刊沟通作用亦有利于加强华侨与家乡的地缘联系，强化华侨的身份认同感，故华侨支持侨刊的发展，其中族刊大部分是海内外某氏宗亲捐助的，其流通范围也是该氏族宗亲所在的国家、地区、团体。如《冲蒌侨刊》《文楼乡音》等以村落命名的侨刊乡讯，《胥山月刊》（伍姓）、《居正月报》（黄姓）、《敬修月报》（李姓）等姓氏宗族类侨刊。这些地域性较强的村级侨刊、宗族侨刊的栏目设置往往针对性强，如地方风物志、车船资讯、物价信息等家乡、宗族大小事务，以缓解华侨思乡之苦。

（二）构建侨胞与祖（籍）国的命运共同体

抗日战争时期，侨刊乡讯在构建华侨的祖国认同感、协助当时政府在思想上动员华侨援助祖国抗战方面起到了积极的推动作用，并有效促进了侨胞与中国命运共同体意识的构建。爱国侨胞通过侨刊乡讯发表文章，不仅唤醒了国民的民族意识，还号召海外侨胞为国内抗战捐款捐物，展现了

他们深厚的爱国情怀和民族责任感。例如，1939 年《文楼月报》复刊第17、18 期中的《逮捕汉奸四人》；1941 年《四邑华侨导报》第 1 卷第 1 期中《日军进犯台山之路线》《敌由水路进犯三埠，公益被掠十室九空》《八中全会特别关怀侨胞情况讨论侨务问题多项》等，且封面亦有"统一意志、集中力量、抗战必胜、建国必成"的标语，鼓励海内外乡亲团结一致共同抗日。在逐渐复苏期，出现了对战时日军轰炸及饥荒追忆的报道，如《开平华侨月刊》1947 年第 5 期中设有《开平抗战血泪话》栏目追述抗战时期开平、广州等地的情况。这些报道都揭露了帝国主义的暴行和当时国民政府在某些方面的腐败无能，从侧面反映出当时侨眷生活在悲惨和苦难中，是最深刻的群体记忆。侨刊将这些最深刻、最苦难的群体记忆转述给海外华人华侨，一方面是记录下当时帝国主义的暴行，另一方面是激发华侨的爱国热情，促使他们伸出援手救助家庭、家乡，动员其参与反帝反封的爱国斗争。

（三）增强侨胞对家乡发展的了解，有招商引资之用

过去，江门地区主要以男性"出洋"谋生居多，导致侨乡经济结构不平衡，形成高度依赖侨汇的畸形发展模式。因此，侨刊乡讯也承担起为家乡招商引资的责任，鼓励有志之士在侨乡发展实业，以促进侨乡经济的多元化与健康发展。如《新宁杂志》1912 年的《论邑人当注重实业毋倾向出洋》、1947 年的《华侨经济事业的展望》《台山县经济建设初步意见书》均可见，而新宁铁路正是发展实业的例证。侨刊中系统报道了新宁铁路的建设、运营情况，包括筹建新宁铁路公司、修建时遇到的困难、华侨捐资情况、运行情况、铁路公司发展规划等。例如，1912 年《新宁杂志》第 1—15 期《调查铁路之条件》、1946 年《新宁杂志》第 38 卷第 1 期《香

港四邑商会建议重修新宁铁路》等。班国瑞和刘宏认为"侨刊强有力地补充了侨批贸易开辟的区域邮政文化"。此外，侨刊刊登大量的承担银信业务的金融机构于告白栏目。例如，1925年《恩平公报》第4卷中的上林苑升记银号，1937年《风采月刊》中的逢源隆、汇丰银号、锦荣昌号、广裕隆，1947年《开平华侨月刊》第5期中的广隆行、广兴行、广丰号等，从侧面亦反映出当时侨汇的繁荣。新时代时期，江门侨刊乡讯围绕当前地区经济社会发展，聚焦"高质量发展""百千万工程""共建一带一路"等热点，向海外侨胞展现现代活力的新江门形象。例如，《中国侨都》聚焦江门市委"科技引领、工业振兴、园区再造、港澳融合、侨都赋能、人才倍增"六大工程，推出了《大广海湾经济区：江门承载新一轮崛起梦想的"大棋盘"》《华裔新生代缘何青睐这座城》等文章。

然而，与传统媒体一样，当下的侨刊乡讯同样遭遇市场的严峻挑战——大部分侨刊乡讯市场化程度不高；侨刊乡讯自身体量较小、人才匮乏、定位不明、受众面窄等，主要存在以下几个方面。

1. 内宣倾向严重

侨刊乡讯的定位是联系海外侨胞的精神纽带，属于对外宣传，江门的侨刊乡讯基本属于各地侨务局、侨联等涉侨部门管理。但在实际运行过程中，不少侨刊乡讯变成地方党委政府的机关报或生活服务类杂志，严重偏离了初衷，直接影响了内容生产、传播和服务方式。如《楼冈月刊》《沙冈月刊》《胥山月刊》《沙堆月刊》等乡镇侨刊乡讯中，关于镇领导活动上的内容占比超过1/3，标题和内容充斥着太多政治化术语且行文偏硬，影响了读者的阅读体验和信息的有效传达。

2. 发行渠道单一，邮寄成本增加

侨刊乡讯的新媒体转型之路任重道远，笔者统计，在江门84份侨刊乡

讯中，仅有《中国侨都》《新宁杂志》《新会侨报》《鹤山乡讯》《恩平公报》等5份自建新媒体平台，其他侨刊乡讯则依托省侨刊乡讯平台或地方侨务部门的微信公众号上线。目前，绝大多数侨刊乡讯保留着传统的邮寄方式发行，然而随着国际邮价的上涨和侨胞捐赠的减少，侨刊乡讯的发行成本成为经营的重头，甚至占到总支出的70%以上。

3. 人才队伍匮乏

据江门市侨刊乡讯协会统计，侨刊乡讯的编辑团队年龄普遍偏大，骨干成员以退休干部和教师为主，力量相对单薄，且面临老龄化危机，这对侨刊乡讯的创新与发展构成了一定的挑战。调查显示，45岁以上侨刊负责人占比79%以上，其中60岁以上的负责人更是高达56%。编辑人才的匮乏导致刊物选题能力不足，缺乏敏锐的信息感知能力和创新意识，难以正确判断社会文化走向和文化市场需求。因此，在海外出版市场缺乏竞争力，难以实现市场化运作。

三、提升侨刊乡讯国际传播能力：讲好"江门故事"

（一）差异发展，服务地方对外传播主题

与国内主流媒体不同，侨刊乡讯因地缘、族群、宗亲形成的特定读者群体依然稳固。读者对杂志的忠诚度和亲密关系可长期存在。江门侨刊乡讯应提高为读者"讲故事"的能力，通过侨刊这一特殊性质的媒介向世界讲述"江门故事""中国故事"。在题材和读者关系方面，侨刊乡讯展现出显著优势。在题材方面，侧重经贸类的侨刊乡讯，可增加海内外新一代华侨青年创业成功案例，以高品质的文化内容吸引海外青年关注。服务国家"一带一路"建设大局和粤港澳大湾区发展，讲述祖籍江门的共建"一带一

路"国家的侨胞拥护祖国发展的生动故事,以及侨胞在大湾区大展身手的创新创业故事。而对于文化类的侨刊乡讯,则可讲述当地非遗文化、传说故事、绿美生态等,通过情感连接海外华侨华人,增强文化认同感。

(二)借船出海,提升"集体家书"有效送达率

我们可以与海外知名华文媒体合作,在当地印刷发行专刊。例如,《山东侨报》自 2007 年起陆续与国际日报集团、美国"中国之星"媒体集团、《中日新报》《欧洲华人报》、澳大利亚《华夏周报》等海外华文媒体合作,出版发行了《山东侨报》北美版、日本版、欧洲版、澳洲版和东南亚版。此外,还可依托海外华文学校、孔子学院等中文教育机构进行发行。例如,《海外华文教育》的发行范围覆盖到了全世界所有的孔子学院,包括在国外开展汉语教育的大学与研究机构,以及和港澳台地区的相关高校和研究机构。

江门是中国著名侨乡,可利用涉外机构较多和侨胞探亲较频繁的优势,通过旅行社、酒店、侨胞之家、海外联络处等进行发行,或与海外华社共建侨刊书屋,为江门侨刊乡讯提供借阅平台。面对新生代华裔不懂中文的问题,可与新的传播方式、阅读方式"融合",借助融媒体的资源,在乡讯上推出"文字说明 + 视频二维码"的可视化版块,传递地道乡音。同时,制作外文版本刊物。例如,《中国侨都》推出中英文对照版本,并依托直播江门 App 平台推出悦读版和电子刊等;《新宁杂志》则每年推出两期英文副刊,聚焦台山华侨故事,侧重图文并茂的形式讲述台山人文风物。

（三）"报团"取暖，打造地区侨刊乡讯矩阵

江门侨刊乡讯数量众多，其中民间侨刊占多数，且分散在各地各阶层，但由于缺乏有效的统一组织，整体较为涣散。江门市委宣传部、市委统战部等宣传和侨务部门可在尊重办刊人意愿的前提下，引导他们通过组建"行业协会""树立传播品牌""侨务资源共享、共同开发""购买政府平台"等方式，组团融合，共同发展，改变单一的传播方式，共同写好江门新时代侨文章。

四、结语

侨刊乡讯作为特定时代的产物，在不同历史时期都发挥着重要的作用。尽管随着时代的发展和社会环境的变化，其功能有所削弱，但其作用依旧不可忽视。江门侨刊乡讯历经百余年发展，积累了许多经验和教训，需要经营者与时俱进，抓好侨刊乡讯的改革，推动其转型发展，使其在新时代发挥更大的作用。作为侨味浓郁的媒介载体，侨刊乡讯要多从广大侨胞立场出发，反映侨界心声，维护侨界利益，及时准确把家乡信息传递出去，成为海外万千侨胞与祖（籍）国的情感纽带，为实现中华民族伟大复兴贡献侨刊乡讯力量。

参考文献

［1］班国瑞，刘宏，康婉盈，等 . 侨批贸易及其在近代中国与海外华人社会中的作用——对"跨国资本主义"的另一种阐释［J］. 南洋问题研究，2019（1）：58-72.

［2］Hsu M Y. Qiaokan and the Transnational Community of Taishan County, Guangdong［J］.The China Review, 2004, 4 (1): 123–144.

［3］林燕 . 民国时期五邑侨刊述评［J］. 五邑大学学报（社会科学版），2023（2）：37-41.

［4］郑德华，吴行赐 . 一批有价值的华侨史资料：台山解放前出版的杂志、族刊评介［J］. 广东华侨历史学会通讯:《华侨论文集·第一辑》，1982（内刊本）：455.

文化搭桥：地市媒体国际传播策略探索

——以肇庆市广播电视台"端砚"外宣实践为例

覃　鹏　林正淳[*]

　　一谈到国际传播，人们通常会联想到国家级主流媒体、省级主流媒体的实践和产出，而较少看到地市级媒体在这方面的投入。对于地市级媒体而言，面临着国际传播人才匮乏、传播渠道狭窄，生产制作水平低下等不容回避的挑战。然而，如果地市媒体可以在国际传播中实现突破、突围，往往能收获意想不到的效果。在 2023 年，淄博烧烤、贵州"村超"、江门"狂飙"、哈尔滨旅游等现象级文旅热点爆火出圈，不仅在国内引起广泛关注，在国外也产生了不小的影响力。即便这些不一定算得上是地市级媒体的产品，但不可否认的是他们都发酵于地市级区域或起始于地方特色。这些城市、地方吸引到流量的共同之处都是依托自身优势，以人们好奇或向往的特定场景为"卖点"，挖掘了城市的独特性、稀缺性、典型性，以与时代相契合的内涵和属性开展传播。这一系列有效的传播，不仅很好展示了城市形象城市魅力，塑造城市品牌，对经济工作、产业发展都能起到积极的推动作用，助力城市高质量发展。

*　覃鹏，男，肇庆市广播电视台融媒体中心副主任；林正淳，男，惠州日报社新媒体政务服务中心负责人。

党的二十大报告指出，要加快构建中国话语和中国叙事体系，展现可信、可爱、可敬的中国形象，在新时代新征程，增强中华文明传播力影响力，要从坚持主导地位、推动叙事创新、拓宽传播渠道、加强队伍建设四个方面发力，多措并举，凝聚合力，传播好中国声音，讲好中国故事。对于地市级媒体而言，发力国际传播，须明确目标、找准载体、挖掘内容，拓宽渠道，让城市故事讲得好，受众愿意听，感受到共鸣，从而提升城市的国际知名度和影响力。

肇庆，古称端州，是历史悠久、文化底蕴深厚的岭南名郡，于1994年被国务院公布为国家历史文化名城。肇庆因宋徽宗赐书易名为"肇庆府"，明清期间，两广总督府驻肇长达180余年。古往今来，无论沧桑变换、朝代更替，肇庆始终是岭南西江流域的政治、经济、军事、文化重镇。在2200多年历史长河的冲刷中，肇庆积淀出广府文化、端砚文化、龙母文化、包公文化等众多具有浓郁特色的地方文化。近年来，肇庆市广播电视台依托丰富厚重的历史资源、神话风物、地方特产、文化文脉，开展了一系列国际传播实践与探索，取得较好的宣传效果，有效展示了全面、立体、厚重的肇庆形象。

一、地市媒体参与国际传播的挑战与意义

国家级媒体乃至省级媒体在参与国际传播过程中，具备很多先天优势：一是思想更解放、渠道多、信源广，与境外媒体交流沟通多，在与外媒增进互信理解基础上，更容易合作生产出优质、高传播率的产品。二是投入大，能广泛自主扶持、建设国际传播平台，或集中优势资源，做大国际传播品牌。以上海广播电视台为例，拥有上海广播电视台（SMG）国际综合频道、上海日报英文融媒体平台"SHINE"、《新民晚报·海外版》、上

海第一财经、澎湃新闻第六声（Sixth Tone）、东方网英文版和日文版等6个自主建设的国际传播平台。而南方报业传媒集团的广东国际传播中心（GDToday）则集中了全集团最优质的采编力量及优势资源，打造成世界了解广东的第一端，全面支撑广东国际传播工作。

对比实力强大的省级以上媒体，地市级媒体广泛面临思想落后、资金紧缺、人才匮乏、交流机会少、国际传播渠道不多、产品影响力较弱等困境。面对诸多不利因素，地市级媒体投身国际传播注定困难重重，但是，我们也要看到地市级媒体在开展国际传播过程中也有自己独特的优势。

首先，地域的接近性让地市级媒体更了解当地的文化、历史、社会习俗等，在国际传播中能够更深入地挖掘和传播地方故事，展示地方的独特魅力，把故事讲得更细腻。相较中央级国际传播媒体和机构，地市级媒体的传播也更加精准，可以更容易地通过具体的文化和生活交往来做深做细国际传播，这种精准传播有助于提高传播效果和影响力。

其次，地市级媒体更加了解丰富的地方资源，包括自然景观、历史文化、人文风俗等，这些资源为国际传播提供了丰富的素材和内容，有助于提升传播内容的吸引力和感染力。再者，地市级媒体在国际传播中更容易搭建民间交流的渠道，促进不同文化之间的交流和理解，有助于增进国际友谊与合作。

另外，轻资产运作也赋予地市级媒体参与国际传播更大的灵活性，即使没有成立专门的对外宣传频道、组织或部门，依托于社交媒体平台的开放性和流通性，同样可以促使爆款国际传播作品跃然网上。多年来，肇庆市广播电视台在国际传播工作中不断展开探索，组织生产了《外国人在肇庆》《老外看肇庆》等一系列新媒体产品，生产了《端溪砚》等一批外文纪录片，组织人员开设脸书（Facebook）、推特（Twitter）、油管（YouTube）、照片墙（Instagram）等一批海外社交媒体账号开展国际传播，在地市级媒体层面"借台唱戏"取得了较好的传播效果。

二、文化搭桥 地市媒体参与国际传播的突围思路

（一）找准外宣载体，让文化成为纽带

对于地市级媒体而言，在国际传播中，虽然直接参与舆论斗争的机会较少，但其主要任务在于润物细无声的文化外宣。文化能丝丝入扣、潜移默化地影响人，连接人。每个城市都有其独特的风物和文化，对于肇庆而言，最得天独厚的瑰宝就是端砚。端砚自唐代问世以来一直为世人所重，上至帝王将相，下至文人墨客乃至黎民百姓都在砚田上笔耕不辍，留下了大量的文物、著述。端砚产业历经1400年依然繁荣不衰，肇庆至今仍保持"中国砚都"称号。除了厚重的历史，肇庆端砚还具备独特的国际外交属性。日本、韩国等东亚国家和地区深受中国文化的影响，存在纵贯千年的脉络与轨迹，同样有着使用端砚研墨写字作画的习惯。在中国改革开放元年，邓小平出访日本时就将端砚作为国礼赠送给日本首相福田拓夫。时隔三十载的暖春之旅，胡锦涛再次以端砚为国礼赠送给日本首相福田康夫，此时的日本首相福田康夫正是30年前日本首相福田拓夫的儿子，端砚作为国礼见证了中日两国人民的世代友谊。在国际传播中，肇庆市广播电视台始终把端砚文化作为重要的外宣载体，深入挖掘其内涵、故事，有效发挥其国际属性。

首先，肇庆市广播电视台精心拍摄、制作了《端溪砚》《砚出端溪》等多部中日双语纪录片。这些纪录片除了在海内外社交媒体传播外，还成功登陆日本影音市场销售，吸引了大量海内外受众的关注。凭借其卓越的制

作质量和深远的文化影响力，这些纪录片曾获广东省"五个一工程"奖等荣誉。

其次，肇庆市广播电视台还定期举办嘉年华活动，广邀全球学者，共谋产业高质量发展。2023年5月26—28日，由肇庆市广播电视台等单位承办的"中国砚都·湾区新秀"端砚文化嘉年华暨端砚产业高质量发展大会系列活动在肇庆举办，在为期三天的活动中邀请了来自国内外的学者、智库，就政府、企业、协会、学界如何联手以深入挖掘端砚文化，撬动端砚产业繁荣发展展开了深入探讨。

（二）链接大型展会 助推城市名片出圈

除了深耕精品创作与开展学术交流之外，电视台还组织、参与在一线城市举办的会展活动，旨在通过这些活动提升城市形象、推动文化交流，为城市文化的国际传播搭建平台。肇庆市广播电视台的"端砚"外宣实践也是遵循这一思维路径。在肇庆市委宣传部指导下，每年组织端砚领域守艺人、从业者参与在北京、深圳举办的全国文房四宝艺术博览会、中国（深圳）国际文化产业博览交易会等国际性会展活动。通过国际化会展平台，充分展示了肇庆端砚文化的魅力和深厚底蕴，推动了非遗工艺美术的传承与创新，拉动了文创产品的销售与流通。同时，统筹本地媒体制作融媒体产品，联系省媒、央媒、参展外媒进行海内外传播报道，全力争取媒介对文化资本经济价值与传播价值的转换与实现，取得较为明显的成效。

目前，肇庆端砚已成为每年在北京举办的全国文房四宝艺术博览会销售及流通数额首位的工艺美术品，成为历年展会海内外传播的主角。这种线上＋线下"二位一体""复合"式的传播探索，不仅持续擦亮了城市文化名片，还有效推动了端砚产业从单一生产扩大到旅游度假、文化创意、文艺创作、展览展示、学历教育等多个领域。此外，还建成了端砚文商旅产业园区，完善了端砚人才培养机制，出版了《中国端砚图典》权威专著，建成了端砚博物馆，举办了多届端砚雕刻比赛，使得端砚行业蓬勃发展，成为享誉海内外的文化名片。目前，全市共有端砚企业及作坊 2000 多家、从业人员 5 万多人、专业技术人才近 800 人，端砚文化产业综合产值达 20 亿元，助推端砚产业上升到一个新台阶。

（三）融合发展为地市媒体开展国际传播提供更多可能

推动媒体融合发展是新时期党中央提出的重大战略部署，是相当长一段时期内媒体发展的主要方向和目标。习近平总书记多次在重大会议中强调，要运用信息革命成果，推动媒体融合向纵深发展，做大做强主流舆论，积极发展各种互动式、服务式、体验式新闻信息服务，实现新闻传播的全方位覆盖、全天候延伸、多领域拓展，努力占领新的舆论场。

近年来，全国地市级媒体深度融合发展工作不断推进，地市级融媒体中心相继挂牌成立，"移动优先"战略成为共识，报、台、网、微、端资源的贯通使用更为灵活，人才重新培养整合，平台建设资源更为充沛，核心传播力得以提升，这也赋予城市文化国际传播更多的可能。作为肇庆地市级媒体，将通过展现独特的文化符号、经济实力、科技成就、自然景观以及历史底蕴来塑造城市形象，大致可以包含以下几个方面。

首先，集中融媒优势资源，制作端砚题材专题纪录片或节目，介绍端砚的历史渊源、制作工艺、文化内涵等，让更多的人了解端砚文化的独特魅力，开展系列宣传活动，举办端砚文化展览、研讨会、讲座等，邀请专家学者、制砚大师等分享端砚文化的知识和经验，提升海内外公众对端砚文化的认知度。

其次，将端砚文化与旅游产业相结合，推出端砚文化主题旅游线路，推出具有端砚文化特色的产品或服务，吸引海内外游客前来参观体验，促进旅游业的高质量发展的同时，对端砚文化进行有效宣传。

最后，善用海外新媒体平台传播，以端砚为载体，通过精致的图像、动态的场景切换、丰富的色彩生动展现城市文化。以点带面，推动肇庆城市形象的塑造和传播。

三、结语

地市级媒体开展国际传播需要找准载体、贯通渠道、赓续努力，以文化为媒，让更多人向往、关注、认知、认同，最终形成坚实的情感纽带，这是一个要有整体规划布局且长期开展进行立体的工程。创新构建话语体系，生动讲好中国故事，需要更加强大、更加广泛的国际传播能力和队伍的支撑，地市级媒体应该结合自身属性、特质，继续探索、实践，力争成为这支能适应时代需求的国际传播队伍中的正规军。

参考文献

［1］薄凯文 . 媒体融合是传统媒体向纵深发展的必由之路［J］. 中国传媒科技, 2022（1）: 66-68.

［2］吕鸿, 孙悦文, 陈书焕 . 借鉴上海经验，打造海南大外宣格局［N］. 海南日报, 2021-06-11（A09）.

［3］彭金鸿 . 把握重大主题报道的三个价值维度［J］. 传媒论坛, 2022, 5（24）: 18.

高校共青团组织"讲好中国故事"的实践路径思考

——以广东外语外贸大学为例[*]

吴　怡^{**}

党的十八大以来，习近平总书记就加强国际传播能力建设作出一系列重要论述。党的二十大报告指出，加快构建中国话语和中国叙事体系，讲好中国故事、传播好中国声音，展现可信、可爱、可敬的中国形象。高校是培养社会主义事业合格建设者和可靠接班人的重要基地，深化文明交流互鉴，推动中华文化国际传播的影响力，推动中华文化更好走向世界，广大青年学子是生力军。青年的价值取向决定了未来整个社会的价值取向，把握好青年的思想动态，培养具有家国情怀、国际视野的高素质青年，引导他们自觉参与国际传播，成为中国发展的建设者、中国故事的讲述者，更加积极地参与到中国国际传播话语体系和叙事体系构建中，在国际舞台发出中国青年好声音。

＊　基金项目：广东省社科规划办青年理论学术带头人"揭榜挂帅"项目"推进习近平新时代中国特色社会主义思想国际传播策略研究"，项目号：GD23XZZY07。

＊＊　吴怡，女，广东外语外贸大学团委校园文化部部长。

一、高校共青团组织"讲好中国故事"的价值意蕴

（一）多元思想交织下当代青年的时代特征

面对世界多极化、经济全球化、社会信息化、文化多样化的复杂局面，当代青年思想价值呈现出复杂多元的态势。从社会背景看，当代青年正处于世界关系变革期、实现中国梦的关键期、世界科技革命活跃期。中国与世界的关系正在发生历史性变化，国际秩序和国际力量对比正在重构，大国战略竞争全面展开，世界形势极为复杂，不确定性、不稳定性加大。我国正经历极为广泛深刻的社会变革，中国特色社会主义迎来了前所未有的光明前景。

从青年特点看，当代青年知识丰富、视野开阔，他们的利益诉求多样、思想追求分化，打破了封闭的、迟钝的、单向的思想政治引领体系。95后、00后作为"平视世界"的一代，他们具有强烈的国家认同感，他们的成长伴随着国家复兴的进程。从亲身经历的北京奥运会、上海世博会、中华人民共和国成立70周年、建党100周年等重大历史时刻，再到新冠肺炎疫情暴发后"中国之治"和"西方之乱"的鲜明对比，这一系列事件促使他们深刻反思资本主义固有矛盾缺陷，从而塑造了他们对中华文化的自信和对国家民族的认同，以及对中国特色社会主义更加坚定。当前，越来越多的中国青年主动参与到国际事务中，在助力中国"建设性参与"国际秩序重建及全球治理的队伍中发挥重要的作用。他们在国际舞台上积极发出青年声音，生动讲好中国故事，让世界看到真实、立体、全面的中国。

（二）Z 世代逐渐成为国际传播的重要力量

Z 世代也被称为"网络原住民"，是伴随互联网发展而长大的青年一代。Z 世代数字化生存明显，如今的网络已经成为青年学习生活的新空间、获取信息的主渠道、沟通交流的大平台，也成为青年人表达利益诉求的主阵地。他们广泛接触和使用互联网、即时通信及智能手机等科技产品，他们有主见，善于表达，逐渐成为国际舆论的新兴主流人群。伴随着受教育水平、人口流动、信息化发展、亚文化及"圈层"影响等，青年思想的独立性、选择性、多变性、差异性增强，各类思想文化在互联网时代对社会生活全面渗透。

国家统计局、中国互联网络信息中心数据显示，截至 2021 年 6 月，Z 世代活跃用户规模已超 2.2 亿，约占全体移动网民的 22%。Z 世代熟悉各类社交媒体的语言，他们借助海内外社交媒体，用青年人的视角和熟悉的话语体系，讲述身边发生的故事，在不同的圈层输出自己的观点，产出具有国际影响力的高质量内容。他们深入参与到国际传播的实践当中，向世界展示中国，发挥了中国青年在国际传播中的独特作用。要善于发挥 Z 世代的在国际传播中的积极作用，让他们主动成为中国故事的传声筒，从生活学习、兴趣爱好、衣食住行、民俗民风、家乡美食、非遗文化、自然环境等更加"接地气"的选题出发，讲述自己的生活体验，更好地向世界展示新时代中国的发展面貌。

（三）高校共青团是青年思想政治工作的主力军

习近平总书记多次强调："帮助广大青年确立正确的理想、坚定的信念，应该成为团组织的首要任务。只有抓好这项工作，才真正抓到了根本上，这是党对共青团工作第一位的要求。"

面对复杂多变的网络社交媒体环境，青年人在参与国际传播的实践中，可能会面临暗流汹涌乃至惊涛骇浪的挑战。同时，等价交换、理性利己等市场逻辑，以及拜金主义、个人主义、享乐主义等价值观对青年的侵蚀日益加剧，对他们的价值观与行为选择构成了严峻考验。面对这些新情况，共青团组织需要在市场经济条件下、互联网影响下创新思政教育内容和方式，帮助青年深刻理解社交媒体运作的深层逻辑，理清个人和网络社交媒体之间的关系。同时，帮助青年厚植家国情怀，将党的科学理论"青年化"，用好历史比较和国际比较，用好理论逻辑、实践逻辑，抢占理论、道义和传播的制高点，增强共青团思想政治引领的针对性、有效性，确保让青年在众声喧哗中听得到、听得进、能认同、能践行。

高校共青团组织，作为高校实践育人工作队伍的重要组成部分，能够充分发挥组织育人的作用，积极搭建平台，创造机会，帮助青年深入社会、深入基层，了解国情社情，从青年自身的视角了解中国的真实面貌。通过他们自身的亲身实践，感知中国的发展变化，从而增强对国家的认同感和责任感。通过开展各种青年外事活动，帮助青年学习领会习近平外交思想，深刻了解国际形势和外交理念，掌握好跨文化交流的方法技巧，清晰研判当今国际形势，充分认识不同国家和地区文化背景的差异，以更加开放包容的心态加强对外交流和实践。

二、广东外语外贸大学在"讲好中国故事"工作中的经验

广东外语外贸大学是华南地区国际化人才培养、外国语言文学、全球经济治理、涉外法治研究及中华文化国际传播的重要基地，致力于培养具备国际视野和创新精神的优秀人才。广外共青团发挥学校专业优势，以多

语实践为抓手，打造优质原创多语文化作品、加强新媒体外宣队伍建设，搭建青年外交平台，在国际传播实践中稳步发展。

（一）引导青年学生多维认识国家的奋斗历程和伟大成就

广外共青团围绕立德树人的根本任务，不断推动从"理论思政"向"实践思政"的创新性转化，使思政教学与青年学生的社会现实紧密相连，实现知识传授、价值塑造和能力提升的有机统一。广外共青团以多语服务队为抓手，组织具备高政治素质和一流业务能力的多语种志愿者团队，为中国进出口商品交易会（广交会）、中国—东盟博览会、博鳌亚洲论坛、全球市长论坛、中非合作论坛、中国共产党与世界政党高层对话会专题会议、"读懂中国"国际会议、世界媒体峰会、世界少年儿童发展论坛等数百场大型会议和考察团提供服务保障。通过多语言实践活动，不仅引导学生们培养国际视野，还能在实践中感受民生、了解社会、认识国情。在服务国家应急防疫第一线、服务经济社会高质量发展、推动中外文化交流互鉴等国家战略任务过程中，引导学生深刻体悟党的创新理论的实践伟力，使学生在生动实践中深刻感悟到中国特色社会主义道路的成功密码，锤炼立志成才、投身党和人民事业的坚定意志。

（二）引导青年学生主动发声，用青言青语讲好中国故事

广外共青团发挥学校多语言专业优势，以平台筑牢思想引领阵地，以新媒体打造创新实践阵地，以多语言特色讲好中国故事，引领青年思想、倾听青年心声、分享青春故事、传播青春能量、服务青年需求，搭建青年学生"专业实践、创意实现"的新平台。

新冠肺炎疫情期间，多语种原创MV《会见晴空》获教育部主题宣传

教育和网络文化成果展示活动三等奖。在建党百年和建团百年之际，原创歌曲《圆梦就现在》和《风的力量》一经发布，即受到新华社、学习强国、共青团中央微博等大量主流媒体的关注，累计播放量超 2000 万，入围团中央宣传部五四主题网络直播活动；在冬奥会期间，由 29 种语言演绎的冬奥会主题口号推广曲《一起向未来》，加上钟南山院士、郭晶晶等社会知名人士合体的助阵，在这一过程中展现了当代青年的国际风范。

（三）引导青年学生感悟祖国发展，提高讲好故事的能力水平

2023 年，广外共青团联合新闻与传播学院、留学生院推出"'粤韵留传'——以外国留学生视角讲好广东高质量发展"系列。中外青年分别深入广东省河源龙川、惠州博罗、江门恩平、韶关乳源、云浮郁南、肇庆四会、清远英德，体验当地特色产业，打卡文旅景点，身临其境地感受中国社会的蓬勃发展和时代脉搏。以第一人称沉浸式讲述广东高质量发展和乡村振兴故事，产出了一批以青年视角和国际特色为亮点的宣传作品，形成了多平台的媒体传播矩阵和海内外传播合力，提升了广东乡村文旅和特色产业的国际知名度与国际影响力，拓深拓宽了中外文化交流的渠道，促进了产学融合发展。

组织多支国际传播队伍，赴多地开展多语言"讲好广东故事"微视频活动，将大湾区发展和岭南非遗文化转化为系列多语言短视频，为中国文化在海外的传播贡献广外力量。原创多语言视频《活"色""声"香——多语种推广凤凰单丛茶文化》《"金""银"交汇——多语言走进非遗潮绣》通过海内外众多媒体和平台进行了发布，在国内抖音、微信视频号、哔哩哔哩、微博、小红书等网站，国外脸书（Facebook）、油管（Youtube）、抖音国际版（TikTok）、新华泰、泰中网等平台传播，浏览量超 20 万，受到海内外广泛关注和好评。

（四）引导青年学生主动投身国际传播，加强外宣队伍建设

广外共青团充分发挥学校专业人才聚集的优势，培养了一批复合型国际新闻传播人才。这些人才不仅具备深厚的爱国爱党情怀和国际视野，而且熟悉国际新闻传播实务和精通新媒体操作技术。他们能够讲好中国故事、传播好中国声音、阐释好中国特色，为提高我国国际话语权和国际影响力贡献力量。举办新媒体达人特训营，邀请全国青联委员、共青团中央新媒体中心总监肖健作题为"关注青年、青年关注，共青团的网上宣传思想工作"专题讲座；邀请业内专业人士，开展《媒体内容创作中的文化与刻板印象》《新媒体的创意之道》等专题讲座，以对外报道、外语沟通、国际公关理论与技巧和国际政治经济关系、国际舆情监测为重点开展培训；邀请新媒体大咖作为导师，指导学员完成"不打烊创作营"系列创作任务；通过"移动课堂，现场教学"，多点、多样的实习基地，最大程度上帮助青年学生开拓视野、拓宽思路，更好地探求国际传播新路径，为学校培养出一批能唱响主旋律、传播正能量，讲好中国故事、广外故事的新媒体人才队伍。

（五）引导青年积极参与全球治理，在国际舞台发出中国好声音

2023 年，广外共青团遴选了 4 名多语学子，赴联合国志愿人员组织、联合国开发计划署、联合国粮农组织开展 6—12 个月的服务。通过搭建实践平台，在国际组织的国际实务中着力培养一批兼具社会责任感、通晓国际组织运行规则、具有国际视野和竞争力的高素质青年人才，让广外学子在联合国平台展现中国青年形象，发出中国声音，以青年视角更加生动地

向世界解读和传播人类命运共同体、全球发展倡议等中国理念、中国主张。2024 年，广外共青团加入团中央青年外交高校联盟，发挥学校专业优势，促进青年外交实践、理论研究和国际传播，提高在区域国别、国际组织、国际传播、全球治理等领域的人才培养质量，为服务大国外交、推动构建人类命运共同体发挥积极作用。

三、高校共青团组织"讲好中国故事"的建议

（一）推动青年外交外事交流，促进中外青年共鸣共情

习近平总书记指出："'国之交在于民相亲'，而'民相亲'要从青年做起。"习近平总书记高度重视发挥青年在促进文明交流互鉴、推动构建人类命运共同体中的重要作用，发表一系列重要论述，多次寄语各国青年相知相亲，促进各国人民相互理解、推动不同文明和谐共生。

青年是国际交往的活跃力量，青年之间容易产生共同语言，只有加强交流，才能增进相互理解，消除隔阂和错误的认知，才能在文化交流和思想沟通中深化理解和增进友谊，凝聚共识，形成推动构建人类命运共同体的合力。高校共青团组织要深入学习贯彻习近平总书记关于加强中外青年交流的重要要求，紧扣共青团为党育人、高校立德树人根本任务，以青年为纽带桥梁，深化国际合作，着力打造青年国际交往交流的实践平台、讲好中国故事的传播平台、青年外交理论的研究平台和国际交往人才的培养平台，密切人文交流，加强教育、文化、青年、智库、媒体等领域合作，探索协同推进青年外事工作、培养青年国际交往人才的新模式。

（二）打造国际传播"第二课堂"实践培育平台

讲好中国故事的核心，在于叙事能力和水平，在于培育讲好中国故事的主体。自媒体时代，网络信息纷繁复杂，面对不同的观点和思潮，青年学生既要有清醒的头脑，提高网络鉴别能力，又要善于在舆论场上主动发声，为中国代言。

高校共青团组织要创造条件，帮助青年形成正确的历史观、发展观和世界观，引导青年主动感悟国家发展、社会变化、文化传承、科技进步，切身感受在党的领导下中国人民为美好生活而进行的伟大奋斗，鼓励青年学生发现中国故事，用小故事讲述大道理，把自己亲身经历的中国变化发展的故事以多种形式向世界传播，推动中外文化交流和文明对话更加深入，让世界领略中华文化的独特魅力。举办各类实践活动，让青年用脚步丈量祖国大地，用眼睛发现中国精神，用耳朵倾听人民呼声，用内心感应时代脉搏，向世界讲述最真实的中国故事。举办文化交流活动，通过多语演讲大赛、短视频创作大赛、辩论赛、世界文化节等形式，鼓励青年学生勤于思考，提升讲好中国故事的能力，在活动中不断加强实践锻炼，加深对国家发展变化的理解和认识。

（三）加强国际传播新媒体队伍建设

当前高校特别是外语类院校，已经逐渐重视起外宣人才的培养及外宣队伍的建设，但仍存在对国际传播工作认识不到位、人员积极性不足、专业能力较弱等问题，亟须在稳中求进中寻求更大突破。为此，高校共青团组织应配合学校加强国际传播人才队伍建设，有效增加实践供给，提升实践活动的质量，提高国际传播人才的跨文化沟通能力与全球话语表达能力，定期开展国际时政分析、思想政治研究、外交外事礼仪、行业专业术语、翻译能力提升等方面的培训课程，加强指导。邀请思政教师、学校党政干部、专业课程教师等共同配合开展相关工作，为国际传播青年人才量身定制国情教育、思政教育课程，旨在增强民族自信和文化自信，提高青年学生思想政治素质和家国情怀。推动多语种国际传播人才战略资源储备库建设，根据不同专业语种，选拔优秀的语言人才，强化国际传播多语人才专业性，促进队伍持续良性发展。

参考文献

［1］丑远芳.高校向世界讲好中国故事的价值意蕴、内容定位及践行路径［J］.理论经纬，2023（Z1）：60-64.

［2］黄日涵.未来以来：Z世代将成为对外交流的主力军［N/OL］.中国日报网，2022-04-27［2024-05-05］.https://cn.chinadaily.com.cn/a/202204/27/WS6268e423a3101c3ee7ad2c36.html.

［3］刘俞希.青年高校外交联盟第三届理事会会议在京举办［N/OL］.中国青年报，2024-04-13［2024-05-05］.https://new.qq.com/rain/a/ 20240413 A080G300.

［4］吕楠.青年人有国际传播的能力优势，应勇担重任、自信讲述［N/OL］.澎湃新闻，2023-06-09［2024-05-05］.https://m.thepaper.cn/baijia hao_23419797.

［5］曲莹璞.为加强国际传播能力建设凝聚青春力量［N］.人民日报，2022-11-24（9）.

［6］沈杰群.平视世界的一代 文化自信的一代［N］.中国青年报，

2022-03-08（12）．

［7］石雪，朱国栋．引领青年讲好"中国故事"，构建中华文明"大传播"体系［N］．中国青年报，2023-08-29（10）．

［8］谢伟锋．构建青年话语体系，让网络表达更懂"Z世代"［N/OL］．中国青年网，2023-04-24［2024-05-05］．https://pinglun.youth.cn/ttst/202304/t20230424_14476561.htm.

［9］杨江科杰．新媒体环境下高校引导学生讲好中国故事的创新对策研究［J］．记者观察，2023（27）：122-124.

体育赛事国际传播中的身体体验
与文化互动[*]

朱　颖　叶康铧**

　　回顾历史长河，那些经典的体育赛事瞬间，已然成为国际传播的璀璨明珠。2013 年 8 月 31 日，习近平总书记在会见全国体育先进单位和先进个人代表等时发表重要讲话："体育是社会发展和人类进步的重要标志，是综合国力和社会文明程度的重要体现。"自 2008 年北京奥运会成功举办以来，我国体育事业取得长足发展，体育强国建设工作不断深入，体育赛事在国际传播中所扮演的角色也日益凸显。体育，这一跨越国界、超越语言的文化现象，以其独特的魅力，正逐渐成为连接世界的纽带。

　　体育赛事不仅是竞技的战场，也是将文化交流与身体实践完美结合的舞台，更是传播国家形象的重要载体。发挥体育的国际交往功能，将体育作为加强国家之间沟通和交流的工具有着重要的现实意义。

---

* 　基金项目：广东省社科规划办青年理论学术带头人"揭榜挂帅"项目"推进习近平新时代中国特色社会主义思想国际传播策略研究"，项目号：GD23XZZY07。

**　朱颖，女，广东外语外贸大学新闻与传播学院副院长、教授，广州城市舆情治理与国际形象传播研究中心研究员；叶康铧，女，广东外语外贸大学新闻与传播学院硕士研究生。

一、身体之疆：体育赛事国际传播中的边界延伸

在传统的研究范式中，传播学主要关注的是语言、图像等媒介形式如何在社会中进行信息传递和交流。这些媒介通常被视为传播的"主体"，而身体作为一个重要但不那么明显的研究对象，并未得到足够的重视。尽管在哲学领域，梅洛庞蒂、德勒兹、福柯等人已经对身体进行了一定的研究，但在传播学中，身体仅仅在涉及受众身体相关的情感、心理等相关话题中才被研究者纳入传播效果的考量之中。然而，随着麦克卢汉提出"媒介是人的延伸"的观点，这一研究范式开始发生转变。麦克卢汉认为，通过各种技术设备，我们可以与世界进行更深层次的连接，人与媒介之间的互动方式和感知方式发生转变。因此，身体和感官不仅仅是传播过程中的被动接受者，而是变成了媒介使用过程中主动参与，甚至主导信息交流的关键角色。由此，身体和感官以隐喻的方式被纳入传播学理论当中，学界也逐渐开始关注身体的能动性及其对传播效果的影响。

体育赛事及其传播与身体密不可分。身体，作为最直接、最真实的表达者，不仅承载着运动员的竞技水平、技巧与策略，更传递着他们的情感、精神与文化背景。身体的互动与交流能够让中华文化跨越国界、文化、语言等重重障碍，实现深层次的文化共享与理解。而体育赛事在本质上是一种融合了力量、速度、悬念、激情与美感等多种元素于一"身"的艺术形式。它对观众"身临其境"的沉浸体验有着极高的要求。在竞技场上，运动员们以身体为媒介，展现技艺、力量与智慧。这种身体体验超越了语言与文化的障碍，成为全球观众共鸣的交汇点。

在大众传媒时代之前，古希腊的体育场所，无论是激烈的竞技对抗还

是为运动员加油助威的观众，都需要身体直接参与其中。这种对"身体在场"的需求体现了在体育活动中的集体性和互动感。然而，随着媒介技术的进步，特别是互联网的普及和新媒体的出现，体育赛事的传播方式发生了根本性变化。在这个过程中，身体的物理在场不再是唯一的信息接收者和参与者，体育赛事国际传播中身体边界在不断向外延伸。

传统媒体时代体育赛事传播的有限身体体验。在传统媒体时代，体育赛事传播受限于物理空间的界限，观众只能守着电视、广播的现场直播和重播节目观看比赛，仅仅通过二维画面了解赛事进程，无法亲身感受赛场上的紧张氛围和运动员的激情表现。这种传播方式下，身体的体验被极大地限制，观众无法真正融入赛事中，虽然能够因为画面和声音的刺激而振奋，但由于缺乏身临其境的感觉，这种情绪稍纵即逝，无法得到有效传播。

新媒体时代下体育赛事传播的延展身体体验。互联网和移动设备的普及，为体育赛事传播提供了更为便捷的观看方式和互动方式。在 2022 年北京冬奥会上，采用了基于 5G 技术的"冰雪项目交互式多维度观赛体验技术与系统"，这标志着体育赛事观看体验的重大进步。5G 技术提供的超高清、极低时延传输，不仅满足了观众对高质量画面和实时观看的需求，而且通过定制化的 360° 自由观赛功能，为观众提供了前所未有的观赛自主性。观众仿佛置身于赛场之中，直观地感受到运动员在赛场上的每一个动作和表情，身体更加"自由"。

AI 技术加持下体育赛事传播的融合身体体验。AI 技术的快速发展让技术和身体进一步融合，技术在此刻不再是工具，而是打上了身体的烙印。通过虚拟技术造就的数字身体，物理身体重返现场空间，观众可以选择观看的视角，沉浸式地感受赛场的温度，实时地参与到赛事现场，为运动员摇旗呐喊。东京奥运会的官方网站则引入了创新的"虚拟粉丝"功能，为全球观众提供了一种独特的远程参与方式。通过在线平台，观众只须简单点击"鼓掌"按钮，便能够向现场的运动员传达他们的支持与鼓励。此外，观众的观赛反应通过电脑摄像头捕捉，并实时展示在现场的大屏幕上，这种即时反馈机制增强了比赛现场的互动性和观众的参与感。尤为重要的是，当观众能够在虚拟空间中自如地表达自己的情感和支持时，由此产生的沉浸感有助于缓解他们无法亲临现场的遗憾。

从传统媒体到新媒体，再到 AI 技术的广泛运用，技术在其中不断为身体提供新的可能性，使体育赛事成为了全球观众共同的文化体验。这种创新的互动体验，不仅加深了观众与赛事之间的联系，也为我们理解身体与媒介、身体与体验之间的关系提供了新的视角。

二、文化之桥：体育赛事国际传播中的文化互动

体育赛事作为国际传播的重要平台，为不同文化之间的交流与互动提供了独特的机会。在全球化的背景下，体育赛事已经成为连接不同国家和民族的桥梁。通过体育赛事，人们可以跨越语言和文化的障碍，共同享受体育带来的激情和快乐。这不仅是一个竞技平台，更是一个文化交融、价值传递的复杂系统。

首先，体育赛事为不同文化元素提供了融合的机会。不同的文化在体育赛事这一平台上得以展现，观众在欣赏比赛的同时，也在解码这些文化元素。他们通过运动员的表现、赛事的仪式，甚至观众的互动，来理解不同文化的内涵和特色。同时，这些文化元素也在被重新编码，与其他文化元素交融，形成新的文化意义。这一过程不仅促进了文化的交流与理解，也推动了文化的创新与发展。以国际篮球赛事为例，NBA 作为世界上顶级的篮球联赛，吸引了来自世界各地的篮球运动员和球迷。在这些赛事中，

球员们的竞技表现、球队的风格特点以及球迷的狂热氛围，都是各自文化的体现。观众在欣赏比赛的同时，也在解码这些文化元素，理解并接纳不同的文化价值观。而每一个 NBA 球队的队服设计和口号也融合了当地的特色文化元素，成为新的文化符号。

其次，体育赛事为全球文化整合搭建了开放的平台。全球化使得不同文化之间的交流与碰撞日益频繁，而体育赛事则提供了一个相对平等、开放的平台，使得不同文化能够在此得以展示和对话。通过体育赛事，不同文化得以相互借鉴、相互融合，共同推动全球文化的多元化发展。这种文化整合功能不仅有助于消除文化隔阂和偏见，也促进了全球文化的和谐共生。以北京冬奥会为例，开幕式采用二十四节气倒计时环节，将中国传统文化与现代科技完美结合。冬奥期间，北京冬奥村餐厅里的"中国味道"屡屡在社交媒体被刷屏，各国运动员纷纷表达他们对中国美食的喜爱。美食也由此成为中外文化交流的媒介，全球各国运动员在美食中消除了对中国的认知偏见，了解了更为真实的中国。

最后，体育赛事为文化传承创新开辟了独特的路径。一方面，体育赛事是传统文化的重要载体。通过参与和观看体育赛事，人们可以更加深入地了解并传承传统文化。另一方面，体育赛事也是文化创新的重要源泉。在比赛过程中，不同文化的交融与碰撞为产生新的文化现象和创意提供更多可能，推动文化的创新与发展。以中国传统体育项目龙舟赛为例，龙舟赛作为端午节的重要活动之一，承载了丰富的中华传统文化内涵。而龙舟国际赛事的举办，使龙舟文化得以传承和弘扬，进一步向世界展示了中国传统文化的魅力。同时，龙舟赛中也融入了大量的现代元素和创新思维，如采用先进的划艇技术、设计新颖的龙舟造型等，也让这项传统体育项目焕发出新的活力。这种传承与创新相结合的方式，不仅推动了龙舟文化在全球的传播和发展，也促进了中华文化与其他国家文化之间的交流与融合。

体育赛事让人们可以跨越文化的鸿沟，共同分享体育的快乐，增进彼此间的友谊和团结。不同国家的文化元素在体育赛事中得以展示和传播，促进了各国文化的相互了解和认知。在这个过程中，体育赛事作为文化之桥的作用得以凸显，它连接了不同文化的彼岸，通过一系列独特的机制与方式，促进了各国文化的交流与理解，为构建多元文化共存的国际社会提供了有力的支撑。

三、体验之境：体育赛事国际传播中的文化交融

体育作为世界各地的受众都能看懂的"肢体语言"天然具有国际性和跨文化性。体育赛事作为国际传播的重要载体，不仅是各国运动员竞技的战场，更是文化交融的圣地。如果说，赛场上运动员对胜利的渴望、对自我超越的执着是对奥林匹克精神"更高、更快、更强"的追求，那么，赛场下来自不同国家和地区的运动员的交流与友谊，则是奥林匹克精神"更团结"的最优阐释。在这个过程中，体育赛事为各类文化构造出了一个充满体验感的空间，国家、赛事、运动员三者在此空间中实现交融。

首先，体育赛事是国家文化展演的舞台。为进一步落实"体育强国"的国家战略，中国积极举办各类大型体育赛事，展现自己的体育精神和文化魅力。近年来，我国成功举办了北京冬奥会、成都大运会、杭州亚运会等体育盛会，向世界各国人民展示了中国文化的独特魅力和包容性。中国通过此类赛事不仅向世界展示了雄厚的体育竞技实力，更通过精心策划的开幕式、闭幕式以及各类文化活动，展现了中华文化的深厚底蕴和独特魅力。从冰雪运动的激情到川蜀文化的韵味，再到江南水乡的柔美，每一场

赛事的成功举办都是一次中华文化的精彩演绎。这些盛会不仅吸引了全球观众的目光，更让各国人民在欣赏比赛的同时领略了中国文化的独特魅力和包容性。

其次，体育运动是各国文化交流的桥梁。体育跨文化传播的一项重要任务便是借助各类体育运动促进各国体育文化的交流互鉴，共同凝练和弘扬全球共识的体育精神。尽管不同民族、国家和地域的体育精神内涵各异，但体育本身所蕴含的共性，如团结、拼搏、进取等精神，为实现不同文化间的交流与融合提供了重要条件和基础。例如，中国的武术运动所蕴含的礼仪、忠义、孝道等传统文化价值观念，在与其他国家的武术比赛比拼、交流中也进一步得到了展示和传承。

最后，运动员们是文化交流互鉴的使者。中国运动员在国际体育赛事中的出色表现，也为中国文化的传播和弘扬注入了新的活力。例如，乒乓球世界冠军马龙在刚刚结束的国际乒联世界杯男单决赛中上演"让三追四"，时隔 12 年重新夺得世界杯冠军，以 35 岁的年龄再一次在世界乒坛留下传奇故事。从东京周期到巴黎周期，马龙对乒乓球的无限热爱与执着，不仅是对中华传统文化中"永不言弃"精神的诠释，更让全世界的球迷为之动容。大型赛事的成功举办，让世界了解了中国的大爱；中国运动员对体育的热爱，让世界了解了中华民族的坚韧。这一切，不仅提升了中国在国际舞台上的形象和影响力，也促进了中华文化在国际中的交流与融合。

无论是运动员在赛场上的拼搏与努力，还是观众在赛场下的欢呼与助威，人们都能够在各类体育赛事中更加深入地了解不同文化背景下的体育精神与理念，增进相互之间的理解与尊重。这种跨文化交融的体验，使得体育赛事成为了一个真正意义上的"文化熔炉"。

四、小结

在全球化的背景下，体育赛事的国际传播已远非单纯的竞技层面的较量，而是逐渐演变成身体体验与文化互动的重要交汇点。这种交汇不仅展示了人类身体能力的极限，更承载了丰富的文化内涵，促进了世界各地文化的交流与融合。

从"身体之疆"的视角审视，体育赛事正在利用先进的技术手段，不断拓宽身体边界的可能性。随着科技的不断进步，运动装备、训练方法和赛事组织等方面的创新，运动员们能够挑战更高的竞技水平，突破身体的极限。这种身体体验的拓展，不仅让运动员们获得了前所未有的成就感，也让观众们在观赛中感受到了身体的力量和美感。同时，在构建"文化之桥"的过程中，体育赛事展现出了其促进多元文化交流的开放性。体育赛事作为国际性的文化交流平台，吸引了来自不同国家和地区的运动员和观众。他们在比赛中交流技艺、切磋经验，在观赛中分享快乐、传递情感。这种跨文化交流不仅增进了彼此的了解和尊重，也促进了不同文化之间的融合与发展。体育赛事成为了连接不同文化的桥梁，让世界更加紧密地联系在一起。观众在体育赛事所营造的"体验之境"中能够更深刻地认识到文化多样性的内在价值。体育赛事不仅是身体竞技的展现，更是文化魅力的绽放。

以体育赛事为纽带，深化文化互动，推动跨文化交融。体育赛事，尤其是高水平体育赛事的举办，作为国际传播的重要载体，能够让世界各国运动员和民众参与到文化传播过程中，共同体验由体育带来的快乐和激情。

同时，我们也要通过积极讲好中国体育故事和中国文化故事，利用好体育这一跨越国界的交流方式，传递中国倡议、增进理解、促进合作，构建人类命运共同体。

参考文献

［1］雷晓艳，胡建秋，程洁.沉浸式传播：5G时代体育赛事传播新范式［J］.当代传播，2020（6）：66-70.

［2］齐冰，陈世阳，陈志生.体育国际形象塑造的域外镜鉴及启示［J］.北京体育大学学报，2023，36（3）：88-98.

［3］王翔，武赟恺.实现文化共享：中国体育跨文化传播的价值旨归［J］.体育视野，2023（2）：7-9.

［4］钟秉枢.从封闭到开放——对中国体育与世界体育互动的思考［J］.体育科学，2018，38（7）：19-20.

［5］郑星.体育外交的有效性：文明对话论视域下的理论认知与实践路径［J］.体育与科学，2023，44（5）：49-54.

他者视角与技术赋能

——《大湾区VR漫游计划》国际传播创新路径探析*

朱　颖　寻冬雪**

习近平总书记在党的二十大报告中明确提出，"增强中华文明传播力影响力"，为新时代新征程提升国家文化软实力、加强国际传播能力建设、推动中华文化更好走向世界提供了根本遵循。讲好中国故事，传播好中国声音，展示真实、立体、全面的中国，是加强我国国际传播能力建设的重要任务。粤港澳大湾区，作为中国最具开放性与经济活力的区域之一，其国际形象的塑造与传播尤为关键。这一区域不仅是中国现代化发展的缩影，更是一扇向世界展示中国精神风貌的窗口。通过多角度、多层次叙事，全面而立体地讲述大湾区故事，我们能够更加生动地向全球展现当代中国的活力与魅力。精心讲述大湾区的故事，不仅是一项必要的任务，更是一项能够促进文化交流、增强国际理解的重要使命。21财经客户端旗下品牌栏目《外眼看广东·Why Guangdong》（外眼看广东·为什么是广东）倾力打

---

* 基金项目：广东省社科2025年度规划项目"粤港澳大湾区主流媒体国际传播效能评估与提升策略"。

** 朱颖，女，广东外语外贸大学新闻与传播学院副院长、教授，广州城市舆情治理与国际形象传播研究中心研究员；寻冬雪，女，广东外语外贸大学新闻与传播学院硕士研究生。

造了一部 4K VR 360° 全景城市人文观察微纪录片——《大湾区 VR 漫游计划》。在新时期"创新外宣"的理念下，该纪录片巧妙融合了前沿的创新技术，特邀三位知名的外籍博主，通过 VR 全景拍摄技术，以独特视角、全新方式、沉浸式领略湾区改革前沿的自然人文之美与城市建设发展，生动立体地呈现了粤港澳湾区的故事。为此，本文将聚焦《大湾区 VR 漫游计划》的报道内容，整理其叙事策略，以期为如何巧借"他者"视角，配合智媒技术，讲好中国故事提供相关思考。

一、《大湾区 VR 漫游计划》叙事实践分析

（一）叙事主体：他者叙事，借力传播

"传播者决定着信息的内容，但从宣传或说服的角度而言，即便是同一内容的信息，如果出于不同的传播者，人们对它的接受程度是不一样的"。"他者"是传播真实的国家形象的重要群体。然而，在以往的纪录片创作和国际传播实践中，多数作品都惯常将叙事视点立足于本国传播者，而忽视了"自己人效应"，漠视了国内外受众之间可能存在的文化差异，从而造成了传播上的天然隔膜。

《大湾区 VR 漫游计划》转变叙事视角，将叙事主体由来自本土文化语境的"我者"转换成来自外来文化语境的"他者"，从而巧妙运用了"自己人效应"，弥合了因文化隔阂导致的国际传播效能耗损。该作品分别通过来自德国的美食博主吴雨翔、委内瑞拉的帅哥博主拉斐尔·萨维德拉以及美国的视频博主其诗闻（Alysa）的全景镜头，为全球观众提供了一次独特的沉浸式体验。这部微纪录片不仅捕捉了横琴、前海、南沙等地的自然风光和城市景观，更深入地展示了这些区域的文化特色和社会发展。三位博主

作为生活在大湾区的外国人，他们不仅是文化的接受者和体验者，亲身感受并融入这里的日常生活和文化氛围，同时也是文化的传播者，将这片充满活力的土地上的故事和魅力传递给世界。

从传统的凉茶风俗到博大精深的中药文化，吴雨翔探索着大湾区深厚的文化遗产。他通过亲身体验，向世界展示了大湾区人民对健康生活的独特追求和传统与现代交融的生活方式。

从美轮美奂的欢乐港湾到底蕴深厚的海上世界，拉斐尔·萨维德拉用镜头记录下了大湾区的现代化面貌。这些地区不仅是经济发展的缩影，更是文化融合的前沿，博主通过自己的视角，让观众感受到大湾区作为国际都市的繁华与活力。

从南沙湿地的观鸟活动到体现"智造"实力的南沙港，其诗闻的视频展现了大湾区对生态环境保护的重视和对科技创新的追求，向世界讲述了大湾区在推动绿色发展和智能制造方面的努力和成就。

《大湾区 VR 漫游计划》以"湾区故事老外讲"的方式，借外力讲好湾区故事。三位博主以真实、生动的方式，将大湾区的自然美景、文化特色、社会进步展现在世界面前。他们的故事不仅是对大湾区多样性的展示，也是对这里开放包容、创新发展精神的传播。通过他们的视角，全球观众能够看到一个立体、多元、充满活力的大湾区，感受到这里作为中国改革开放前沿的独特魅力。生活在中国的外国人，与海外受众有着共同的文化和相似的思维方式，从"他者"的视角讲述真实的中国更具说服力，更易引起世界其他国家的受众客观思考中国对世界发展的价值。

（二）叙事方式：巧用智媒，沉浸体验

VR 技术通过提供"沉浸式"体验，重新定义了视频的叙事方式，为视觉传播带来了革命性的变化。VR 技术的应用为观众提供了更丰富的画面和细节，使观众获得了新奇的视觉体验，充分发挥 VR 技术的优势能够极大程度地提升报道的观看质量。善用 VR 技术能够突破时间和空间的限制，使观众身临其境，得到最直接的情感传达。VR 全景是虚拟现实技术中非常核心的部分，全景是把相机环 360° 拍摄的一组或多组照片拼接成一个全景图像，通过计算机技术实现全方位互动式观看的真实场景还原展示方式。《大湾区 VR 漫游计划》作为全景城市人文观察微纪录片，采用 360° VR 全景拍摄，以独特视角打造沉浸体验。

《大湾区 VR 漫游计划》通过技术的力量，为传播注入了新的活力。项目巧妙融合了尖端的智媒技术，极大地提升了报道的互动性和观众的参与度。报道借助 VR 的魔力，观众只须轻触屏幕便能够轻松地缩放视野，随心所欲地转换观看角度，营造出一种仿佛亲临其境的强烈临场感和沉浸式体验。

《大湾区 VR 漫游计划》通过技术赋能传播，为观众提供了一种全新的、沉浸式的观看体验。这种技术的应用打破了传统观看的界限，让观众不再是被动的旁观者，而是能够主动地步入到虚拟的场景之中。他们可以自由地选择感兴趣的故事场景，深入探索自己渴望了解的每一个角落。无论是想要细致观察横琴的生态公园，还是想要一探前海的创新科技园区，抑或体验南沙的自然湿地和文化地标，观众都能在 VR 的世界里得到满足。《大湾区 VR 漫游计划》的这种交互式叙事方式，不仅让观众感受到了大湾区的自然美景和城市活力，更激发了他们探索和发现的热情。它提供了一

种全新的视角，让观众能够以一种更加直观、生动的方式，了解和感受大湾区的历史文化魅力和社会经济发展。

（三）叙事内容：故事绘篇，共鸣生情

以所谓"视听奇观"调动观众的感官，固然能在一定程度上强化受众的沉浸式体验，但《大湾区 VR 漫游计划》的创作者并未止步于此，作品以故事化叙事强化戏剧性，在情节的发展演进中不断拉近创作者与观众的心理距离，不断激发观众的情感共鸣。与过往侧重自上而下、直接宣导的"格里尔逊式"风格相比，近年来宣传性纪录片注重在微观、个体化的叙事中以一个个具体鲜活的故事强化情感。

故事是文艺创作中表现主题的核心情节，它具有内在的连贯性和强烈的吸引力，能够深深触动人心。纪录片的故事化，是指在纪录片的制作和叙述中重点强化情节的构建。这种方法摒弃了以往简单直接、自然主义式的刻板记录，转而采用"讲故事"的形式，通过人物的活动和经历来展现重大事件的影响。同时，在题材的选取和内容的表现上，故事化纪录片更倾向于深入探索和展现人文世界的丰富内涵和深层意义。

宏大叙事的影像风格强调方向性和思想性，对部分外国受众来说存在理解难度大、情感共鸣弱等问题。相较于宏大叙事，凡人视角的微观叙事更容易拉近与海外观众的距离，通过深入刻画个体的日常生活和情感体验，能够打破海外观众与叙事主题之间的陌生感，在更具可信度的故事讲述中使其更容易产生共鸣。

《大湾区 VR 漫游计划》以其创新的故事化叙事手法，为观众呈现了一幅粤港澳大湾区丰富多彩的立体画卷。纪录片通过博主的真实体验和情感表达，触动观众内心，建立起与观众之间的情感联系。无论是吴雨翔在横

琴品鉴凉茶、品味中药，做最"苦"的美食博主，还是拉斐尔·萨维德拉在前海体验特区的创新活力，感受高质量发展的湾区速度，抑或其诗闻在来穗二十载，见证了这座城市从开通首条地铁线路发展到现在拥有16条线路的交通网络。这些博主们通过分析亲身经历的细节与精彩体验，观众能够从中找到共鸣点，从而加深对粤港澳大湾区的了解与认同。

《大湾区 VR 漫游计划》以其独特的叙事手法，彰显了跨文化交流的深远意义。该片巧妙地采用外国博主的视角，精心构建了一个多元文化的交流空间。通过这些博主的镜头，纪录片不仅呈现了大湾区的地理风貌和文化特色，更促进了不同文化之间的相互理解和尊重。

此外，三名外国博主均采用自述的方式，分享了他们在中国、在大湾区的生活经历和感悟。这些个人故事不仅为纪录片增添了情感的深度，也促进了观众的共情。博主们的真实体验和真诚表达，让观众能够从他们的视角去感受大湾区的发展变化，去理解这里人们的生活状态，从而建立起情感上的联系。这种跨文化交流的叙事手法，不仅丰富了纪录片的内容，也扩大了其受众群体。它使得《大湾区 VR 漫游计划》不仅对中国观众有吸引力，也能够让世界各地的观众产生兴趣。通过外国博主的故事性叙事，纪录片成功地将大湾区的故事讲述给了全球观众，增强了湾区故事的国际传播力与影响力。

二、粤港澳大湾区国际传播创新路径探析

（一）内容深化，展现多元立体湾区形象

《大湾区 VR 漫游计划》自推出以来，已经成功地捕捉并展现了粤港澳大湾区的心脏地带——广州、深圳和珠海的独特魅力和核心优势。这三位外国博主的镜头，不仅带领全球观众领略了这些城市的现代化面貌，还向

世界展示了它们作为经济特区的活力与繁荣。

然而，粤港澳大湾区的丰富内涵远不止于此。粤港澳大湾区由充满活力的 11 座城市组成，每一座城市都有其独特的风格和鲜明特色。粤港澳大湾区在国际传播方面有着巨大的拓展空间，项目团队可以考虑将镜头延伸至大湾区的其他城市，深入挖掘每座城市的独特之处。"世界工厂"东莞的工业创新、"中国侨乡"江门的侨乡风情、"中国砚都"肇庆的历史遗迹以及其他城市的多样面貌，都有着丰富的传播资源。不妨从这些地区入手，为观众呈现一个更加全面、立体的大湾区形象。

（二）多语扩展，建立全球视野国际联动

目前，《大湾区 VR 漫游计划》邀请的三位外国博主，均以流畅的英语为全球观众提供了内容的深入解读和生动解说，为国际观众提供了易于理解的视角，也使得大湾区的故事得以跨越语言障碍，触及更广阔的听众群体。为了进一步丰富和多元化其内容，未来的粤港澳大湾区对外传播纪录片可以考虑引入更多语种的解说，使之成为一部真正国际化的视听作品。通过邀请来自不同国家、掌握不同语言的博主，可以共同塑造大湾区的多元形象，共同讲述大湾区的丰富故事。正如微纪录片的主人公之一——德国博主吴雨翔所表达的愿望那样，未来制作德语版视频不仅能够吸引德国观众，还能够激发更多非英语国家观众的兴趣。此外，加强与国外平台的联动合作也是湾区对外传播的一个重要的发展方向。通过与国际媒体、社交媒体平台的合作，可以形成多矩阵的传播格局，增强内容的可见度和影响力。这样的国际联动将能够进一步扩大粤港澳大湾区对外传播的全球影响力，使其成为连接中国与世界的重要桥梁，进而提升大湾区在全球舞台上的知名度和吸引力。

（三）技术优化，增强交互充分沉浸体验

《大湾区 VR 漫游计划》以其先进的虚拟现实（VR）技术，为观众带来了一场沉浸式的视听盛宴，让人们仿佛亲身踏足于粤港澳大湾区的热土之上，感受其蓬勃的发展活力与独特的文化韵味。今后，为进一步提高节目的质量，项目组可通过持续更新和优化 VR 技术，显著提高画面的分辨率和渲染质量，使得观众所见到的每一处景观、每一个细节都更加逼真，从而进一步增强沉浸感。此外，节目还可以通过设置更多互动环节，增强与观众的交互性。

在智能媒体时代，技术的运用极大地丰富了新闻内容生产的可能性，《大湾区 VR 漫游计划》正是 VR 技术应用的一次成功实践。但除了 VR 技术之外，节目还可以引入其他智媒技术，如个性化推荐系统和大数据分析系统，可以进一步提高内容的质量和趣味性。个性化推荐系统能够根据观众的偏好和行为模式，因人而异推荐他们可能感兴趣的内容。大数据分析系统则可以帮助制作团队了解观众的观看习惯和反馈，从而不断优化内容的创作和呈现。粤港澳大湾区的对外传播作品要进一步充分用好技术这一工具，为观众带来更加丰富、更加精彩、更加个性化的好作品。

三、结语

粤港澳大湾区，作为中国最具活力的经济增长极之一，已成为展示国家形象的重要窗口。大湾区的故事是中国故事中不可或缺的篇章，精心讲述这些故事，对于传递中国声音、展现中国故事具有深远的影响。为促进大湾区的繁荣发展，各级政府推行了众多方案，在这一大背景下，《大湾区

VR漫游计划》利用"他者"的独特视角，生动展现了各地方案中体现的中国智慧和收获的丰硕成果。这部微纪录片的叙事手法是国际传播的范例，有效推动了粤港澳大湾区跨文化交流和国际传播的进程。

展望未来，国际传播中的纪录片创作应当深刻理解和尊重文化差异，致力于在跨文化语境中讲好中国故事。例如，通过多元化的视角进行故事化叙事，借助智媒技术生动、客观地展现真实且立体的中国形象。这将更有效地推动中国纪录片走向世界，提升我国国际传播的影响力。

参考文献

［1］郭庆光.传播学教程［M］.北京：中国人民大学出版社，2011：183.

［2］顾忆青，吴赟.国家对外话语体系的译介与传播研究：评述与展望［J］.同济大学学报（社会科学版），2021，32（1）：113-124.

［3］蒋成.立体·理性·多维：中国纪录片"出海"的驱动力分析［J］.传媒，2023（20）：61-63.

［4］刘亚男，李冬冬.论近年来生态题材纪录片的创新路径［J］.中国电视，2023（12）：49-52.

［5］陆敏，陈燕.国际传播中的文化共享、文化折扣与解读偏移——基于中国历史文化纪录片海外观众解读的分析［J］.现代传播（中国传媒大学学报），2022，44（12）：65-69.

［6］石振宇.纪录片《镜头里的中国》的国际传播策略研究［J］.东南传播，2023（9）：148-150.

［7］唐然，唐宁，居慧琳.纪录片中国叙事逻辑重构策略［J］.中国电视，2022（12）：56-62.

［8］王雪梅，胡淼.联合摄制纪录片中国故事国际表达的创作路径研究［J］.中国电视，2023（4）：74-80.

［9］徐和建.讲好中国故事：主流媒体微纪录片的场域、视角与叙事［J］.新闻与写作，2019（12）：49-53.

［10］张志安，廖翔.中国纪录片国际传播的四个创新策略［J］.电视研究，2024（4）：52-55.